Tilman Fichter
Die SPD und die Nation

Tilman Fichter

Die SPD und die Nation

Vier sozialdemokratische Generationen zwischen nationaler Selbstbestimmung und Zweistaatlichkeit

Ullstein

Satz: Dörlemann-Satz, Lemförde
Druck und Verarbeitung: Wiener Verlag, Himberg
ISBN 3 550 07186 8

Printed in Austria

Gedruckt auf alterungsbeständigem Papier
mit chlorfrei gebleichtem Zellstoff

Die Deutsche Bibliothek – CIP-Einheitsaufnahme

Fichter, Tilman:
Die SPD und die Nation: vier sozialdemokratische
Generationen zwischen nationaler Selbstbestimmung und
Zweistaatlichkeit / Tilman Fichter. – Berlin; Frankfurt/Main:
Ullstein, 1993
ISBN 3-550-07186-8

Den SDP-Gründern
von Schwante (7. Oktober ’89)
gewidmet

Inhalt

IX. Europa statt Deutschland

X. Die Niederlage

XI. Quo vadis, SPD?

Dokumente

Vorwort

Die Linke in Deutschland und Europa befindet sich in einem beklagenswerten Zustand. Dies schmerzt um so mehr, als die neokonservativen Konzepte des Thatcherismus und der Zwei-Drittel-Gesellschaft gescheitert sind. Die Linke hat heute eine hohe Verantwortung, denn wenn es ihr nicht gelingt, ihren desolaten Zustand zu überwinden, dann stürzt diese Republik in eine tiefe Legitimationskrise, dann erfährt der Populismus jeglicher Art einen Aufschwung, sozial-chauvinistische Parteien erhalten Zulauf, und immer mehr engagierte Demokraten bleiben zu Hause, anstatt sich zu engagieren.

Die Linke wird aber ihre Krise nur überwinden, wenn sie zu ihren alten Tugenden zurückfindet, mit denen die 68er einst angetreten sind, die herrschenden Zustände zu verändern: die Tugend der Aufklärung, der Mut, Dogmen und Glaubenssätze zu hinterfragen, die Phantasie, neue, auch unkonventionelle Lösungen vorzuschlagen, und die Kraft, gesellschaftliche Bündnisse zu organisieren und Mehrheiten zur Veränderung zustande zu bringen.

Es ist paradox: Gerade die Linke, vor allem in meiner Partei, gebärdet sich heute stockkonservativ. Sie verteidigt ihren innerparteilichen Sieg in den achtziger Jahren auf Biegen und Brechen, nicht zuletzt, indem sie die Augen vor dem neuen Europa und der neuen Republik verschließt oder nur das wahrnimmt, was die eigenen Glaubenssätze stützt. Dies gilt für die Behandlung der Zuwanderungsfrage genauso wie für Deutschlands Rolle in der Welt, für einen Umbau des Sozialstaats genauso wie für die Herstellung der inneren Einheit. Es geht dabei nicht um Anpassung an die Regierungspolitik, sondern um linke Alternativen, die sich aus den Grundwerten Freiheit, Gerechtigkeit und Solidarität ableiten. Eine ehrliche innerparteiliche Diskussion um neue Wege in all diesen Fragen findet nicht statt. Wer den Kopf rausstreckt, wird mit der Totschlagformel »Schmusekurs gegenüber der Regierung« von den Gralshütern der Beschlußlage schnell wieder auf den harten Boden der Delegierten-SPD zurückgebracht. Dies hat Engholm schmerzlich feststellen müssen. Tilman Fichter schildert einige dieser Vorgänge in der gebotenen Zurückhaltung seiner Doppelrolle als intellektueller Analytiker und Parteisekretär.

Meine Haltung in der Frage der Nation ist so zwiespältig wie die meiner Partei. Als Angehöriger der Generation der 30- bis 40jährigen, die Tilman Fichter als Leser vor seinem geistigen Auge hat, bin ich als Europäer erzogen worden, der zwar seine deutsche Herkunft nicht leugnete, der sich aber in Frankreich, Spanien, Italien, ja selbst auf der Fifth Avenue in New York besser auskannte als in der ehemaligen DDR. Um die Nöte der Gewerkschaften in Südafrika wußte ich und kümmerte ich mich mehr als um die Sorgen der Arbeitnehmer und Arbeitnehmerinnen in Leuna oder in Rostock. Kann man mir und meiner Generation dies vorwerfen? Können wir nicht sogar stolz darauf sein, daß es in Deutschland eine Nachkriegsgeneration gibt, die ohne Chauvinismus und nationalistische Ressentiments aufgewachsen ist? Auf der anderen Seite gibt es 17 Millionen Deutsche, deren Erfahrung eine andere ist, die im Gegensatz zu den Sonntagsrednern im Westen sich nichts sehnlicher wünschten, als mit ihren »Brüdern und Schwestern« im Westen in einem Staatsverband zusammenleben zu können. Ist das schon Chauvinismus, wenn man mit Menschen gleicher Sprache, gleicher Herkunft und gleichem kultur- und geistesgeschichtlichen Hintergrund in einer Gemeinschaft zusammenleben will? Zwei Erfahrungswelten und unterschiedliche Generationen treffen in der »nationalen Frage« aufeinander. Schlaglichtartig werden mir selbst im Bonner Politik-Alltag diese Unterschiede deutlich. Kürzlich hatten wir in der Bundestagsfraktion eine Abstimmung über die Einführung der doppelten Staatsbürgerschaft für hier lebende Ausländer. Die West-MdBs stimmten fast geschlossen dafür, während sich die Ost-MdBs mehrheitlich enthielten oder gar dagegen stimmten. Dieses Verhalten wurde nicht thematisiert, wie so vieles, was mit dieser Frage zusammenhängt.

Der Weg kann nicht lauten: zurück zum Nationalstaat. Aber man kann es auch nicht so machen wie der Hauptredner der SPD auf der ersten Sitzung des gemeinsamen Deutschen Bundestages am 3. Oktober 1990 im Reichstag zu Berlin. Kaum daß die Tinte auf dem Einigungsvertrag trocken war, sprach er davon, auch dieses sei nur ein Provisorium auf dem Weg nach Europa.

Für mich steht fest: Unsere Zukunft liegt in Europa. Aber der Weg dorthin wird über nationale Identitäten führen. Die Franzosen geben ihre Identität so wenig auf wie die Spanier. Und auch die Deutschen werden zueinander finden müssen, wenn wir Europa wirklich bauen wollen. Dies hat nichts mit dem alten Nationalstaat zu tun, denn wir wollen ja die Zusammenarbeit der Völker Europas und die Einbindung der Staaten in europäische Institutionen und Regelungen. Aber wer meint, er könne dabei auf eine nationale Identität verzichten, der irrt nicht nur, sondern der gefährdet auch das gemeinsame Europa.

Die Debatte hierüber ist längst überfällig. Wir müssen sie führen. Verschweigen und verdrängen schadet politisch und psychologisch. Tilman Fichters Buch könnte ein Auftakt sein.

Karlheinz Blessing, Frankfurt am Main, Juni 1993

Einleitung

»Die Vereinigung hat gar nicht stattgefunden.«

Michael Groß
(Schwimm-Olympiasieger)

Die Angst der Linken vor der nationalen Einheit der Deutschen ist ein Paradoxon. Denn eigentlich hatte die demokratische Linke seit dem Vormärz für eine demokratische Republik gekämpft, die weit über das spätere Bismarcksche »Kleindeutschland« hinausgereicht hätte. Eine erste Entfremdung zwischen der sozialdemokratischen Arbeiterbewegung und der Nationalstaatsidee trat ein, nachdem die Einheit nicht 1848 von unten her erkämpft worden war, sondern von Preußen als der Führungsmacht nach dem Deutsch-Französischen Krieg 1871 von oben her durchgesetzt wurde. Die Ursache für eine zweite, viel tiefere Entfremdung ist die zwischen 1933 und 1945 gewonnene Erkenntnis, daß sich große Teile des Bürgertums auf dem Höhepunkt der Weltwirtschaftskrise mit Hitler verbündeten, um im Inneren die Arbeiterbewegung zu zerschlagen und nach außen eine imperialistische Kriegspolitik zu betreiben.

Seitdem ist das Vertrauen in die demokratische Kultur unseres Landes gestört. Teile der Linken in und jenseits der SPD machen für die freiwillige Machtauslieferung an die Nationalsozialisten übrigens nicht nur die großen bürgerlichen Parteien, die Reichswehr, die beiden Volkskirchen und das Industrie- und Finanzkapital verantwortlich; sie mißtrauen angesichts der kampflosen Kapitulation der deutschen Arbeiterbewegung vor der braunen Barbarei auch der eigenen Politik- und Aktionsfähigkeit in der Krise. Will die SPD im neuvereinigten Deutschland aber wieder mehrheitsfähig werden, dann muß sie - trotz dieser historischen Erfahrung - die Überzeugung zurückgewinnen (und vermitteln), daß die Sozialdemokratie die historische Kraft ist, die im neuvereinigten Deutschland die Demokratie krisenfest verankert und Perspektiven für eine ökologische Modernisierung der Industriegesellschaft entwickelt. Der Zusammenbruch des Poststalinismus hat außerdem verdeutlicht, daß die reformistische Linke in und jenseits der SPD ihre Politik noch stärker mit der »Idee der Freiheit« verknüpfen muß. Denn die gegenwärtige Krise der SPD ist nicht zuletzt darauf zurückzuführen, daß die Partei es versäumt hat, sich mit den »Oppositionellen im Osten zu verbinden und sie als Komponente einer zukünftigen europäischen Linken« anzuerkennen.[1]

In den vergangenen Jahren konnte man manchmal an der SPD zweifeln. Nicht nur die Mehrheit der »Enkel« (Willy Brandts und Herbert Wehners), sondern auch viele SPD-Strategen wie zum Beispiel Egon Bahr, Jürgen Schmude, Horst Ehmke oder Peter Glotz negierten jahrelang den Autoritätszerfall der SED-Staatspartei beziehungsweise der DDR-Regierung. Als Koexistenz-Politiker hatten sie das abgerundete »Konzept der Sicherheitspartnerschaft« erdacht; eine angestrebte europäische Friedensordnung durfte ihrer Meinung nach nicht durch irgendwelche Bürgerbewegungen in Polen, in der Tschechoslowakei oder in der DDR gefährdet werden. Diese Denkblockade war jedoch - wie ich im dritten Kapitel zeigen werde - keineswegs auf die Sozialdemokratie begrenzt. Im Ergebnis lief diese Koexistenz-Denkschule manchmal schon auf eine Metternichsche Status-quo-Politik hinaus. Fast hätte es deshalb die SPD im Herbst '89 kalt erwischt. Wäre da nicht Willy Brandt gewesen, der angesichts der bröckelnden Mauer am 10. November 1989 instinktsicher formulierte: »Jetzt wächst zusammen, was zusammengehört.«

Noch auf dem SPD-Programmparteitag in Berlin Ende Dezember '89 hatte Oskar Lafontaine die Vision von den »Vereinigten Staaten von Europa« in den Mittelpunkt seiner programmatischen Überlegungen gestellt. Der Begriff »Nation« war in seiner Rede kein Thema. Die Folge dieser großen Verweigerung ist bekannt: Am 3. Dezember 1990 erlitt die SPD mit 33,5 Prozent ihr schlechtestes Wahlergebnis seit Godesberg.

Es wird der SPD wohl kaum gelingen, über die Dreißig-Prozent-Marke zu kommen, wenn sich in der Partei nicht eine Mehrheit findet, die dafür streitet, daß die SPD erneut die »Partei der sozialen und nationalen Einheit« wird. Denn die Antwort auf Hitler und den Holocaust kann nicht die geopolitische Spaltung unseres Landes sein. Es geht heute vielmehr - dies zumindest haben wir in der alten Bundesrepublik 1967/68 und in der untergegangenen DDR im Herbst 1989 gelernt - um eine radikale Demokratisierung aller gesellschaftlichen Bereiche im neuvereinigten Deutschland.

Mit dem Untergang des Sowjet-Kommunismus, der mit den Begriffen »Sozialismus«, »Utopie«, »Internationalismus« oder »Solidarität« Schindluder getrieben hat, besteht nunmehr für die SPD die Gefahr, daß auch ihre eigenen Ideen und Ideale in den Abgrund gerissen werden.[2] Die kommunistische Parteien- und Staatsfäulnis bedroht das Ideengut beziehungsweise die Traditionen der demokratischen Linken. Und zu diesem SPD-Traditionsbestand gehört auch ein in der SPD von August Bebel einst verankertes Konzept von Nation, das nach außen durch »Unabhängigkeit und gleichberechtigtes Bündnis mit den anderen Völkern und nach innen durch eine freiheitliche Verfassung und die Verwirklichung sozialer Gerechtigkeit gekennzeichnet« ist.[3] Doch in großen Teilen der West-SPD ist dieser sozialdemokratische Patriotismus in den sechziger und siebziger Jahren verlorengegangen. Wie könnte heute ein moderner »sozialdemokratischer Vaterlandsbegriff« aussehen? Viel Zeit bleibt der SPD nicht mehr, denn die alte Bundesrepublik gerät derzeit durch die unverhoffte Neuvereinigung in eine tiefe Legitimationskrise, während die Ex-DDR in einen zunehmend desolaten Zustand verfällt. Die Demokratie in Deutschland braucht aber eine handlungsfähige, strategisch denkende und moralisch integre Sozialdemokratie. Welche Denkblockaden und innerorganisatorischen Hemmnisse stehen einer notwendigen Erneuerung der Volkspartei SPD entgegen? Auf diese Frage soll dieses Buch Antworten geben. Im Mittelpunkt des ersten Teils steht die

These, daß die Geschichte der Sozialdemokratie der Nachkriegszeit hauptsächlich durch vier Generationen geprägt wurde: die Weimarer Rest-Elite, die Kriegs- beziehungsweise KZ-Generation, die HJ- und Flakhelfer-Generation und die heutzutage häufig zitierte »Enkel«-Generation. Der Begriff der Generation ist 1928 von Karl Mannheim in die politische Soziologie eingeführt worden; er bezieht sich auf kollektive Grundmentalitäten, die in einer Altersgruppe durch gemeinsam gelebte Erfahrungen ausgeprägt worden sind. Ich will in diesem Buch zeigen, daß ökonomische, politische oder intellektuelle Ereignisse von den vier Generationen in der SPD unterschiedlich aufgenommen und intellektuell sowie emotional verschieden verarbeitet worden sind. Die Neuvereinigung Deutschlands ist dafür ein gutes Beispiel.

Dieses Generationenschema mag auf den ersten Blick mechanistisch erscheinen; gleichwohl erweist sich die Kategorie der Generationen bei der Analyse der Sozialdemokratie der Nachkriegszeit als besonders aussagekräftig. Nur so kann man sich etwa die in den Geburtsjahrgängen bis 1920 weitverbreitete sozialdemokratische Lagermentalität oder den antiideologischen Pragmatismus in den Reihen der Kriegsgeneration erklären. Das gilt auch für den undifferenzierten Nation-Begriff in der Altersgruppe der kritischen Wohlstands- und Enkel-Generation, die nach 1940 geboren wurde.

Für die heutige Führungsgruppe der SPD, die sich fast nur noch aus dieser »Enkel«-Generation rekrutiert, stellen sich schwierige Fragen. Einer selbst- und geschichtsbewußten Sozialdemokratie muß daran gelegen sein, künftig auch wieder die alt-neue geopolitische Lage Deutschlands in ihr Kalkül einzubeziehen, denn die außenpolitische Aufgabe, Mittler – oder, wie Jakob Kaiser es einst nannte, »Brücke« – zwischen West und Ost zu sein, ist heute erneut höchst aktuell. Eine solche Außenpolitik, die nichts mit »Neutralismus« oder neudeutschem Größenwahn zu tun haben darf, verlangt nach neuen Konzepten. Sie ist auch deshalb notwendig, weil sich bei den Menschen in Ost-

und Südosteuropa der nicht ganz falsche Eindruck verfestigt hat, die westlichen Industrienationen hätten die Demokraten jenseits der Elbe längst abgeschrieben. Eine Handlungsmaxime sozialdemokratischer Außen- und Außenhandelspolitik muß deshalb die Überwindung der fortdauernden Teilung Europas sein. Darüber hinaus sollten Sozialdemokraten - nicht nur in Ost- und Südosteuropa - dafür eintreten, daß die Qualität der zwischenstaatlichen Beziehungen beziehungsweise die Vergabe finanzieller Entwicklungshilfe auch davon abhängig gemacht wird, daß das jeweilige Partnerland die Einhaltung der Menschen- und Minderheitsrechte gewährleistet.

Der Traum von einem europäischen Vielvölkerstaat stirbt gerade erneut im zerbrechenden Jugoslawien und in der untergegangenen UdSSR. Denn Titos und Stalins Nationalitätenpolitik führte nicht etwa zu einer »Lösung der nationalen Frage«, sondern zu einem großserbischen beziehungsweise großrussischen Byzantinismus. Seit der diplomatischen Anerkennung Sloweniens, Kroatiens und Bosniens gehe jetzt die westliche Politik - so der ungarisch-jüdische Dissidentenschriftsteller György Konrád kürzlich in einem literarischen Warnruf - immer stärker dazu über, den tradierten Begriff der »territorialpolitischen Nation« zugunsten eines Begriffs der »ethnischen Nation« aufzugeben. Zugleich wurde im Westen dem »Prinzip der nationalen Selbstbestimmung« - zweifelsfrei eine emotional verständliche, jedoch nicht immer durchdachte Antwort auf die Nationalitätenpolitik Stalins und Titos - »absoluter Vorrang« eingeräumt. Dadurch käme jedoch der Achtung der Menschenrechte sowie der bürgerlichen Freiheiten zumindest in Ost- und Südosteuropa nur noch eine zweitrangige Bedeutung zu. Wäre dagegen für die westeuropäischen Politiker der Schutz des Lebens, der individuellen Rechtssicherheit und die Würde des einzelnen Menschen vorrangig gewesen, so hätte die etablierte Politik in den westeuropäischen Hauptstädten eine Entwicklung wie die in Jugoslawien nicht billigend in Kauf nehmen dürfen. Denn dieser Prozeß mußte – darauf spitzt sich die Argumentation von

Konrád zu – »notwendigerweise« eine »ethnische Säuberung« und »Homogenisierung« der vielsprachig-gemischten Bevölkerung in Bosnien-Herzegowina auslösen.[4]

Andererseits wies der Austromarxist Otto Bauer bereits 1917 darauf hin, daß eine wirkliche Demokratie in einem erzwungenen Vielvölkerstaat nicht möglich ist, solange »ganze Völker oder größere Volksteile wider ihren Willen in einem (Staats)verband« gehalten werden.[5] In diesem Konflikt zwischen territorial-nationaler und ethnisch-nationaler Logik muß die SPD eindeutig Farbe bekennen. Denn das Konzept eines ethnisch begründeten Nationalismus führt unweigerlich zu einer Renaissance des Rassismus. Zugleich muß die Sozialdemokratie in Deutschland aber auch ihr skrupulöses Verhältnis zum territorial-politisch begründeten Nationalstaat überdenken, da der parlamentarisch kontrollierte Staat als zentrale Instanz, die das allgemein gültige Recht durchsetzt, auch bei uns vorerst noch gebraucht wird. Ob der »Staatsplunder«, wie es einst Friedrich Engels formulierte, eines Tages obsolet wird, steht in den Sternen. Einstweilen bleibt jedoch das nationale Parlament der »Souverän« und besitzt daher das Gesetzgebungsmonopol. Nur so kann wirtschaftliche und bürokratische Macht – zumindest im Ansatz – unter Kontrolle gebracht werden.[6] Darüber hinaus müßte künftig das Existenzrecht ethnischer Minderheiten verfassungsrechtlich gestärkt und im Zweifelsfall durch die Truppen der NATO geschützt werden.

Angesichts der Massenarbeitslosigkeit im neuen Osten Deutschlands ist heute die wirtschafts- und industriepolitische Gestaltung der Einheit die schärfste Herausforderung für die Politik im Bund und in den Ländern. Durch den bisherigen Verlauf der Neuvereinigung droht der Ex-DDR eine Sizilianisierung.[7] Die ökonomische Stillhaltepolitik der christliberalen Bundesregierung zementiert das soziale und wirtschaftliche Ost-West-Gefälle. Weil die Milliarden aus der alten Bundesrepublik noch immer größtenteils in den Konsumsektor des Ostens fließen, entstehen dort bisher nur wenig neue Arbeitsplätze. Die neuen Länder brauchen jedoch große Industrieprojekte, wenn eine wirtschaftliche Sogwirkung auf die übrigen Sektoren der Gesellschaft erreicht werden soll. Ziel einer neuen, ökologisch und technisch vernünftigen Industriepolitik wäre deshalb die Finanzierung von Arbeit und nicht von Arbeitslosigkeit.[8] Das hieße, über eine kurzfristige ABM-Politik hinaus ökologisch verträgliche Produktionsverfahren und Produkte zu entwickeln, die Absatzchancen auf dem Weltmarkt hätten. Die betriebsinternen Forschungseinrichtungen müßten in den neuen Ländern nicht abgewickelt, sondern massiv gestärkt werden.

Stärkste Kraft bei den kommenden Bundestagswahlen im Herbst 1994 wird voraussichtlich, falls in den beiden Volksparteien keine organisationsinterne Kulturrevolution stattfindet, weder die SPD noch die CDU, sondern die »Partei der frustrierten Nichtwähler«. Dem negativen Trend der Kohl-CDU entspricht kein positiver Trend für die Sozialdemokratie der »Enkel«. Mir geht es in diesem Geschichten- und Geschichtsbuch auch um den Versuch, die aktuellen und historischen Ursachen für die Wahlniederlagen der SPD im Jahr 1990 zu ergründen. Die Geschichte der Demokratiebewegung in Deutschland hat gezeigt, was geschieht, wenn Sozialdemokraten gesellschaftliche Entwicklungen nicht rechtzeitig und nicht in ihrer ganzen Tragweite erkennen.

Als ich dieses Buch schrieb, versuchte ich, mir einen imaginären Leser aus der Altersgruppe der heute fünfundzwanzig- bis fünfunddreißigjährigen SPDler vorzustellen. Insofern geht es mir mit dieser Darstellung der Nachkriegsgeschichte der westdeutschen Sozialdemokratie auch nicht darum, ein lückenloses und ausgewogenes, also quasi parteioffiziöses Gesamtbild der SPD zu entwerfen. Vielmehr verfolge ich in meiner Schilderung nur bestimmte Geschichtsentwicklungen, so zum Beispiel das Verhältnis der unterschiedlichen Generationen zur nationalen Frage und zur Schuld der Deutschen im Nationalsozialismus. Die weitverbreitete Orientierungskrise, in der sich die Deutschen in beiden Übergangsgesellschaften befinden, hat die Folge, daß auch das Verhältnis von Sozialdemokratie, Nation und Internationalismus neu durchdacht werden muß. Dies schließt einen Rückblick auf Ausschnitte der jüngeren Geschichte mit ein.

Im zweiten Teil dieses Buches sollen die Ausgangsbedingungen für eine sozialdemokratische Politik nach dem Fall des Dritten Reiches beschrieben werden. Hier diskutiere ich auch die Frage, ob im Nachkriegsdeutschland überhaupt eine realistische Chance für eine linke Politik bestanden hat, die sich nicht nur schlicht an den Traditionen orientiert. Sodann beschreibe ich den vergeblichen und fast bis zur Selbstaufgabe durchgehaltenen Versuch der SPD unter Kurt Schumacher und Erich Ollenhauer, die nationale Einheit gegen die Politik von Konrad Adenauer und Walter Ulbricht durchzusetzen. Diese Phase der SPD als dezidierte »Wiedervereinigungspartei« endete schließlich mit der in der Partei zuvor nicht ausdiskutierten Distanzierung Herbert Wehners vom »Deutschlandplan« der SPD vor dem Bundestag am 30. Juni 1960.

Von da an akzeptierte die Parteispitze - wenn auch schweren Herzens - die Aufteilung Europas in zwei Interessensphären. Doch erst nach dem Bau der Mauer übernahm die Mehrheit der Parteibasis inhaltlich diese Politik. Mit der Entspannungs- und Ostpolitik leiteten Willy Brandt und Egon Bahr Ende der sechziger Jahre eine neue Phase in der Deutschlandpolitik der SPD ein. Die ursprünglich anvisierte Wechselwirkung von zwischenstaatlicher Friedenspolitik und politischer Auseinandersetzung reduzierte sich freilich schon bald auf eine staatsfixierte Gleichgewichtspolitik mit den poststalinistischen Regierungen. In der Folge dieser etatistischen Verengung entstand in der Partei ein widersprüchliches Ideengemisch, in dem der tradierte sozialdemokratische Antikommunismus, ein Status-quo-Denken gegenüber der Sowjetunion, Pro-Amerikanismus und Establishment-Fixierung zusammenflossen. Die Dissidenten in Osteuropa blieben in diesem Weltbild ein blinder Fleck.

Als Ende der achtziger Jahre die DDR an ihren inneren

Widersprüchen zerbrach und schließlich sogar die UdSSR unterging, war der Mehrzahl der westdeutschen Sozialdemokraten die Idee der gesamtdeutschen Identität längst verlorengegangen. Die Ehrenrettung in dieser fast aussichtslos erscheinenden Konstellation verdankt die West-SPD letztlich den 43 Gründern einer neuen »Sozialdemokratischen Partei in der DDR«. Ohne zuvor in Bonn angefragt zu haben, machten diese oft ausgesprochen individualistisch eingestellten Schwantener SDP-Initiatoren der SED die sozialdemokratische Traditionslinie streitig.

Wir stehen heute kurz vor der Jahrtausendwende. Die alte Nachkriegsordnung von Jalta und Potsdam ist zerbrochen, die Deutschen ringen erneut um ihre nationale Identität. Was kann und muß die SPD in diesem Prozeß der Neuformierung tun? Frühere Generationen in der SPD haben versucht, die Gegenwart zu bewältigen, indem sie sich eine Utopie über die Zukunft schufen. Dies ist nach dem exemplarischen Scheitern des Sowjet-Kommunismus nicht einfacher geworden. Nach dem Wiedereintritt des neuvereinigten Deutschland in die Völkerfamilie muß die SPD eine realistische Zukunftsvision für ein demokratisches und modernes Deutschland in der Mitte Europas entwickeln. Es wäre jedoch ein Irrtum zu glauben, dieser Neubeginn sei ohne eine selbstkritische Aufarbeitung der jüngsten Vergangenheit möglich (vgl. Dokument 1).

Für Hinweise und Anregungen danke ich Peter Brandt, Peter Munkelt, Ute Schmidt und Rainer Zitelmann. Herzlich danke ich auch Brigitte Günther, die mehrere Fassungen des Manuskripts ins reine geschrieben hat.

Berlin-Charlottenburg, 1. Mai 1993

I. Kalte Herzen - verfehlte Strategien

Würde Egon Bahr heute wirklich alles »nochmal genauso machen« wie in der Vergangenheit? Aber auch Franz Josef Strauß' Rolle beim Einfädeln des Milliardenkredits im Sommer 1983 für die damals wirtschaftlich längst gescheiterte DDR-Regierung wirft nachträglich die Frage auf, ob sein plakatives Bekenntnis zum Selbstbestimmungsrecht der Deutschen nicht längst deklamatorisches Beiwerk einer heimlichen Status-quo-Politik gewesen ist. Selbst der »Einheitskanzler« Helmut Kohl warnte noch im Februar 1988 in einem Brief an den damaligen CDU-Bundestagsabgeordneten Bernhard Friedmann ausdrücklich vor einer Verknüpfung der deutschen Frage mit der Abrüstungsproblematik. Der Kanzler vertrat die Meinung, daß die Wiedervereinigung Deutschlands nur das Resultat einer langfristigen »historische(n) Perspektive« sein könne. Deshalb müßten - so Kohl damals noch - zunächst einmal die Grenzen zwischen den beiden deutschen Staaten »durchlässiger« gemacht und das »Zusammenleben der Menschen in Europa« erleichtert werden.

Bonner Blockaden I: Die akzeptierte Zweistaatlichkeit

Auf den Vorwurf Friedmanns, diese Politik bedeute bei Licht besehen letztlich nur ein »Management der Teilung«, reagierte der Kanzler, mit Blick auf den geplanten Bonn-Besuch Erich Honeckers, ausgesprochen unwirsch. Kohl qualifizierte die Gedanken des Bundestagsabgeordneten aus Baden als »blühenden Unsinn« ab. Der CDU-Hinterbänkler blieb mit seinen deutschlandpolitischen Thesen in der Union isoliert. Der »Problemfall Friedmann« – so *Der Spiegel* im Juni 1987 – fand dann auch eine eindeutige Lösung. Der deutschlandpolitische Querdenker und Haushaltspolitiker schied am Ende der Legislaturperiode aus dem Deutschen Bundestag aus und wurde vom EG-Ministerrat zum deutschen Mitglied im zwölfköpfigen Präsidium des Europäischen Rechnungshofs berufen.[9]

Mehr Glück in seiner Partei hatte rund zwei Jahre später ein anderer Parlamentarier, der Sozialdemokrat Norbert Gansel, der im September 1989 angesichts der Massenflucht von DDR-Bürgern über Ungarn in die Bundesrepublik die SPD-Bundestagsfraktion vor einer linearen Fortsetzung der Politik der kleinen Schritte warnte. Im Mittelpunkt einer künftigen SPD-Deutschlandpolitik müsse jetzt »die historische Chance der Freiheit« stehen. Für diese Abweichung von der bisherigen offiziellen Parteilinie in der Deutschlandpolitik belohnte die Mehrheit der neuen SPD-Bundestagsfraktion Gansel Ende Januar 1991 und wählte ihn mit 117 Stimmen zum Vorsitzenden des Arbeitskreises »Außen- und Sicherheitspolitik«. Auf seinen Gegenkandidaten Karsten Voigt entfielen nur 105 Stimmen. Zunächst hatte sich Gansels Zivilcourage ausgezahlt. Nach der Auflösung der Arbeitskreise im Januar 1992 durch Ulrich Klose kehrte Voigt jedoch als Sprecher der fraktionellen Arbeitsgruppe »Außenpolitik« ins Bonner Rampenlicht zurück, während der unbequeme Mahner Gansel wieder von der Bühne verschwand. Der langjährige Partei-Diplomat Karsten Voigt machte erneut Karriere,[10] obwohl er eine Galionsfigur für altes Denken in der Deutschland- und Sicherheitspolitik war.

Die Gefahr eines heißen Krieges vor Augen, verharrte ein Großteil der westdeutschen Politiker-Kaste und der Intellektuellen noch in der zweiten Hälfte der achtziger Jahre, trotz Solidarność, Václav Havel und der Bürgerbewegung in der DDR, freiwillig in den engen Bahnen des Status-quo-Denkens. Ein Prozeß des Umdenkens setzte in Bonn, München oder Düsseldorf erst nach der Implosion der DDR ein. Wer jetzt etwas anderes behauptet, schönt im nachhinein das damals in Westdeutschland vorherrschende Blockdenken. »Realpolitik« war und ist dort Trumpf. Wer in Alternativen denkt, gilt bestenfalls als Utopist, schlimmstenfalls jedoch als Störenfried. In diesem Immobilismus liegt auch eine der Ursachen für das Politikversagen im Bundeshauptdorf Bonn und in den diversen Landesresidenzstädten der alten Bundesrepublik.

Die West-Grünen vereinigten sich aufgrund ihres besonders stark ausgeprägten Status-quo-Denkens erst am Tag nach der Bundestagswahl mit den Ost-Grünen. Sie gingen deshalb bei der Wahl zum Deutschen Bundestag am 3. Dezember 1990 mit 3,9 Prozent leer aus. Als vereinigte Partei hätten sie dagegen 26 Sitze im Bundestag erreicht - mit gravierenden Folgen für die Mehrheitsverhältnisse und Koalitionsmöglichkeiten. Hier wurde eine westdeutsche Partei ausnahmsweise und ganz prompt für ihren tiefen Strukturkonservatismus zur Rechenschaft gezogen.

Bonner Blockaden II: Die Hauptstadtlüge

Die Kosten der Denkblockaden im Westen sind zumeist recht teuer, manchmal auch inhuman. Doch Bonn bleibt Bonn. Dort läßt sich das Polit-Establishment nicht vorschnell durch neue Realitäten schrecken. Schließlich kennt man am Rhein seine Interessenlage nur zu genau. Nicht zuletzt deshalb erhält die provisorische Bundeshauptstadt jetzt den letzten Schliff. Der Bau-Boom ist dort ungebrochen, und der Umzug nach Berlin scheint - trotz des parlamentarischen Hauptstadt-Beschlusses vom 20. Juni 1991 - inzwischen wieder zweifelhaft. Ein Beispiel für diese rheinische Denkweise ist das »Freimachungskonzept« des F.D.P.-Bauministeriums für neue Regierungsgebäude in Berlin. Geht es nach dem Hause Schwaetzer, so sollen zunächst einmal das DDR-Staatsratsgebäude, das Haus des ehemaligen SED-Zentralkomitees (frühere Reichsbank) und das »Haus der

Ministerien« (jetzt Treuhand-Domizil, davor Görings Luftfahrtministerium) abgerissen werden. Die Bonner Abrißpläne stießen in Berlin auf allseitige Empörung. Trotzdem wird durch ein solches »Freimachungskonzept« zunächst einmal der Umzug der Bundeshauptstadt von Bonn nach Berlin weiter verschleppt. Die Ministerialbürokratie in Bonn verteidigt noch immer und erfolgreich ihre - so der Berliner *Tagesspiegel* - »besitzvergessene Gemütlichkeit«. Währenddessen wächst langsam das »Schürmann«-Büro-Gebäude für die Abgeordneten (rund 650 Millionen DM) gegenüber dem alt-neuen, noblen Behnischen Plenarsaal.[11]

Jahrzehntelang war Bonn ein Provisorium, doch jetzt wird die »kleine Stadt am Rhein« (John le Carré) immer offener zum wichtigsten Symbol-Ort der alten Bundesrepublik. Deshalb will Richard von Weizsäcker demonstrativ schon ab dem kommenden Winter den Schwerpunkt seiner Amtsgeschäfte nach Berlin verlegen und gleichzeitig auch privat an die Spree umsiedeln. Die Berliner Kommunalpolitiker bewerten diesen Umzugsbeschluß, der allerdings keine Bindungswirkung für den Nachfolger von Weizsäckers hat, einhellig positiv.[12]

Der »Kulturkampf« des Frühjahrs 1991 über die Frage, ob Bonn oder Berlin künftig der Sitz von Bundestag und Bundesregierung werden solle, erhält erst in einem gesamtdeutschen Kontext seine tatsächliche Bedeutung. Denn letztlich geht es hier um die zentrale Frage, ob die wirtschaftliche und politische Macht hauptsächlich im Rhein-Main-Neckar-Raum konzentriert bleiben soll. Bis zum 20. Juni 1991 sah es so aus, als ob die rheinischen und westfälischen Hinterbänkler, vereint mit den Bayern, den Pfälzern und Saarländern, einem Teil der Badenser, Württemberger und Sachsen, die Fortschreibung der alten bundesrepublikanischen Politik erzwingen könnten, deren Hauptakteure, so die *Rhein-Neckar-Zeitung* am 24. April 1991, oft nicht über den »Tellerrand von 40 Jahren Bundesrepublik« hinausschauen wollten.

Statt dessen wurde am 20. Juni 1991 durch die Entscheidung

des Bundestages für Berlin die deutsche Einheit zumindest staatsrechtlich abgeschlossen. Wie die nachträgliche Auszählung am 21. Juni ergab, stimmte jedoch von den 318 Bundestagsabgeordneten der christdemokratischen Volkspartei ebenso wie von den 236 Abgeordneten der sozialdemokratischen Volkspartei jeweils knapp mehr als die Hälfte für Bonn. Dagegen stimmte die große Mehrheit der Liberalen, der Bürgerrechtler aus der Ex-DDR und der PDS-Kommunisten für Berlin. Ohne die Kleinen träte jetzt also Bonn und nicht Berlin das offizielle Erbe von Bonn an. So gesehen ist die Hauptstadtfrage auch eine Frage nach einem Ort, an dem sich unterschiedliche Realitäten im Nachkriegs-Deutschland treffen, um ihre Erfahrungen auszutauschen und sich gegenseitig respektieren zu lernen. In Berlin könnten sich Politik, Wirtschaft, Kultur und Intelligenz erneut aneinander reiben. Doch der sehr erfolgreiche »Bonner Berlin-Boykott«[13] droht dies zu verhindern. Der Gegendruck auf Bonn wird jetzt stärker. So forderte Anfang April 1993 der Ex-Bundeskanzler Helmut Schmidt den sofortigen Umzug des Bundesministeriums für Wirtschaft. Die neue Unbescheidenheit, die sich in Bonn immer deutlicher breit mache, sehe man am deutlichsten bei den Bauten, die der Bundestag in Bonn für sich selbst errichten lasse. Bundeskanzler Kohl solle deshalb ein deutliches Zeichen setzen und seinen Amtssitz - wie Richard von Weizsäcker - »noch vor der nächsten Bundestagswahl im Herbst 1994 in die Hauptstadt« verlegen.

II. Mitteleuropäische Revolutionszeiten

Welche historische Bedeutung hat die »unblutige Revolution« vom Herbst 1989 für die Geschichte der Sozialdemokratie in Deutschland? Signalisiert doch bereits der Begriff »unblutige Revolution«, daß wir die Herbst-Wende in der damals bereits ökonomisch völlig zerrütteten DDR nicht als klassische Revolution bezeichnen können. Vergleicht man diese Implosion mit der Großen Französischen Revolution (1789–1795) oder der englischen Revolution der Puritaner (1640–1688), dann wird deutlich, daß die Herbst-Wende 1989 keine Revolution im modernen Wortverständnis gewesen ist. Sucht man nach einer Definition dessen, was in der abendländischen Neuzeit eindeutig als »Revolution« bezeichnet worden ist, so denkt man unweigerlich an einen stoßweisen und gewaltsamen Vorgang, an eine grundlegende Umwälzung der tradierten Wirtschafts-, Staats- und Rechtsverhältnisse durch erfolgreiche Widerstandshandlungen von Massenbewegungen, deren - oft unbewußtes - geschichtsphilosophisches Ziel letztlich die Erneuerung beziehungsweise Weiterentwicklung des Menschheitsfortschrittes gewesen ist.[14]

Trotzdem fand 1989 - so Jürg Altwegg - in der DDR »doch eine Revolution« statt. »Gewiß«, antwortete Jens Reich im Oktober 1992, »eine Revolution in den Köpfen.« Seiner Meinung nach verkörpert die Herbst-Wende sogar einen neuen Typus von Revolution, nämlich eine, wie er sie nennt, »legale Revolution«. Legal habe diese Revolution jedoch nur deshalb sein können, weil sie gegen den »Sozialismus« gerichtet war, der »ständig gegen den Geist seiner Ideale und die Gesetze seiner Konstitution« verstoßen habe. Die Berufung der Bürgerrechtler in der

DDR auf das, was die »Paragraphen« sagen, sei in einer solchen historischen Situation durchaus revolutionär.[15]

Die Sozialdemokratie in Westeuropa war im Herbst 1989 auf diese »legale« Umwälzung der Verhältnisse beziehungsweise auf einen ökonomisch-sozialen Zusammenbruch der poststalinistischen Umerziehungsgesellschaften in Mittel-, Ost- und Südosteuropa indessen nicht vorbereitet. Dieses Versagen hatte mehrere Ursachen: analytische Blindheit, Status-quo-Denken und in Westdeutschland eine schon fast sprichwörtliche Angst der hiesigen Mehrheits-Sozialdemokratie vor revolutionären Umbrüchen. Deshalb paßte auch die rasch anwachsende Jugendprotestkultur in der DDR Ende der achtziger Jahre nicht in das damals vorherrschende Weltbild der Funktionäre und Mandatsträger der SPD. Engherzig negierte ein nicht kleiner Teil der Bonner (aber auch West-Berliner Akteure) die deutlichen Anzeichen für eine vorrevolutionäre Situation jenseits der Elbe (vgl. Dokument 2).

»Romantiker« und Realpolitiker

Die Amulette der Schwarzen Madonna von Tschenstochau an den Revers der Solidarność-Gewerkschafter wirkten Anfang der achtziger Jahre nicht nur auf dogmatische Stamokaps höchst befremdlich. Und geradezu hysterisch reagierte ein Großteil der postnational eingestellten, rotgrünen Jungpolitiker im westdeutschen Teilstaat auf die Renaissance des polnischen Nationalismus. Schließlich hatte doch Ende der sechziger Jahre die sozialliberale Koalition in Bonn – nicht zuletzt unter dem Schock des Mauerbaus im August 1961 und der Stillhaltepolitik der westlichen Alliierten – die Einheit der Nation als Preis für Koexistenz und Frieden mehr oder minder auf den Sankt-Nimmerleins-Tag verschoben. Seit damals geisterte durch Bonn das schlimme Wort: Wenn wir Deutschen auf die Einheit verzichten, um den Frieden in Europa sicherer zu machen, dann müssen die Polen halt auf ihre Freiheit verzichten. Doch die Polen kämpften, trotz Kriegsrecht und Ausnahmezustand, tapfer und erfolgreich für ihre Freiheit und ihr Recht auf nationale Selbstbestimmung.

Warum tut sich die westdeutsche, demokratische Linke mit der nationalen Frage so schwer? Die Zurückhaltung der SPD gegenüber diesem zentralen Problem ist nach Peter Brandt, der bereits Anfang der achtziger Jahre die nationale Frage im Zusammenhang mit der Koexistenzpolitik der SPD aufgriff, mit dem Wechsel der Generationen und einem »Zeitgeist-Opportunismus« allein nicht zu erklären. Vielmehr entsprach diese Zurückhaltung »taktischen beziehungsweise operativen Überlegungen«. Für diese Annahme spricht auch, daß die deutschlandpolitische »Behutsamkeit« der West-SPD ohne zwingende Notwendigkeit mit einem »defensiven Verhalten gegenüber der demokratischen Opposition in Ostdeutschland korrespondierte«.[16] Mit der Entspannungs- und Ostpolitik hatten Willy Brandt und Egon Bahr in der Großen Koalition Ende der sechziger Jahre eine neue Phase in der Deutschlandpolitik eingeleitet. Von der angestrebten Dialektik zwischenstaatlicher Annäherung und politisch-ideologischer Auseinandersetzung (erinnert sei hier nur an den geplanten Redneraustausch zwischen SPD und SED im Frühjahr 1966) war indes in den siebziger und achtziger Jahren nur noch eine staatliche Gleichgewichtspolitik übriggeblieben. Die ursprünglich beabsichtigte Entspannungs- und Friedenspolitik erstarrte so in der Ära Helmut Schmidt immer mehr zu einer »Metternichschen« Status-quo-Politik. Helmut Kohl war es schließlich, der 1987 in Bonn für Erich Honecker sogar den roten Teppich ausrollen ließ. Welche Ironie: Der Enkel Adenauers schritt zusammen mit dem Enkel Ulbrichts die Ehrenformation der Bundeswehr ab. Lag darin nicht auch eine Logik der Geschichte von Adenauer bis Kohl?

Auch die sozialdemokratische Ost-, Deutschland- und Friedenspolitik verlor durch die realpolitische Wendung ihre ursprüngliche Faszination auf die Jugend in den beiden Teilstaaten. Die militanten Streikaktionen der polnischen Solidarność oder die gewaltsamen Auseinandersetzungen zwischen Stasi-Schlägern und DDR-Bürgerrechtlern in Berlin und Leipzig im Jahre 1988/89 wurden von der etablierten Politik in den Amtsstuben zu Bonn, München, Düsseldorf und West-Berlin häufig lediglich als Störmanöver für die Status-quo-Politik registriert. Doch die Rückkehr der Massen in die mitteleuropäische Politik war unaufhaltbar. Ein Großteil der DDR-Bevölkerung hatte sich, trotz der Verharmlosung des SED-Regimes durch Teile der bundesdeutschen DDR-Forschung, ganz offensichtlich mit der Teilung Deutschlands nie völlig abgefunden; nicht zuletzt deshalb stand die Mauer mehr als achtundzwanzig Jahre lang. Die Zweistaatlichkeit Deutschlands, die in Teilen der westdeutschen Bevölkerung längst verinnerlicht worden war, bröckelte.

Der Kotau von Güstrow

Die deutschlandpolitische Glaubwürdigkeit der SPD begann nicht nur in den Reihen der heimlichen Opposition in der DDR seit jenem Tag an Glanz zu verlieren, als sich der sozialdemokratische Bundeskanzler Helmut Schmidt am 13. Dezember 1981 in dem menschenleeren und von der Stasi demonstrativ besetzten mecklenburgischen Kreisstädtchen Güstrow mit dem SED-Chef Erich Honecker traf. Am gleichen Tag hatte General Jaruzelski in Warschau das Kriegsrecht ausgerufen und das Komitee zur gesellschaftlichen Selbstverteidigung (KOR) und die im Spätsommer 1980 entstandene nationalpolnische Gewerkschaftsbewegung Solidarność verboten. Anstatt sofort abzureisen, blieb Helmut Schmidt in Güstrow und demonstrierte damit sein unausgesprochenes Verständnis für die sowjetischen Sicherheitsinteressen in Mitteleuropa.

Schmidts realpolitischer Kotau vor dem polnischen General des kleineren Übels, der durch diesen Militärputsch angeblich einer drohenden sowjetischen Invasion zuvorgekommen sein soll, hat jedoch, wie wir mittlerweile wissen, eine Vorgeschichte. Laut einer MfS-Information der Hauptabteilung XX soll Helmut Schmidt in Anwesenheit von Bischof Schönherr, Prälat Binder, Staatssekretär Huonker und dem Abteilungsleiter im Kanzleramt von Richthofen dem damaligen Berlin-Brandenburgischen Konsistorialpräsidenten Manfred Stolpe gegenüber am 16. Juli 1981 geäußert haben, er (Schmidt) könne verstehen, daß die Sowjetunion »als Führungsmacht« in Polen »ihren Laden reinhalten« müsse (vgl. Dokument 3). Schmidt soll in diesem Gespräch außerdem sehr freundlich über Gierek gesprochen haben: »Er kenne Gierek als einen honorigen Mann, der allerdings nichts von Ökonomie verstünde.« Mit dem zweiten Teil seiner Einschätzung hatte Schmidt zweifellos recht. Sollte er sich aber über die Führungsrolle der UdSSR gegenüber Bischof Schönherr und Stolpe tatsächlich so geäußert haben, so hätte er damit die internationalistische Tradition der SPD gröblich verletzt.

Helmut Schmidt hat zur Tradition des sozialdemokratischen Internationalismus in der Tat so gut wie keinen inneren Bezug. Das Denken seiner Generation in der SPD ist wesentlich durch die Erfahrungen im Zweiten Weltkrieg geprägt worden. Seinem Bild von der Sozialdemokratie liegt eine emotionale Struktur zugrunde, die ohne den Mythos einer klassen- und nationenübergreifenden Kriegskameradschaft nicht zu verstehen ist. Die lebensgeschichtliche Erfahrung dieser Generation in Deutschland ist geformt durch den Alltag einer politisch gleichgeschalteten militarisierten Gesellschaft und durch das kollektive Fronterlebnis. Friedenssehnsucht, eine tiefe Skepsis gegenüber jeder Art von Nationalismus, Angst vor Emotionen und Massen in der Politik, ein weitgehendes Desinteresse an Gesellschaftstheorien und eine gefühlsmäßige Distanz zu den tradierten Werten, Symbolen und Umgangsformen der sozialdemokratischen Bewegung sind die heterogenen Elemente im Bewußtsein dieser Frontgeneration in der SPD.

In seiner Abschiedsrede vor dem Bundestag am 10. September 1986 erinnerte Helmut Schmidt noch einmal an die spezifischen Kriegs- und Nazismus-Erfahrungen beziehungsweise typischen Deutungsmuster dieser Generation: »Als der Krieg zu Ende war, ist es mir gegangen wie Millionen deutscher Soldaten auch. Wir haben mit großer Erleichterung gesagt: Gott sei Dank, es ist vorbei! Im Krieg hatten wir Millionen deutscher Soldaten uns zu allermeist in einem schizophrenen Zustand befunden. Tagsüber haben wir gekämpft; teils, weil wir das für unsere Pflicht hielten, teils, um unser eigenes Leben zu bewahren, teils, um nicht in Kriegsgefangenschaft zu fallen; aber des Nachts wünschten wir uns sehnlichst das Ende des Krieges und der Nazi-Diktatur herbei - schizophren!«[17] Auch wenn diese Sichtweise nur für eine Minorität der Generation Helmut Schmidts zutreffen mag, so zeigt dieses Zitat doch, daß für seine Generation die Erfahrung von Krieg und Nationalsozialismus ein unauflösbarer Konflikt gewesen ist, der sie auch heute noch nicht losläßt.

Herbert Wehner soll für diese Generation in der SPD das böse Wort von den »jungen Herren« geprägt haben, die ihren »Sozialismus im Offizierskasino« gelernt hätten. Da Helmut Schmidt und seine Altersgenossen 1933 jedoch noch zur Schule gingen, bedeutet das sicherlich die ungerechte Abqualifizierung einer Generation, die zumeist ohne eigene Schuld in der Hitler-Jugend (HJ), im Reichsarbeitsdienst (RAD) und in der Wehrmacht intellektuell und politisch sozialisiert worden ist. Andererseits kommt in der Wehnerschen Formulierung sowohl ein Stück Ressentiment wie auch ein Stück konkrete Erfahrung im Umgang der älteren SPD-Genossen mit der Kriegsgeneration zum Ausdruck. Ein wirklicher Dialog zwischen der Generation von Helmut Schmidt und der von Herbert Wehner kam in der SPD nie so recht zustande. Zunächst verständigte man sich auf eine pragmatische Enttrümmerungs- und Wiederaufbaupolitik und ging sich ansonsten privat aus dem Wege.

Da gab es dann schon eher eine generationsspezifische Sympathie mit Schicksalskameraden, die im Zweiten Weltkrieg auf der anderen Seite gekämpft hatten. So erklärt sich vielleicht das oft unausgesprochene Verständnis für kriegserprobte Führungsfiguren im Ostblock, wie zum Beispiel Leonid Breschnew, Edward Gierek oder General Jaruzelski. Bei diesen Männern setzte Helmut Schmidt voraus, daß sie alle den modernen Vernichtungskrieg kannten und ihr Engagement für den Frieden daher ernstzunehmen sei. Die Vordenker der antikommunistischen Opposition dagegen, wie Lech Walesa, Václav Havel, Jaček Kuron oder Adam Michnik, waren für Schmidt wohl eher unbedeutende Persönlichkeiten. Selten hat sich eine Generation in der Politik so verschätzt wie die Generation von Schmidt (geboren 1918), Gierek (geboren 1913) oder Honecker (geboren 1912). Da sie sich angesichts der atomaren Bedrohung alle zunächst einmal als Sachwalter des Friedens verstanden, dachten sie nur noch in den Kategorien des geopolitischen Gleichgewichts und des Status quo. Freiheit war dagegen für diese Generation, zumindest in den siebziger und achtziger Jahren, nur ein relativer Wert.

Bahrs Kritik an der antistalinistischen Linken

Im Widerstand gegen den erstarrten Poststalinismus entstand in Warschau, Kattowitz, Prag, Budapest, Vilnius, Riga, Tallinn, Leipzig und Ost-Berlin ein völlig neues kollektives Bewußtsein – geprägt von existentiellem Pathos, persönlicher Integrität der einzelnen Bürgerrechtler und basisnaher Politik. Die Menschen kämpften für ein »Leben in der Wahrheit« (Václav Havel) und gegen die allgegenwärtige »Friedhofsruhe« (Andrzej Szczypiorski). Die Westeuropäer waren freilich nur zu oft mit ihren eigenen Sorgen und Hoffnungen beschäftigt und wollten sich von den rebellischen Dissidenten in Mitteleuropa nicht stören lassen. In dieser Closed-shop-Atmosphäre konnte es passieren, daß Egon Bahr in einem *Vorwärts*-Artikel im Januar 1982 die Solidarność-Sympathisanten in Westeuropa mit einer publizistischen Breitseite angriff, weil sie die angeblichen »Zwänge der Realität« nicht länger akzeptieren wollten. Eine solche Politik könnte, so der sozialdemokratische Denker, den Weltfrieden gefährden.

Gemäß dieses Status-quo-Konzepts schrieb Bahr unter anderem der antistalinistischen Linken in der Sozialistischen Partei Frankreichs, in der Kommunistischen Partei Italiens, in der westdeutschen Sponti-Szene und in Teilen der DGB-Jugend folgende Einschätzung ins Stammbuch: »In den früheren Jahren haben wir formuliert: Im Interesse der Sicherheit sind kommunistische Regierungen unentbehrliche Partner, weltweit sind wir Konkurrenten, und innenpolitisch bleiben Kommunisten Gegner. Wenn das der sozialdemokratische Standpunkt bleibt, ist klar, warum wir mit dem Kreml, mit Jaruzelski und Honecker zusammenarbeiten, warum wir für die Dissidenten, Solidarność und die Menschen in der DDR tätig sind und warum wir so wählerisch sind gegenüber falschen Verbündeten zu Hause. Entspannungspolitik führt nicht zur ideologischen Konvergenz, zu einer wertfreien Vermischung unvereinbarer grundsätzlicher Gegensätze. Hier würde die SPD sich selbst verlieren, wenn sie den Sinn ihrer Existenz aufgäbe: Der einzelne Mensch muß seine Fähigkeiten in Würde und Freiheit entfalten können. Das kann er nur im Frieden. Oberste Priorität ist deshalb die Erhaltung des Friedens. Erst wenn er gesichert ist, können ideologische Gegensätze ausgetragen werden, ohne Gefahr für die Menschheit. Kein Ziel rechtfertigt den Krieg: Weder die deutsche Freiheit noch die Freiheit für Polen. ... Im atomaren Zeitalter rangiert das Prinzip Verantwortung vor dem Prinzip Recht und vor dem Prinzip Hoffnung. Das bedeutet nicht die Suspendierung von Recht und Hoffnung; aber erst, wenn wir der Verantwortung für den Frieden gerecht werden, werden Hoffnung und Recht leben und entfaltet werden können. Wer die Forderung ›Deutschland über alles‹ ablehnt, darf auch ablehnen, daß Polen über alles geht. Diejenigen in der Friedensbewegung, die die Sozialdemokraten heute wegen ihrer Haltung zu Polen angreifen, sind genauso zurückgeblieben wie Konservative, die das gleiche tun. Beide hoffen: Vielleicht könnte es doch möglich sein, uns durch inneren Umsturz drüben von der Gefahr und von der Bedrohung zu befreien, wobei die Linken und die Rechten zugegebenerweise andere Hoffnungen haben über das Ergebnis eines solchen Umbruchs.«[18] Doch die Polen veränderten durch ihren Freiheitskampf die Bedingungen, was Egon Bahr und Helmut Schmidt durch ihre Fixierung auf den deutsch-deutschen »Zwei-Staaten-Patriotismus« jedoch nicht mehr realisierten. Nach dem Ende des Koexistenz-Fiebers hört sich übrigens die Bahrsche Philippika sehr viel zynischer an, als sie ursprünglich gedacht gewesen war.

Leben statt Freiheit

Der deutschsprachige, in Wien geborene und heute in Burgund lebende jüdisch-marxistische Philosoph André Gorz, der auch hin und wieder die beiden Pseudonyme Michel Bosquet und Gerard Horst verwendet, war im Frühjahr 1959 von der SED als erster französischer Journalist zum 8. Mai 1959 offiziell in die DDR eingeladen worden. Schon nach wenigen Tagen kehrte er tief enttäuscht über den autoritären Charakter des Systems nach Paris zurück. Als langjähriger Mitarbeiter der von Jean-Paul Sartre herausgegebenen Kultur- und Theoriezeitschrift *Les Temps Modernes*, als Chefredakteur von *Nouvel Observateur* und - seit mehr als zehn Jahren - als »Rentner-Schriftsteller« entwickelte sich André Gorz zu einem der wichtigsten Theoretiker der »nicht-orthodoxen revolutionären Linken«[19], zu einem »Tempelschänder des Marxismus«[20]. In einem *Spiegel*-Gespräch vom Januar 1982 über die Kritik der Pariser Linksintellektuellen an der abwartenden Haltung großer Teile der westdeutschen Linken in und jenseits der SPD gegenüber der Jaruzelski-Militärjunta formulierte André Gorz einen grundsätzlichen, geschichtsphilosophisch begründeten Vorbehalt gegenüber dem Neopazifismus der Westdeutschen. Seiner Meinung nach gibt es Nationen, deren Schicksal »mit der Idee der Freiheit« verknüpft ist, etwa Polen, Frankreich, Großbritannien und, trotz allem, auch die Vereinigten Staaten von Amerika. Andererseits gebe es in Europa Nationen wie Deutschland oder die Schweiz, deren »Schicksal mit der Idee der Freiheit nicht verbunden« sei.[21]

Deutschland und Frankreich, so Gorz, hätten in diesem Jahrhundert darüber hinaus »unterschiedliche geschichtliche Erfahrungen« gemacht. So habe Frankreich in den dreißiger Jahren »das Leben der Freiheit« vorgezogen. Damals hätten Pariser Intellektuelle Artikel und Bücher mit der pazifistisch-rhetorischen Fragestellung »Sollen wir für Österreich sterben?«, »Wollen wir unser Leben für die Sudeten riskieren?« oder »Sollen wir für Danzig sterben?« veröffentlicht. Am Ende habe »Frankreich alles verloren, inklusive der Selbstachtung«. Aus dieser historischen Niederlage hätten die Intellektuellen von Paris jedoch gelernt, daß man den »Frieden nicht darauf aufbauen kann, indem man die gewalttätige Unterdrückung anderer Völker akzeptiert«. Nicht zuletzt deshalb, so Gorz, warfen die französischen Linksintellektuellen Anfang der achtziger Jahre ihrem deutschen Counterpart vor, er begehe dieselben Fehler, die sie vor »fünfzig Jahren« begangen hätten. Sie verhielten sich jetzt gegenüber den Stalinisten in Polen so, wie »wir uns 1938 gegenüber Hitler« verhalten haben. Heute zögen die Westdeutschen »das Leben der Freiheit« vor. Einer solchen Grundeinstellung fehle jedoch letztlich der »kulturelle Bezug zur Freiheit«[22].

Hat Egon Bahr in seinem *Vorwärts*-Artikel prophylaktisch auf André Gorz' Vorwurf gegen die Polen-Politik der sozialliberalen Bundesregierung geantwortet? Hat der Freiheitskampf der Polen in den achtziger Jahren den Weltfrieden wirklich je gefährdet? Oder hat nicht vielmehr der linke Moralist André Gorz mit seiner pessimistischen Einschätzung recht behalten, daß der westdeutschen Linken in und jenseits der SPD mehrheitlich der kulturell-aufklärerische Bezug zur Freiheit fehlt? Ist dieser kulturelle Mangel aber wirklich nur ein Problem der westdeutschen Linken?

Oder war es in Wirklichkeit nicht so, daß große Teile der politischen Klasse in Bonn Anfang der achtziger Jahre so Establishment- und Status-quo-fixiert gedacht haben, daß sie sich einen erfolgreichen Aufstand von Dissidenten, Solidarność-Aktivisten und polnischen »Romantikern« nicht vorstellen konnten? Das sicherheitspolitische Dogma der bundesrepublikanischen Abrüstungspolitiker lautete zu jener Zeit: »Wir dürfen an die Einflußsphären in Europa nicht rühren.«[23] Die Begriffe »Freiheit« oder »nationale Selbstbestimmung« tauchten in ihren Schriften schon lange nicht mehr auf. Statt dessen spekulierte Günter Gaus im August 1982 laut, daß »die Auflösung der Blöcke« nur wenig realistisch sei und daß die Westdeutschen langfristig lernen müßten, die »DDR in unserem politischen Verhalten, im politischen Denken und Trachten und Fühlen als gleichberechtigten Dauerpartner« zu akzeptieren. Durch unser Verhalten müßten wir »jederzeit deutlich machen, daß wir die Staatsbürgerschaft der DDR respektieren«, was nicht identisch damit sei, sie förmlich anzuerkennen. Darüber hinaus sprach sich Gaus in diesem Interview – wie viele sozialdemokratische Landespolitiker auch – dafür aus, die »Erfassungsstelle Salzgitter« abzuschaffen.[24]

Last but not least: Waren in das außenpolitische Denken der damaligen SPD-Deutschlandpolitiker nicht unbewußt Elemente der Bismarckschen auswärtigen Politik eingeflossen, obwohl die Sozialdemokratie historisch mit dieser Politiktradition nichts zu tun gehabt hatte? Der Bismarcksche Gedanke einer »überstaatlichen Interessengemeinschaft« zur allgemeinen Krisensicherung in Europa spielte ohne Zweifel nach dem Bau der Mauer im Jahre 1961 im Zeichen des atomaren Patts erneut eine wesentliche Rolle. Nachdem nun aber die Nachkriegsordnung endgültig zerbrochen ist, gehört auch diese zweite Bismarckische Ära der Sicherheits- und Europapolitik endgültig der Vergangenheit an. Die Sozialdemokratie wird aus der Defensive allerdings nur dann herauskommen, wenn endlich auch die Parteispitze ihre bisherigen Langzeitziele und die Methoden ihrer auswärtigen Realpolitik überdenkt.

Schließlich muß in der westdeutschen Sozialdemokratie ein selbstkritischer Dialog darüber stattfinden, ob und wie SPD-Politiker in den achtziger Jahren bewußt oder unbewußt einen Beitrag zur inneren Stabilisierung des DDR-Systems geleistet haben. Diese Auseinandersetzung mit unserer jüngsten Geschichte sollten wir weder den Magazin-Maschinisten vom *Spiegel* und *Stern* überlassen noch den Konservativen, für die in dieser Frage zu Selbstgerechtigkeit wahrlich kein Anlaß besteht.[25]

III. Vier Generationen

In der Normalbiographie des Sozialdemokraten korrespondieren die politischen Brüche in der neueren deutschen Geschichte oft mit Einschnitten in der eigenen Lebensgeschichte. So verwundert es nicht, daß die Sozialdemokratie der Nachkriegsära hauptsächlich durch vier aufeinanderfolgende Generationen geprägt worden ist: die Weimarer Rest-Elite, die Kriegs- und KZ-Generation, die HJ- und Flakhelfer-Generation und die Generation der »Enkel« von Willy Brandt und Herbert Wehner. Je einschneidender die gesellschaftspolitische Umbruchsituation gewesen ist, desto dauerhafter ist die gemeinsame Grundmentalität in der jeweiligen Alterskohorte ausgeprägt: kampfloses Ende der Weimarer Republik 1933, Stalingrad, Auschwitz, Kalter Krieg und Mauerbau bezeichnen diese Umbruchsituationen. Auch das Ende der DDR markiert einen solchen Epochenbruch. Bemerkenswert und in der Konsequenz noch nicht absehbar ist, daß in der Wendezeit - zumindest in der West-SPD - die Generation der heute fünfundzwanzig- bis fünfunddreißigjährigen nur eine untergeordnete Rolle spielt.

Parteiensystem nach Hitler

Die bürgerlichen Parteien befanden sich im Frühjahr 1945 durch ihr Versagen am Ende der Weimarer Republik in einer tiefen Legitimationskrise und brauchten Zeit, sich neu zu formieren. Im Unterschied dazu traten die Funktionäre der alten Arbeiterbewegung, die die systematische Verfolgung der NS-Zeit überlebt hatten, den Siegermächten zunächst selbstbewußt entgegen und waren nach der ersten Euphorie der Befreiung tief enttäuscht über das in den Westzonen bis zum Spätsommer 1945 geltende allgemeine Organisationsverbot und die anschließende bürokratische Zulassungspraxis für Parteien und Gewerkschaften auf Orts-, Kreis- und Zonenebene (Drei-Phasen-Plan). In dieser kurzen Übergangsperiode im Sommer 1945, die bis ins Bürgertum hinein durch eine antimilitaristische und antinationalsozialistische Grundstimmung geprägt war, hatten sich in rund 150 Städten und Gemeinden unabhängige Betriebsräte und Antifa-Komitees herausgebildet. Ihre wichtigsten Aktivitäten waren: Aufräumungs- und Aufbauarbeiten; Versorgung der Bevölkerung mit Lebensmitteln, Heizmaterial, Medikamenten und Wohnungen; Arbeitsbeschaffung und Wiederankurbelung der Produktion; Eingliederung der Soldaten und Flüchtlinge in die Produktion; Überwachung der öffentlichen Sicherheit; Entnazifizierung von unten und Mitarbeit in der kommunalen Selbstverwaltung. Im Gegensatz zur Rätebewegung 1918/19 beschränkten sich die Antifa-Komitees vorwiegend auf die Kommunalpolitik; ihre Aktivitäten integrierten sich oft schon bald in die entstehenden Parteien, lokalen Kommunalverwaltungen und Parlamente.

Eine gemeinsame Partei der sozialdemokratischen, kommunistischen und katholischen Facharbeiter kam aus mehreren Gründen nicht zustande. Diese Arbeiterpartei neuen Typs scheiterte nicht nur am Widerstand der Alliierten, sondern auch an den Organisationstraditionen der KPD-Führung unter Walter Ulbricht und des Schumacher-Flügels der SPD. Die KPD propagierte damals zwar ein antifaschistisches Bündnis, wollte aber zunächst ihre alte Kaderstruktur wiedererrichten. Die von vielen Sozialdemokraten spontan geäußerte Bereitschaft zur sofortigen Vereinigung der Arbeiter in einer gemeinsamen Partei brachte die KPD in ein politisches Dilemma. Denn während große Teile ihrer Parteibasis die Einheit wollten, strebte die Führung unter Walter Ulbricht keine demokratische Sammlungspartei der Arbeiter an, sondern eine einheitliche Partei, die nach den Prinzipien des demokratischen Zentralismus aufgebaut sein sollte und sich ausdrücklich zur bedingungslosen Freundschaft mit der Sowjetunion bekannte. Kurt Schumacher erkannte diesen Schwachpunkt der kommunistischen Bündnis- und Kaderpolitik; mit dem Slogan »Sozialismus eine Gegenwartsaufgabe« reagierte er nicht zuletzt auf die Rücksichten, die die KPD-Führung innerhalb ihrer antifaschistischen Block-Konzeption auf potentielle bürgerliche Partner in der Sowjetischen Besatzungszone nahm. Anstelle eines antifaschistischen Parteien-Blocks propagierte Schumacher die sofortige Einheit der Arbeiterbewegung in der Sozialdemokratie, um die sich auch Teile des demokratischen Bürgertums sammeln könnten. Der Führungsanspruch von Kurt Schumacher kollidierte mit dem der Kommunisten, die wiederum mit dem Zentralausschuß der SPD in Berlin um Otto Grotewohl zusammenarbeiteten. Das strategische Kalkül des Zentralkomitees der KPD bestand damals darin, angesichts unterschiedlicher Machtverhältnisse in den vier Besatzungszonen ihren autonomen Status als Partei zu wahren und den Zeitpunkt der Vereinigung von KPD und SPD selbst zu bestimmen, um so die - freilich äußerst geringe - Möglichkeit einer volksdemokratischen Entwicklung auch in den drei Westzonen nicht auszuschließen. Im Frühjahr 1946 hielten die Kommunisten diesen Zeitpunkt dann für gekommen und gründeten in Berlin die Sozialistische Einheitspartei Deutschlands mit dem Anspruch einer gesamtdeutschen Partei. Diese bürokratische Fusion führte besonders in Berlin zu einer harten Konfrontation zwischen Sozialdemokraten und Kommunisten.[26]

Eine Umstrukturierung im Parteienspektrum hat 1945 faktisch nur im bürgerlichen Lager stattgefunden. Die drei klassischen politischen Strömungen: der im Kulturkampf (1871-1887) stabilisierte politische Katholizismus in der Zentrumspartei, der eher deutschnationale, obrigkeitsfixierte protestantische Konservatismus in der Deutschnationalen Volkspartei, aber auch Teile des liberalen Bürgertums fusionierten in der Christlich-Demokratischen Union Deutschlands, die sich in relativ kurzer Zeit zu einer überkonfessionellen bürgerlichen Massen- und Integrationspartei neuen Typs entwickelte.

Die Strategie der Nachkriegssozialdemokratie war damals darauf gerichtet, die Reichseinheit wiederzugewinnen und die »Wirtschaftsdemokratie« auf parlamentarischem Wege durchzusetzen. Weder die SPD-Führung aus den Reihen der alten Weimarer Sozialdemokratie noch die Gewerkschaftsführung zweifelten daran, daß es ihnen gelingen würde, ihr Konzept von Planwirtschaft und Sozialisierung institutionell zu verankern. So lehnten sie es als überflüssig ab, diesen Forderungen durch Massenmobilisierung der Bevölkerung Nachdruck zu verleihen. Kurt Schumacher betrachtete statt dessen Wahlsiege auf Länderebene als Voraussetzung dafür, daß die SPD einen direkten Einfluß auf die bizonale Gesetzgebung des Verwaltungsrats für Wirtschaft ausüben könnte - eine vorparlamentarische Institution, die von der amerikanischen und britischen Militärregierung eingesetzt worden war. Nachdem es den Sozialdemokraten im Januar 1947 gelungen war, in allen acht Ländern der Bizone die Wirtschaftsminister zu stellen, schien dieses Kalkül zunächst aufzugehen. Doch jetzt drängten die Militärregierungen den wachsenden Einfluß der SPD zurück: Einerseits wurde auf der Länderebene die Sozialisierungsgesetzgebung von den Militärregierungen suspendiert (so etwa der Art. 41 der Hessischen Verfassung am 6. Dezember 1946 und das Gesetz der Kohlewirtschaft im Lande Nordrhein-Westfalen am 23. August 1948), andererseits auf bizonaler Ebene der Mindener Verwaltungsrat für Wirtschaft ohne Konsultation der deutschen Verwaltungsinstanzen umstrukturiert. Im neu gebildeten Frankfurter Wirtschaftsrat hatten die bürgerlichen Parteien jetzt eine eindeutige Mehrheit, die über die künftige Wirtschafts- und Sozialstruktur der Bundesrepublik entschied. Die endgültige Niederlage der Sozialdemokraten im Wirtschaftsrat wurde in einem Machtkampf mit den bürgerlichen Parteien anläßlich der Wahl des Wirtschaftsdirektors am 23. Juli 1947 entschieden. Nach zwei

Wahlgängen, in denen die SPD ihren Kandidaten, den ehemaligen Direktor des Mindener Verwaltungsrats Victor Agartz nicht hatte durchsetzen können, verzichteten die Sozialdemokraten auf alle weiteren Direktorenposten und Kompromißlösungen und begaben sich demonstrativ in die »konstruktive Opposition«. Der Parteivorstand der SPD unter Schumacher setzte nun auf andere Mehrheitsverhältnisse im ersten gewählten Deutschen Bundestag.[27]

Der Weimarer Rest-Elite

Wer waren nun die Männer in der damaligen SPD-Spitze, die für diese traditionelle Macht- und Bündnispolitik der Nachkriegspartei verantwortlich zeichneten? Die dominierende Persönlichkeit der SPD nach dem Ende des Zweiten Weltkrieges war Kurt Schumacher (1895–1952). Ohne Widerspruch zu dulden, hatte Schumacher – gestützt auf seine unbezweifelbare persönliche Integrität, schwer gezeichnet durch seine Verwundung im Ersten Weltkrieg und die jahrelange KZ-Haft – die Einstellung der SPD gegenüber Marxismus, Parteikommunismus und repräsentativer Demokratie definiert. Er kam aus der Tradition der Weimarer militanten Sozialisten um Carlo Mierendorff (1897–1943), Julius Leber (1891–1945) und Theodor Haubach (1896–1945), die sich ebenso wie Schumacher Anfang der dreißiger Jahre erbittert gegen die Stillhaltetaktik des damaligen SPD-Parteivorstandes nach dem Staatsstreich Papens in Preußen am 20. Juli 1932 und gegen den illusionären Legalitätskurs des Parteiapparates und des ADGB-Vorstandes im Frühjahr 1933 gewehrt hatten.

Es war nur konsequent, daß sich die eher beim rechten Parteiflügel der SPD angesiedelten militanten Aktivisten im Januar 1933 weigerten, in die Emigration zu gehen, und sich statt dessen an der Organisierung des Widerstands aktiv beteiligten. Mierendorff, Leber, Haubach und Schumacher war der Widerwille gegen jede Form von Passivität, Duldung, Hinnahme oder Fatalismus gemeinsam. Statt einer »Erstarrung des politischen Lebens im bürokratischen Organisationsbetrieb« des Parteiapparates vertraten sie eine aktivistische und teilweise auch voluntaristische Konzeption eines »wehrhaften Sozialismus«. Zugleich traten sie für den Umbau der Wahl- und Zahlmaschine SPD in eine »militante Partei« ein.[28] Ihre kämpferische Konzeption scheiterte aber letztlich an der Apathie des alten SPD-Parteiapparats in Weimar. Während seine Mitstreiter von den Nationalsozialisten ermordet wurden, überlebte Schumacher die rund zehn Jahre andauernde KZ- und Gefängnishaft.

Nach 1945 knüpfte Schumacher zwar einerseits an die Mobilisierungs- und Politikvorstellungen der militanten Sozialisten erneut an, fand sich andererseits aber letztlich mit dem aus der inneren Emigration und dem Exil zurückgekehrten alten SPD-Parteiapparat ab. Sein Konzept für den Wiederaufbau der SPD in den drei Westzonen war zentristisch und ging von einer schon fast mythischen Einheit der deutschen Nation, der Arbeiterklasse unter der Führung der Sozialdemokratie und der Republik in ihren alten Grenzen aus. Schumacher lehnte nach 1945 jede Kritik an der Vorkriegs-SPD ab. Diese Partei habe vor 1933 unter den größten politischen Belastungen und Demütigungen gekämpft, um »das Nazi-Unheil für Deutschland und die Welt zu vermeiden«.[29] Gleichzeitig warf er der KPD und den bürgerlichen Parteien völliges Versagen vor. Er bezeichnete die KPD als »Spalter der Arbeitereinheit« und die CDU/CSU als »bürgerlichen Umweg«. In seiner Rede auf dem Gründungskongreß des Sozialistischen Deutschen Studentenbundes in Hamburg am 4. September 1946 wird deutlich, was Schumacher mit dem Begriff »Umweg« politisch meinte: »Vergessen Sie nicht: In der letzten Konsequenz ist selbst Adolf Hitler nur der Ausdruck eines solchen bürgerlichen Umweges gewesen.«[30]

Am 14. August 1949 sprachen die Wähler. Die Union erhielt 31 Prozent, die Sozialdemokraten 29,2 Prozent, die Liberalen 11,9 Prozent, die Kommunisten 5,7 Prozent, die Deutsche Partei

4 Prozent, das Zentrum 3,1 Prozent, die Bayern-Partei 4,2 Prozent und mehrere eher rechts stehende Splittergruppen ungefähr 10 Prozent der Stimmen (die Fünf-Prozent-Klausel wurde erst im Jahr 1953 eingeführt). Konrad Adenauer bildete gegen den Widerstand der Sozialausschüsse (CDA) und mit ausdrücklichem Bezug auf die vorzügliche Kooperation der Christdemokraten und Liberalen im Wirtschaftsrat eine kleine Koalition aus CDU, CSU, F.D.P. und DP – von Schumacher als »Besitzbürgerblock« bezeichnet. Obwohl sich das Ergebnis der Bundestagswahl bereits in den vorangegangenen Landtagswahlen angekündigt hatte, traf die Niederlage die SPD völlig unvorbereitet. Ältere Sozialdemokraten, die Verfolgung und Exil überlebt hatten, verstanden nicht, weshalb die Mehrheit der Deutschen sich nach den Erfahrungen im Dritten Reich nicht deutlicher von jenen politischen Traditionen distanzierten, die am 23. März 1933 den Hitleristen die legale Machtübernahme ermöglicht hatten. Kurt Schumacher schaltete noch in der Wahlnacht auf eine konzessionslose Oppositionspolitik um. Die SPD schlug auf seinen Vorstoß hin 16 prinzipielle Forderungen vor, darunter sofortige Maßnahmen zur Überwindung der Arbeitslosigkeit, Planung und Lenkung der Kredite und Rohstoffe, politische und wirtschaftliche Entmachtung des Großkapitals, Sozialisierung der Grundstoff- und Schlüsselindustrien, die Änderung des Ruhr-Status und die Ablehnung der Oder-Neiße-Linie. Diese Konzeption schloß allerdings kein Aktionsprogramm zur parlamentarischen beziehungsweise außerparlamentarischen Durchsetzung dieser Forderungen ein. Am 20. August 1952 verlor die SPD mit Kurt Schumacher ihren unumstrittenen Parteiführer. Die Überführung des Sarges von Bonn nach Hannover, vorbei an Hunderttausenden von Arbeitern mit roten Partei- und Gewerkschaftsfahnen, wurde zu einer der mächtigsten Demonstrationen der Sozialdemokratie in Deutschland. Die unmittelbare Nachkriegsperiode ging ihrem Ende zu.

Mit der Gründung der Bundesrepublik Deutschland am 7. September 1949 und der Deutschen Demokratischen Republik am 7. Oktober 1949 hatte der Teilungsprozeß, der Europa in zwei rivalisierende Lager - unter der Hegemonie der Sowjetunion einerseits und der Vereinigten Staaten von Amerika andererseits - spaltete, einen vorläufigen Abschluß gefunden. Die Integration der beiden deutschen Teilstaaten in einander feindlich gegenüberstehende Machtblöcke führte dazu, daß die nationale und die soziale Frage in beiden Teilen Deutschlands auf eine sehr spezifische Weise miteinander verkoppelt wurden. Die Klassenauseinandersetzungen zwischen Kapital und Arbeit nahmen jetzt immer mehr den Charakter eines Konflikts zwischen zwei Teilstaaten an. In dieser für die SPD äußerst schwierigen Übergangsperiode des Kalten Krieges gaben in der Partei im wesentlichen drei Männer den Ton an: Erich Ollenhauer (1901-1963), Fritz Erler (1913-1967) und Herbert Wehner (1906-1990).

Auf dem Dortmunder SPD-Parteitag im Herbst 1952 war Erich Ollenhauer mit 357 von 363 gültigen Stimmen zum Nachfolger Kurt Schumachers gewählt worden. Das Protokoll vermerkt nach der Bekanntgabe des Ergebnisses: »Langanhaltender, stürmischer Beifall. Die Anwesenden erheben sich und singen: ›Wann wir schreiten Seit' an Seit‹«[31] Mit Erich Ollenhauer hatte die SPD einen für ihren Weimarer Vorkriegs-Funktionärskörper typischen sozialdemokratischen Durchschnittsfunktionär zum Ersten Parteivorsitzenden gewählt. Als Ollenhauer 1901 in der Industriestadt Magdeburg geboren wurde, stand der »rote Kaiser« August Bebel auf dem Gipfel seiner Macht. Trotz aller Brüche und Niederlagen in der Parteigeschichte stellte die SPD für Ollenhauer niemals nur einen »bloßen Zweckverband« dar, sondern vor allem eine in der »gemeinsamen, individuellen und kollektiven Geschichte wurzelnde Lebensgemeinschaft«.[32] Anfang der zwanziger Jahre fand Ollenhauer seine politische und intellektuelle Heimat in der Sozialistischen Arbeiterjugend; 1923 wurde er zum Sekretär des SAJ-Hauptvorstandes ernannt, 1928 zum ersten Vorsitzenden des sozialdemokratischen Jugendverbandes gewählt. Während des »Berliner Jugendkonflikts«[33] im Frühjahr 1933 wurde deutlich, daß seine Politik- und

Disziplinvorstellungen nicht so sehr im Fühlen und Denken der Arbeiterjugendbewegung[34] wurzelten als vielmehr in einer »lebensgeschichtlich begründeten Treue« und einer autoritären Fixierung auf »unsere führenden Genossen«.[35]

Während im April 1933 der SPD-Parteivorstand mit Otto Wels an der Spitze permanent tagte, um über die Ursachen und Konsequenzen der Machtübergabe an Hitler am 30. Januar 1933 zu lamentieren, bereitete sich die Berliner SAJ-Organisation auf die Illegalität vor. Das offizielle SAJ-Jugendsekretariat war zu dem damaligen Zeitpunkt nur noch eine Attrappe. Das wertvolle Büro-, Schulungs- und Propagandamaterial war ausgelagert, und die Gelder der Berliner SAJ in Höhe von 13 000 Reichsmark waren unter einem Decknamen auf einer Staatsbank deponiert worden. Darüber hinaus hatte sich ein Teil der Berliner SAJ-Mitglieder aktiv am Aufbau der »Org.« - organisationsintern auch als »leninistische Organisation« bekannt -, der späteren Gruppe Neu Beginnen, beteiligt. Der SPD-Parteivorstand in der Berliner Lindenstraße sah in dieser systematischen Vorbereitung der Berliner Arbeiterjugend auf die Illegalität in erster Linie die Entstehung einer die »Parteieinheit« noch weiter gefährdenden »Sonderorganisation«, also eines »illegalen Nebenapparates« in der Partei. Deshalb verlangte Erich Ollenhauer von der Berliner SAJ am 3. April 1933 die volle »Wiederaufnahme der alten Arbeit« und die Einstellung der illegalen »Mätzchen«. Am 5. April forderte der sozialdemokratische Reichstagsabgeordnete Georg Wendt den ersten Vorsitzenden der Berliner SAJ, Erich Schmidt, im Namen des SPD-Parteivorstandes ultimativ auf, die Gelder der Jugend an die SPD abzuführen. Der langjährige erste Vorsitzende des Berliner Bezirksverbandes der SPD, Franz Künstler, drohte Erich Schmidt sogar damit, daß das »Schreiben für den Staatsanwalt« bereits vorliege, also Strafanzeige erhoben würde, sollten die Gelder nicht abgeliefert werden. Inwieweit diese Drohung ernst gemeint war, läßt sich im nachhinein nicht mehr rekonstruieren. Am 11. April 1933 wurden jedoch mehrere Berliner SAJler aus der Partei ausgeschlossen, darunter auch die Siebenergruppe, die für die Vorbereitung in der Illegalität verantwortlich war: Fritz Erler, Erich Schmidt, Kurt Mattick, Eberhard Hesse, Kurt Schmidt, Theo Thiele und Ferdinand Hennemann.[36] Dies war der allerletzte Sieg des »Versammlungssozialismus« über die kämpferische Entschlossenheit der Berliner SAJ.

Der Stillhaltekurs der SPD-Parteizentrale - so Julius Leber in seinem sarkastischen Urteil über die »Nachwuchsauslese« in der Weimarer SPD -, die »Mittelmäßigkeit und einexerzierte Routine«[37], hatten wieder einmal über politische Phantasie, jugendbewegte Militanz und Autonomiestreben die Oberhand behalten. Organisationstreue und Organisationsdisziplin hatten selbst angesichts des NS-Terrors triumphiert. Der autoritäre Führungsstil Ollenhauers hatte im Frühjahr 1933 nicht nur verhindert, daß jede positive Reaktion auf die Kritik der fatalistischen Anweisungen aus der Parteizentrale im *Vorwärts*-Gebäude durch die SAJler und sozialistischen Studenten unterblieb. Er hatte auch bei fast allen Betroffenen tiefe seelische Verwundungen hinterlassen, die noch nach 1945 fortwirkten. Während Fritz Erler bis zu seiner Verhaftung durch die Gestapo im Herbst 1938 aktiv die konspirative Arbeit der Gruppe Neu Beginnen im Inland organisierte, emigrierte Ollenhauer im Auftrag des Parteivorstandes im Mai 1933 nach Prag. Die unterschiedlichen Lebenswege dieser sozialdemokratischen Aktivisten in den dreißiger und vierziger Jahren verdeutlichen: Man kann nicht einfach behaupten, die sozialdemokratischen Parteifunktionäre hätten die NS-Zeit als eine »Gemeinschaft von Gleichgesinnten«[38] überstanden. Es spricht vieles dafür, daß der siebenjährige Zuchthausaufenthalt Erlers eine andere Emotionalität und politische Denkweise hervorgebracht hat als der mehr als ein Jahrzehnt dauernde Auslandsaufenthalt Ollenhauers im SPD-Exilvorstand in Prag, Paris und London. Die oft unvereinbaren existentiellen Erfahrungen und lebensgeschichtlichen Hintergründe zogen denn auch divergierende Beurteilungskriterien nach sich, unabhängig von der späteren innerparteilichen Position.

Andererseits ist nicht zu übersehen, daß der Kreis der sozialdemokratischen Widerstandskämpfer gegen das NS-Regime im Vergleich zum Gros der resignierten SPD-Parteifunktionäre, die das Dritte Reich in der inneren Emigration überlebt hatten, relativ klein gewesen ist. Der übergroßen Mehrheit der »schlichten Funktionäre«, die nach 1945 »ohne viel Widerrede (erneut) ans Werk gingen, die der Partei und nur der Partei dienen wollten und in ihr aufgingen – solange die Partei so war, daß sie die wechselseitige Identifikation möglich machte«[39], gelang es doch niemals, sich ganz von ihren »Schuld- und Angstkomplexen«[40] zu lösen, die sie den wenigen noch lebenden sozialdemokratischen Widerstandskämpfern gegenüber empfanden. Insofern hatte das gemeinsame Absingen des Liedes von Hermann Claudius durch die Dortmunder SPD-Parteitagsdelegierten am 27. September 1952 durchaus auch etwas Befreiendes. Erich Ollenhauer war zwar seit 1946 zum engsten Mitarbeiter Kurt Schumachers aufgerückt; er war aber nie ein Held, sondern immer nur ein biederer, einfacher Parteiarbeiter gewesen. Vor Erich Ollenhauer brauchten die »schlichten« SPD-Parteifunktionäre nun wirklich keine Angst mehr zu haben.

Als bedeutendster Kopf in der damaligen SPD galt in Bonn Herbert Wehner. Seit Ende der sechziger Jahre hält sich dort sogar hartnäckig das Gerücht, Wehner habe irgendwann Ende der fünfziger Jahre einen strategischen Meisterplan entworfen, um die SPD endlich an die Macht zu bringen, und anschließend habe er diesen Plan mit viel organisatorischem Geschick in die Tat umgesetzt. Enge Freunde Wehners behaupten dagegen, dieser Meisterplan habe nie existiert. In ihrem Grimm und in ihrer einsamen Verbissenheit waren sich Kurt Schumacher und Herbert Wehner sehr ähnlich: »Holz vom gleichen Holz«, schrieb damals die *Süddeutsche Zeitung.* Seine sächsische Heimat, vor allem aber das proletarische Milieu in Dresden, hatten Wehner stark geprägt. Der Vater war Schuhmacher und langjähriges SPD-Parteimitglied, seine Mutter verdiente Geld dazu. Wehners Familienbindung und -prägung war eng; Hartmut Soell spricht in seiner Biographie über den jungen Wehner sogar von einem »paranoiden Festungstyp«, der die äußere bürgerliche Welt primär als feindlich, bedrohlich, unfreundlich wahrnimmt und die innere Solidarität in der Arbeiterfamilie betont. Soell erklärt damit manche der späteren Verhaltensweisen Herbert Wehners.[41] Die Ermordung von 43 Arbeitern in einer Nachbarstadt Dresdens durch die Reichswehr im Jahre 1923 löste bei Wehner einen Radikalisierungsprozeß aus (Wehner über den damaligen Militäreinsatz gegen die sächsische Landesregierung mit kommunistischer Beteiligung: »Damit sind wir nicht fertig geworden.«) Er wandte sich den Anarchisten um Erich Mühsam zu. Mitte der zwanziger Jahre arbeitete er als hauptamtlicher Funktionär bei der KPD-nahen »Roten Hilfe« und zog mit 24 Jahren als jüngster Abgeordneter in den sächsischen Landtag ein. Wehner (konspirativer Parteiname: Kurt Funk) wurde in der stalinisierten KPD zum »Apparatschik«, der alle Säuberungen überlebte und im Parteiapparat aufstieg. Nach 1933 agierte er im Saarland und nahm im Sommer 1935 am Sechsten Weltkongreß der Kommunistischen Internationale in Moskau teil.

Den alten KPD-Parteiapparat hatte die Gestapo zu diesem Zeitpunkt längst zerschlagen, denn in Erwartung eines baldigen wirtschaftlichen Zusammenbruchs des NS-Regimes hatte die KPD ihre Organisation nicht rechtzeitig auf die Illegalität umgestellt, sondern statt dessen eine Phase der »Massen-Illegalität« initiiert. Das Ausbluten der KPD-Kader führte dann ab 1934 zur völligen Desillusionierung und ab 1935 zur Kurskorrektur auf der in Kunzewo bei Moskau abgehaltenen »Brüsseler Konferenz« der KPD. Dort wurde auch eine neunköpfige »Operative Leitung des Politbüros zur Führung der illegalen Organisation« eingesetzt. Zu diesem Gremium gehörten unter anderem Anton Ackermann, Franz Dahlem, Paul Merker, Walter Ulbricht und Herbert Wehner. Seit den stalinistischen Säuberungen und dem Abschluß des deutsch-sowjetischen Nichtangriffspaktes im August 1939 scheiterte dann jedoch auch die neue Volksfrontpolitik. So trat Willi Münzenberg demonstrativ aus der KPD aus und setzte seine antinazistische Arbeit außerhalb der Komintern fort. Laut Reinhard Müller, Ex-DKP-Archivar aus Hamburg, soll Wehner in Moskau nicht nur zum inneren Kreis der Macht gehört haben; er soll sich vielmehr als Mitglied der Kleinen Kommission der Exil-KPD-Führung auch aktiv an der »Säuberung« der Partei beteiligt haben.[42]

Nach einem längeren Moskau-Aufenthalt ging Herbert Wehner Ende 1941 nach Schweden. Am 18. Februar 1942 wurde er in der Wohnung der KPD-Genossin Frieda Wagner von der schwedischen Fremdenpolizei verhaftet: »Die Versuche, die ich zur Verleugnung meiner Identität unternahm, wurden – weil ich ja keinerlei Papiere besaß – rasch durchschaut; die Polizei ließ sich nicht beirren. Während der Vernehmung wurde ich gewahr, daß die Polizei einige Anhaltspunkte für meine Tätigkeit besaß. Um zu verhindern, daß ich durch die Angaben von Provokateuren oder durch Aussagen eventueller Verhafteter in noch größere Schwierigkeiten käme, begann ich nach einigen Tagen, Angaben über meine Person und über meine Tätigkeit in der Arbeiterbewegung zu machen, die sich auf zum größten Teil nachprüfbare und öffentlich bekannte Unterlagen stützten . . . Meine Hauptsorge war, der Polizei keinerlei Anhaltspunkte über in Deutschland arbeitende und mit der Arbeit in Deutschland in Verbindung stehende Genossen zu geben, ferner alle Andeutungen, die auf organisatorische Beziehungen in Deutschland hinweisen konnten, abzubiegen.«[43]

Der frühere DDR-Botschafter in Warschau, Karl Mewis, bestreitet freilich gerade dies. In seinen 1972 in Ost-Berlin veröffentlichten Erinnerungen *Im Auftrag der Partei* ließ Mewis einen schwedischen Rechtsanwalt namens Branting auftreten, der Herbert Wehner literarisch verklausuliert vorwarf: »Dieser Mann ist weder ein Kommunist noch ein Antifaschist. Wehner ist ein Provokateur und ein Verräter. Ich muß es ablehnen, ihn zu verteidigen.«[44] Laut Branting habe Wehner durch seine Aussage mehrere KPD-Genossen »der Gestapo in die Hände« geliefert. Was die damaligen Geschehnisse in Stockholm trotz zahlreicher *Stern-* und *Spiegel*-Reports und DDR-Memoiren so undurchschaubar macht: Herbert Wehner war Ende 1941 von der Komintern-Führung nach Stockholm entsandt worden, um Mewis' »Tätigkeit genau (zu) untersuchen«. In der »Grauen Mappe« heißt es dazu: »Dimitrow warf die Frage auf, daß untersucht werden müßte, ob derjenige, den Mewis nach dem Lande geschickt hatte, um Verbindung zu Organisationsteilen in Berlin und Magdeburg herzustellen (Georg Henke), ein Gestapo-Agent sei oder ob sowohl Mewis als auch er so dumm wären, daß sie der Gestapo unbewußt geholfen hätten.« Die gegenseitigen Beschuldigungen von Wehner und Mewis sollen hier nicht gegeneinander abgewogen werden. Berücksichtigt werden müssen auf jeden Fall die Rahmenbedingungen des kommunistischen Widerstandes gegen das NS-Regime. Trotz ihrer rund 20 000 Blutopfer war die KPD in den ersten Jahren der NS-Herrschaft blind gegenüber der Logik des NS-Terrorsystems, die ihre »Dynamik aus der Kombination einer unlimitierten Staatsgewalt mit einer fanatisierten Massenbewegung gewann«.[45] Mit stalinistischen Verschwörungs- und Verratstheorien oder BRD-Enthüllungsjournalismus kommt man da auch nicht weiter.

Weil Wehner gegenüber der schwedischen Fremdenpolizei ein Geständnis abgelegt hatte, schloß ihn die KPD am 6. Juni 1942 aus der Partei aus. Im Oktober 1946 trat er dann der SPD bei und arbeitete zunächst beim *Hamburger Echo* als außenpolitischer Redakteur. Im Aufnahmegespräch mit Kurt Schumacher sagte Wehner damals ahnungsvoll: »Sie werden mir die Haut vom lebenden Leibe abziehen.« Und Schumacher erwiderte: »Ja. Das werden sie, und das wirst Du aushalten.« Bei der ersten Bundestagswahl errang er als Direktkandidat den Hamburger Wahlkreis 8 (Finkenwerder-Wilhelmsburg-Harburg-Südelbe) mit 48 Prozent der Stimmen. Kurt Schumacher schlug Wehner kurz darauf zum Vorsitzenden des Bundesausschusses für gesamtdeutsche Fragen vor; diesen Ausschuß-Vorsitz behielt Wehner, bis er 1966 in der Großen Koalition unter Kurt G. Kiesinger Gesamtdeutscher Minister wurde. Nach Schumachers Tod hatte Wehner in der SPD keine Freunde mehr, weder unter den »SPD-Oberen, noch in der eigenen Fraktion«.[46] Trotz der emotionalen Bindung an die Einheit Deutschlands hielt Herbert Wehner es 1960 für unumgänglich, die bis dahin bekämpfte Adenauersche Politik der Westintegration zu akzeptieren. Nur so könne die SPD im Nachkriegsdeutschland endlich mehrheitsfähig werden. Am 30. Juni 1960 bekannte sich dann Wehner im Bundestag in einer »einstündigen, einarmigen Riesenwelle ... um sich selbst« (*Rheinischer Merkur*) zur Atlantischen Allianz und zur Europäischen Wirtschaftsgemeinschaft.

Wehners Seelenzustand hat bis heute noch niemand ganz zu enthüllen vermocht. Er blieb in der politischen Kultur der Bundesrepublik letzten Endes immer ein Einzelgänger: »Er betreibt die Selbstisolierung bewußt als ein Mittel des politischen Kampfes. Niemand soll sich auf ihn berufen dürfen. Er hat keine Hausmacht, er hat keine Freunde, er ist allein, am mächtigsten allein.«[47] Sein Privatleben in einem Reihenbungalow in Bonn-Bad Godesberg, Heiderhof-Siedlung, schirmte er jahrzehntelang hermetisch ab. Wehner duzte sich grundsätzlich nur mit alten Genossinnen und Genossen aus der Arbeiterbewegung. In seinem zerklüfteten Gesicht mit der Pfeife und dem Schießschartenmund spiegelte sich die Geschichte der geschundenen deutschen Arbeiterbewegung in diesem Jahrhundert. Es gibt auch heute noch in der SPD zahlreiche Wehner-Legenden, und bereits bei der kleinsten Drehung des historischen Fernrohres verändert sich das jeweilige Wehner-Bild. Doch weder Freund noch Feind haben ihm jemals Konturlosigkeit oder Indifferenz vorgeworfen. Herbert Wehner verkörperte nie jenen Typ eines Funktionärs ohne Eigenschaften, wie er heute zunehmend den Parteiapparat der SPD bevölkert. Zwar war er immer ein Mann der Organisation, aber einer mit Furchen und Narben im Gesicht. Ende März 1993 kehrte der »große Realist« und »zielorientierte Instinktpolitiker«[48] noch einmal für einen Abend in die Wohnzimmer der Bundesbürger zurück. Der WDR sendete einen Zweiteiler mit dem Titel *Wehner – die unerzählte Ge-*

schichte von Heinrich Breloer. Der Ex-Kommunist und ehemalige Vorsitzende der SPD-Bundestagsfraktion ist noch immer für Überraschungen gut.[49]

Die Kriegs- und KZ-Generation

Im Jahr 1953 erlitt die SPD mit 28,8 Prozent erneut eine Niederlage, während die bürgerliche Parteienkoalition aus CDU/CSU (45,2 Prozent), F.D.P. (9,5 Prozent), BHE (5,9 Prozent) und DP (3,2 Prozent) fast eine Zwei-Drittel-Mehrheit erzielte. Ihren bisher größten Erfolg erreichte die Union aber erst bei der Wahl zum dritten Bundestag am 15. September 1957, bei der sie mit 50,2 Prozent der abgegebenen Stimmen die absolute Mehrheit gewann. Die alte Linke in Westdeutschland hatte damals die industriellen Kapazitäten beziehungsweise die Ausgangsbedingungen für die wirtschaftliche Entwicklung unterschätzt, das Ausmaß der Kriegszerstörungen in der Wirtschaft dagegen überschätzt. Heute wissen wir, daß durch die Flächenbombardements der britischen und nordamerikanischen Bomberverbände zwar rund ein Drittel des deutschen Volksvermögens zerstört wurde, aber die Vernichtung traf vor allem die städtischen Wohnviertel, Verkehrsanlagen, Versorgungseinrichtungen sowie das Kommunikationsnetz. Die in den dreißiger Jahren modernisierte Großindustrie war weit weniger betroffen als der infrastrukturelle Bereich. Dies war eine der wesentlichen Voraussetzungen für das »Wirtschaftswunder« und den Massenkonsum der fünfziger Jahre. In dieser Konstellation stagnierte die sozialdemokratische »Traditionskompanie« und kam nicht über die Dreißig-Prozent-Hürde hinweg. Das Rückgrat des damaligen SPD-Parteilebens bildeten die haupt- und ehrenamtlichen Funktionäre aus der Zwischenkriegszeit.

Nach der schweren Niederlage der SPD bei der Bundestagswahl vom 15. September 1957 bemühte sich die Parteiführung verzweifelt um eine nachträgliche – so der Gewerkschafts- und

Parteienforscher Theo Pirker - »programmatische Eingliederung« der westdeutschen Sozialdemokratie in die »herrschende Ideologie der Bundesrepublik«.[50] Nur so, glaubten Fritz Erler, Willy Brandt und Herbert Wehner, könnte die SPD ihre »schreckliche Vereinsamung«[51], in der sie sich auf dem Höhepunkt der Adenauerschen Restaurationsära befand, aufbrechen. Das Programm von Godesberg Mitte November 1959 war deshalb nicht nur ein notwendiger Abschied von der fatalistischen Weltanschauung eines Karl Kautsky; er schwor die Gesamtpartei auch durch einen »ethischen Appell«[52] bedingungslos auf den Westen und das Programm der industriellen Moderne ein. Durch seine in der Partei vorher undiskutierte Pro-Nato-Rede im Bundestag am 30. Mai 1960 rundete Herbert Wehner den Integrationsprozeß der SPD in die westdeutsche Teilrepublik ab. Dadurch verlor die Sozialdemokratie - wie noch deutlich werden wird - langfristig ihre gesamtdeutsche Identität.

Helmut Schmidt, geboren 1918 und aufgewachsen in Hamburg-Barmbek, verkörpert den Prototyp der Frontgeneration in der SPD. Noch 1968 erklärte er auf die Frage nach den »äußeren Umständen« seines Eintritts in den Hamburger SDS beziehungsweise in die SPD im Frühjahr 1946: »Ich würde heute noch sagen, daß viele Soldaten im Grunde aus dem spezifischen Kameradschaftserlebnis des Krieges und der Kriegsgefangenschaft . . . eigentlich prädisponiert waren für den Sozialismus, wenn dessen Träger das bloß richtig begriffen und ausgenutzt hätten. Da steckt dasselbe Solidaritätsprinzip darin.« Und auf die Frage des Interviewers, ob er zur Mitarbeit in der SPD geworben worden sei, erklärte Schmidt: »Nein. Ich bin von mir aus hingegangen und habe gesagt, ich will mitmachen. Was die gar nicht so gerne hatten, denn ich kam im abgeschabten Offiziers-Ledermantel. Das war denen ziemlich unheimlich.«[53] Der von Helmut Schmidt angesprochene Mythos von einer klassenübergreifenden Kameradschaft an der Front hatte nach dem Selbstverständnis dieser Kriegsgeneration nichts mit Militarismus, Nationalismus oder gar Rassismus zu tun. Schließlich sei man, im Gegensatz zu 1914, nicht freiwillig in den Zweiten Weltkrieg gezogen. Diese Generation setzt sich mehrheitlich aus extremen Einzelgängern zusammen, deren Erfahrungen der moderne Krieg geprägt hat. Trotz der und gegen die vorherrschende resignativ-konservative Grundhaltung an den Universitäten nach 1945 bekannte sich Helmut Schmidt damals zusammen mit rund weiteren 800 SDSlern im »abgeschabten Offiziers-Ledermantel« zur Sozialdemokratie unter Kurt Schumacher, und dies zu einer Zeit, als die Mehrheit der Studenten offen politikfeindlich dachte und in der eine religiöse Renaissance dem Kleinbürgertum und der Landbevölkerung über die militärische Niederlage des Deutschen Reiches hinweghalf.

Auf der zweiten Delegiertenkonferenz des SDS im August 1947 in Bielefeld wurde Helmut Schmidt zum ersten SDS-Bundesvorsitzenden in der britischen Zone gewählt. Ursprünglich wolle er zwar Städteplaner werden, schlug als SDS-Funktionär aber die Laufbahn eines Berufspolitikers ein. Zunächst arbeitete er als Diplom-Volkswirt bei der Hamburger Senatsbehörde für Wirtschaft und Verkehr und wurde 1953 für die Hamburger SPD in den Bundestag gewählt. Von 1954 bis 1962 leitete er den rund 10 000 Mitglieder umfassenden Kreisverband der SPD in Hamburg-Nord. 1961 ging er als Innensenator nach Hamburg; 1965 kehrte er nach Bonn zurück. In den Jahren der Großen Koalition leitete Schmidt die Bundestagsfraktion der SPD und übernahm 1969 das Verteidigungsministerium und 1972 das Finanzministerium. Als Willy Brandt im Mai 1974 als Kanzler stürzte, war Helmut Schmidt an der Reihe. Nach dem Wendemanöver der F.D.P. 1982 blieb er zunächst als einfacher Bundestagsabgeordneter in Bonn.[54] Heute gehört Schmidt zu den Herausgebern der Wochenzeitung *Die Zeit*.

Willy Brandt verkörperte dagegen das politische Exilantentum in der westdeutschen Nachkriegs-Sozialdemokratie. Am 18. Dezember 1913 im Lübecker Arbeiterviertel St. Lorenz geboren, trat Brandt im Alter von 16 Jahren in die Partei Bebels ein. 1931 schloß er sich der Sozialistischen Arbeiterpartei an, einer linkssozialistischen Gruppierung mit rund 25 000 Mitgliedern. Die SAP protestierte damals gegen den Organisationskonservatismus der SPD und trat für ein breites Bündnis der Arbeiterbewegung gegen die NSDAP ein. Willy Brandt exponierte sich im Kampf gegen die Nationalsozialisten, und im Frühjahr 1933 befaßte sich die Gestapo mit dem Neunzehnjährigen. Er entkam am 1. April 1933 auf einem Fischkutter nach Dänemark über die Ostsee und ging kurze Zeit später nach Oslo. Die prägenden Lebensjahre verbrachte Willy Brandt in der skandinavischen Arbeiterbewegung: Er lernte schnell Norwegisch und verdiente seinen Lebensunterhalt als sozialdemokratischer Journalist. Nach seiner Ausbürgerung durch die Nationalsozialisten nahm er die norwegische Staatsbürgerschaft an. Trotzdem arbeitete Brandt weiter aktiv in der SAP und kehrte sogar im Sommer 1936, als norwegischer Student getarnt, für drei Monate nach Berlin zurück. Im Frühjahr 1937 folgte dann, erneut im Auftrag der SAP, eine weitere Reise nach Spanien. Dort entdeckte er, daß Revolutionen »nicht romantisch, sondern grausam und verworren« sind.[55] Zwei Erfahrungen aus jenen Jahren wurden für seine spätere politische Arbeit bestimmend: der Reformismus der norwegischen und schwedischen Sozialdemokratie und – so Eckhard Fuhr in einer Kurzbiographie 1987 – »Europa als historischer und geographischer Raum für seine politischen Zukunftshoffnungen«.[56] Norwegen und Schweden hatten in jenen Jahren bereits sozialdemokratische Regierungen. Während in Mittel- und Südosteuropa fast überall faschistische Massenbewegungen auf dem Vormarsch waren, blieben in Skandinavien die demokratischen Institutionen intakt. Für einen deutschen Sozialdemokraten, der den Niedergang der Weimarer Republik miterlebt hatte, erschien die politische Entwicklung in Skandinavien wie ein Lehrstück für mehr Demokratie. Als Willy Brandt 1945 in das zerbombte Deutschland zurückkehrte, war er, im Gegensatz zu vielen seiner Alterskollegen, »unverbraucht und unversehrt« und verfügte über »Weltkenntnis und Weitläufigkeit«.[57] Als Außenseiter führte Willy Brandt die SPD nach Godesberg aus ihrer Dreißig-Prozent-Minderheit und schließlich sogar zur Regierungsmacht.

Gleichwohl blieb Brandt heimlich immer ein Enkel von August Bebel. Die politische Klasse in Bonn hat sich mittlerweile darauf geeinigt, Brandt einen »Visionär« zu nennen; sie will ihn damit »loben und (zugleich) kritisieren, denn ein Visionär ist zwar gelegentlich notwendig, im Alltag aber lästig, kauzig und unangemessen anspruchsvoll«.[58] Brandt war ein selbstbewußter Demokrat und sozialdemokratischer Parteilenker, der vor der Geschichte der europäischen Arbeiterbewegung Bestand haben wird. Kein Schönfärber, sondern ein realistischer Visionär: Als die Einheit Deutschlands auf der Tagesordnung stand, erkannte er diese historische Chance und verabschiedete sich von der Realitätsferne der Realpolitik. Seine Rede auf dem Berliner Programmparteitag der SPD im September 1989 war die Antithese zum Wahlkampfkonzept von Oskar Lafontaine. Und der Satz: »Nirgends steht geschrieben, daß die Deutschen auf einem Abstellgleis zu verharren haben, bis irgendwann ein gesamteuropäischer Zug den Bahnhof erreicht hat«, schrieb den »Vorrang der deutschen vor der europäischen Einigung fest«.[59] Kurzum: Willy Brandt verkörperte das »Andere Deutschland«.

Der Konflikt zwischen den heimgekehrten Frontsoldaten und den rückkehrenden Exilanten und KZ-Häftlingen wurde in der Nachkriegs-Sozialdemokratie nie offen ausgetragen. Ausgeklammert blieb daher auch die Frage, ob das Arrangement vieler SPD-Mitglieder mit dem NS-Regime, beispielsweise durch eine Flucht in die Wehrmacht oder in die innere Emigration, letztlich das reibungslose jahrelange Funktionieren der nationalsozialistischen Diktatur nicht erst mit ermöglicht habe. Die vielen kleinen Kompromisse, die ein Daheimgebliebener im Dritten Reich fast tagtäglich mit dem herrschenden Regime machen mußte, wenn er überleben wollte, stehen in der SPD noch heute atmosphärisch zwischen den Frauen und Männern des Widerstands und den Angehörigen der Frontgeneration: eine jahrzehntelang totgeschwiegene Spaltung in Deutschland, über die

– sicherlich oft sehr verkürzt – erst im Verlauf der studentischen Revolte 1967/68 zum ersten Mal offen gesprochen wurde. Diese unsichtbare Kluft zwischen den in Deutschland Gebliebenen und den Heimkehrern aus dem Exil spielte beim Sturz Willy Brandts im März 1987 eine nicht unwesentliche Rolle. Letztlich brachte nicht die parteilose Politikerin Margarita Mathiopoulos den Parteiführer in Bedrängnis, sondern dessen liberalsozialistische Grundhaltung in den letzten Jahren seiner Amtszeit. Seine Hauptkritiker – etwa der einstige enge Gefährte Hans-Jürgen Wischnewski (geboren 1922), der IG-Chemie-Chef Hermann Rappe (geboren 1929) und Heide Simonis (geboren 1943) – bemängelten geschlossen, daß Brandt den Führungsaufgaben nicht mehr im notwendigen Maße gerecht werde. Laut *Spiegel* empfahl der ehemalige SPD-Finanzminister Hans Apel (geboren 1923) den SPD-Vorstandsmitgliedern sogar die Automarke »BMW – Brandt muß weg«. Der *Spiegel* überschrieb seinen Beitrag zum Sturz Willy Brandts damals bösartig-gekonnt: »Am Herzen der Partei vorbei«.[60] Selten hat das Zusammenspiel zwischen einer Gruppe von Politikern und dem *Spiegel* so vorzüglich geklappt wie in dieser unappetitlichen Angelegenheit. Daß derselbe Willy Brandt als »Ehrenvorsitzender« der SPD im Wende-Herbst 1989 noch einmal ein Comeback als Deutschlandpolitiker erleben sollte, konnten sich seine zahlreichen Kritiker (nicht nur in der Bonner *Spiegel*-Redaktion) im Frühjahr 1987 noch nicht vorstellen.

Die HJ- und Flakhelfer-Generation

Diese Altersgruppe stand in den sechziger Jahren noch weitgehend im Schatten der Frontgeneration. Nicht der moderne Krieg hatte das Verhalten und Denken dieser Generation geprägt, sondern die Erziehungsmethoden und -rituale der Nationalsozialisten. Ziel der NS-Pädagogik war unter anderem der »volksgebundene« Mensch als »Gefolgsmann« gewesen.[61] Die

Trennung von Staat und Gesellschaft sollte im Nationalsozialismus in allen Lebensbereichen aufgehoben werden. Peter Schneider erinnerte 1987 in seinem Essay *Im Todeskreis der Schuld* daran, daß die kritischen Köpfe dieser HJ-Generation die Jahre des NS-Regimes keineswegs nur als »Schreckensjahre« erlebt hatten: »Es waren Jahre, in denen Jugendliche erwachsen spielen durften, Jahre der Kameradschaft, der Geborgenheit in der Gruppe, des Abenteuers. Diese Spätgeborenen hatten, sofern sie nicht durch ein antifaschistisches Elternhaus davor bewahrt wurden, eine schöne Jugend in all den Jahren ... Diese Generation mußte nicht, wie die damals Erwachsenen, für ihre Begeisterung büßen. Selbstverständlich war sie zu jung, um die Schrecken des Winterfeldzuges zu erfahren, zu jung für die Jahre der Gefangenschaft in Sibirien, zu jung für die Schmach der Entnazifizierung. Diejenigen, die als Flakhelfer oder im ›Volkssturm‹ das letzte Kriegsjahr erlebten, konnten das Ende des Traums kaum anders denn als Naturkatastrophe begreifen.«[62] Das galt freilich nicht für die Jugendlichen aus Ost-, Südost- und Mitteleuropa, die im Treck aus Ostpreußen, Hinterpommern, Schlesien, Böhmen oder woher auch immer Richtung Westen geflohen waren. Auch der zwölfjährige »Jungvolkzugführer«, der in einem Ober-Abschnitt in Oberschlesien für die Bergung zwölf verwundeter deutscher Soldaten das Eiserne Kreuz erhielt, wußte wahrscheinlich sehr wohl um die Schrecken des totalen Krieges. Dieser Ex-»Jungvolkführer« könnte heute übrigens ohne weiteres eine Rolle als Altvorderer bei der »Parlamentarischen Linken« oder den »Kanalarbeitern« spielen. Biographische Beispiele dafür gibt es auch in den Industriegewerkschaften.[63]

Es kam also im Grunde auch darauf an, wo und unter welchen Umständen man 1944/45 gelebt hatte. Insofern kann man bei der Alterskohorte der HJ- und Flakhelfer-Generation nicht per se gleiche Erfahrungen voraussetzen. Die Prägekraft generationsspezifischer Eindrücke kann in Umbruchsituationen sehr verschieden ausfallen. Wenn der einheitliche soziokulturelle

Raum zerbricht, können die Angehörigen einer Generation sehr wohl unterschiedliche Grundmentalitäten entwickeln. Dennoch trifft Peter Schneiders Charakterisierung für einen größeren Teil der HJ- und Flakhelfer-Generation in Westdeutschland zu: Ihr Generationsbewußtsein ist häufig durch eine »unbewußt glückliche Jugend« im nationalsozialistischen Deutschland geprägt.

Neben der Betonung der Gleichgewichtspolitik spielte in der SPD der achtziger Jahre auch diese generationsspezifische Konstellation eine wesentliche Rolle. Dies will ich hier an einigen Beispielen verdeutlichen. So warnte etwa im Herbst 1989 Günter Grass (Jahrgang 1927) in einem *Spiegel*-Gespräch davor, daß die »eigentliche Problematik der Gegenwart« durch die Neuvereinigung Deutschlands verdeckt werden könnte: »Das Ozonloch wird durch die Annäherung der Deutschen nicht kleiner.«[64] Die ökologische und die nationale Frage gegeneinander auszuspielen, läuft auf billige Polemik hinaus und geht im übrigen am Kern des ökologischen Problems vorbei. Eine solche Argumentation ist jedoch nicht untypisch für die Generation der heute sechzig- bis fünfundsechzigjährigen Vordenker im Umkreis der rot-grünen Friedensbewegung der achtziger Jahre. Im Denken dieser Ex-Flakhelfer spielt ein fast unentwirrbares emotionales Gemisch aus Liebe zu und Angst vor Deutschland eine Rolle.

Diese Angstliebe kommt in Günter Grass' Berliner Rede vom 25. Februar 1990 deutlich zum Ausdruck. Er erinnert sich an den Schock, den er erlebte, als er 1945 als siebzehnjähriger Flakhelfer in US-Gefangenschaft geriet und dort, mit den Bildern des Grauens aus deutschen Konzentrationslagern konfrontiert, mit »vertrotzter Stärke von Unbelehrbarkeit« reagierte. Dieses Schockerlebnis brachte Grass in seinem Vortrag mit dem Vereinigungswunsch der Bevölkerung in der gerade untergehenden DDR zusammen: »Indem ich meinen Vortrag unter die lastende Überschrift ›Schreiben nach Auschwitz‹ stellte, sodann literarische Bilanz zog, will ich zum Schluß die Zäsur, den

Zivilisationsbruch Auschwitz dem deutschen Verlangen nach Wiedervereinigung konfrontieren. Gegen jeden aus Stimmung, durch Stimmungsmache forcierten Trend, gegen die Kaufkraft der westdeutschen Wirtschaft - für harte DM ist sogar Einheit zu haben -, ja sogar gegen ein Selbstbestimmungsrecht, das anderen Völkern ungeteilt zusteht, gegen all das spricht Auschwitz, weil es eine der Voraussetzungen für das ungeheure, neben anderen älteren Triebkräften, ein starkes, das geeinte Deutschland gewesen ist.«[65]

So ernst man das nachträgliche Entsetzen von Günter Grass über seine damalige »Unbelehrbarkeit« nehmen muß, so fatal wirkt es, wenn er die sicherlich nicht untypischen generationsspezifischen Nazismus- und Kriegserfahrungen als Begründung nutzt, der Bevölkerung in dem einen Teil Deutschlands ihr Selbstbestimmungsrecht abzusprechen. Diese Einstellung findet man auch bei Horst Ehmke (Jahrgang 1927), der im April 1988 noch folgende Auffassung vertrat: »Für die europäischen Nachbarn - und zwar im Westen wie im Osten - ist ›die‹ deutsche Frage dagegen, was immer in Verträgen und Erklärungen steht, die Frage der Aufrechterhaltung der deutschen Teilung.«[66] Diese Angst vor der deutschen Einheit war aber keineswegs auf diese Alterskohorte der westdeutschen Sozialdemokratie begrenzt. Generationsspezifische Prägungen dieser Art waren ebenso in anderen Parteien vorzufinden. Auch der gescheiterte Versuch des damaligen CDU-Generalsekretärs Heiner Geißler (Jahrgang 1930) auf dem Wiesbadener Parteitag der CDU im Frühjahr 1988, einen grundsätzlichen Kurswechsel in der Deutschlandpolitik durchzusetzen, lief darauf hinaus, auf die deutsche Einheit und die Aufnahme von offiziellen Beziehungen zwischen der Volkskammer und dem Deutschen Bundestag zu verzichten. Erinnert sei hier noch einmal an die unfreundlichen Äußerungen Helmut Kohls (Jahrgang 1930) über die Friedmann-Thesen im Sommer 1987. Ehmke, Geißler, Kohl und ein großer Teil ihrer Alterskollegen im Deutschen Bundestag überschätzten damals die historischen Momente der Kontinuität im

Miteinander der etablierten europäischen Nachkriegsmächte gegenüber den gesellschaftlichen Faktoren, die besonders in Polen, Ungarn und im Baltikum auf eine radikale Veränderung wiesen.

In eine etwas andere Richtung läuft die Argumentation des linksliberalen Frankfurter Philosophen Jürgen Habermas (Jahrgang 1929): Mit Begriffen wie »pausbäckiger DM-Nationalismus« oder »Wirtschaftsnationalismus«[67] artikulierte er eine emotionale Abwehrhaltung gegenüber dem ökonomischen und staatlichen Anschluß der DDR an die BRD. Habermas übersieht allerdings, daß die DDR-Wirtschaft Ende der achtziger Jahre bereits völlig bankrott und eine - von vielen DDR-Intellektuellen gewünschte - sozialistisch-demokratische Wende in der DDR aus eigener Kraft nicht mehr möglich war (vgl. Dokument 4). Die deutsch-deutsche Neuvereinigung erlebten Alterskollegen wie Günter Grass, Günter Gaus, Horst Ehmke oder Jürgen Habermas vorwiegend als narzißtische Kränkung. Insofern drückt der Austritt von Günter Grass aus der SPD wohl nicht nur seinen Protest gegen die Asylpolitik des SPD-Parteivorstandes aus, sondern entspringt auch seiner tiefen Verbitterung über die schwierige Einheit Deutschlands. Wenn es nach Grass gegangen wäre, gäbe es heute eine Konföderation zwischen zwei deutschen Staaten.

Die »Enkel«-Generation

Noch heftigerer Widerstand gegen die deutsche Einheit kam aus den Reihen der »Enkel«-Generation in der SPD. Ende der sechziger Jahre lief diese Generation kritischer junger Sozialdemokraten Sturm gegen den tradierten Antikommunismus in der Sozialdemokratie und forderte von der Parteiführung eine kritische Aufarbeitung des vorherrschenden undifferenzierten Kommunismus-Bildes. Die »Enkel« Willy Brandts traten auf ihren Juso-Kongressen in München, Bremen, Mannheim und

Oberhausen für systemüberwindende Gesellschaftsreformen, eine Demokratisierung der SPD und eine kritische Überarbeitung des Godesberger Programms ein. Teile dieser damaligen Theoriediskussion haben in den achtziger Jahren die Beschlußlage der SPD beeinflußt. Nicht wenige dieser »Enkel« haben in den siebziger Jahren - zunächst noch auf der Ebene der Jugendarbeit, später als Funktionsträger der SPD beziehungsweise der sozialliberalen Bundesregierung - die Brandtsche Entspannungs- und Friedenspolitik in die Praxis umgesetzt. Offizielle »Jugendbegegnungen« zwischen dem Zentralrat der FDJ und dem Juso-Bundesvorstand, Arbeitsgespräche mit den DDR-Staatsfunktionären und regelmäßige Reisen in die Länder des »realen Sozialismus« gehörten schon bald zum politischen Alltag dieser Generation. Man hastete oft von einem Hotel zur nächsten Arbeitskonferenz und hatte für das triste Leben der Menschen in der DDR keine Augen mehr. Die An- und Abreise erfolgte bei diesen Stippvisiten in der Regel im eigenen Dienstwagen oder gar in einer Staatskarosse; man übernachtete entweder in einem Inter-Hotel (für Wessis) oder in einem von der Öffentlichkeit abgeschirmten Gästehaus der DDR-Regierung. Wer sich allzulange in dieser »volkseigenen« Luxuswelt für Partei- und Staatsgäste im »realen Sozialismus« aufgehalten hat, dort nie mit der Straßenbahn oder dem D-Zug, zweite Klasse, gefahren ist, zwar dann und wann in einer Konferenzpause kurz eine Tasse Kaffee mit einem kultivierten, meist links stehenden Dissidenten getrunken hat, sich ansonsten aber zumeist im Umkreis der Herrschenden bewegte, lief Gefahr, die traurige Realität in der DDR schließlich ganz zu verkennen und wurde 1989/90 dafür vom realen Leben eingeholt.

Nur einige wenige »Enkel« wie etwa der Ex-Juso-Vordenker Norbert Gansel, der damalige Herausgeber der rororo-aktuell-Taschenbuchreihe Freimut Duve oder der linksunabhängige Querkopf Gerd Weisskirchen fanden angesichts der spontanen Massenflucht von jungen DDR-Bürgern über Ungarn in die Bundesrepublik im Sommer 1989 den Mut, statt der bisherigen

Politik des »Wandels durch Annäherung« jetzt von der SPD ein Bekenntnis zu Freiheit und Demokratie auch in der DDR zu fordern. Leider war die deutsch-deutsche Einheit auf dem Fahrplan der Mehrzahl der »Enkel« nicht mehr vorgesehen. Der Unterdrückungscharakter des Stasi-Apparates wurde von dieser Generation verharmlost, eine wachsende Zustimmung der DDR-Bevölkerung zur Honecker-Regierung - oft kommentarlos - vorausgesetzt. In dieser Fehleinschätzung wurde die »Enkel«-Generation von einem Großteil der DDR-Forschung an den Universitäten unterstützt.

In der westdeutschen Sozialdemokratie der siebziger und achtziger Jahre gab es freilich, wie bereits erwähnt, einige bemerkenswerte Ausnahmen. Ich denke hier etwa an die demonstrative, innerparteilich keineswegs unumstrittene Teilnahme des SPD-Vorstandsmitglieds Peter von Oertzen und des Juso-Funktionärs Gerhard Schröder am »Freiheit-für-Rudolf-Bahro«-Kongreß in der Technischen Universität zu Berlin im November 1978 (vgl. Dokument 5) oder an die engagierte Solidarität der mittlerweile eingestellten SPD-nahen Kulturzeitschrift *L'80* mit den osteuropäischen Dissidenten. Die Herausgabe des rororo-aktuell-Bandes *Die Linke und die nationale Frage* im Jahr 1981 durch Freimut Duve hat ihm im Partei-Establishment nicht nur Freunde eingetragen. In ihrer Einleitung zu diesem Dokumentationsband wiesen schon damals Peter Brandt und Herbert Ammon darauf hin, wie wichtig dieses Thema für die Linke im Nachkriegsdeutschland ursprünglich gewesen ist: »Gerade für die Linke, die sich dem Westintegrationskonzept widersetzte und sich als Anwalt der Interessen ganz Deutschlands verstand, war die Bewahrung der nationalen Einheit eine als selbstgewählte Mission verstandene Verpflichtung. Die Ende der fünfziger Jahre verstärkt erhobene Forderung nach Anerkennung der DDR verstand sich weithin noch als Fortsetzung der alten Linie, den nationalen Interessen des deutschen Volkes durch Verhandlungen zwischen den beiden Staaten zu dienen. Bei der linken Opposition in Westdeutschland außerhalb und innerhalb der SPD verband sich diese Forderung vielfach mit der Vorstellung von einem besonderen deutschen Weg zum Sozialismus.«[68]

Dutschke und die nationale Frage

In den siebziger Jahren breitete sich in der westdeutschen Linken jedoch eine Position der nationalen Enthaltsamkeit aus. Wer die Frage nach der deutschen Nation stellte, zog jetzt den Vorwurf auf sich, er verbreite »nationalistisches Opium«.[69] Als im Juli 1977 Rudi Dutschke dafür plädierte, daß die unabhängige Linke in beiden deutschen Teilstaaten ihre Angelegenheiten selber in die Hände nehmen sollte, reagierte ein Großteil der undogmatischen Linken in Westdeutschland verschreckt. Dutschke schrieb damals aus seinem dänischen Exil: »Amerikanisierung und Russifizierung sind vorangeschritten, aber nicht die Wiedergewinnung eines realen Geschichtsbewußtseins der Deutschen. Ganz zu schweigen von einem nationalen Klassenbewußtsein der deutschen Arbeiterklasse ... Unter solchen Bedingungen fängt der linke Deutsche an, sich mit allem möglichen zu identifizieren, aber einen Grundzug des Kommunistischen Manifestes zu ignorieren: Der Klassenkampf ist international, in seiner Form aber national. Die Bourgeoisie im Westen und die Monopolbürokratie im Osten versuchen, den Arbeitern, Werktätigen, Studenten usw. immer wieder einzureden, wo ›Sozialismus‹ und wo ›Freiheit‹ ist. Diese Vernebelung zu durchbrechen, an die konkrete Wahrheit vorzustoßen ist die erste Voraussetzung der Zurückgewinnung der Identität und Geschichte. Ohne weitere, viel weitere Annäherung der beiden deutschen Staaten, ohne reale Annäherung der Menschen wird die Zurückgewinnung der Identität und Geschichte unmöglich werden. Ganz zu schweigen von der Kooperation der sozialistischen und demokratischen Opposition in beiden deutschen Staaten.«[70] Rudi Dutschke übertrug die Konzeption der nationalen Befreiung Algeriens oder Vietnams – so Bernd Rabehl

25 Jahre danach – auf die beiden deutschen Teilstaaten, denn in diesem Befreiungskampf könne die Bevölkerung ihr falsches Bewußtsein verändern.[71] Die »deutsche Misere« war für Dutschke immer auch eine »linke Misere«. Beide Gesellschaften steckten deshalb in einer Krise.[72]

Rudi Dutschke wußte, worüber er sprach: Geboren 1940 in Luckenwalde, aufgewachsen in der DDR, hatte er dort den Wehrdienst in der Nationalen Volksarmee verweigert und aktiv in der protestantischen Jungen Gemeinde mitgearbeitet. Kurz vor dem Bau der Mauer floh er in den Westen und studierte an der Freien Universität Berlin Soziologie. 1963 beteiligte er sich an der Gründung der »Subversiven Aktion« in München und trat im September 1964 in den Berliner SDS ein. Dort gehörte er schon bald zu den informellen Führern der Neuen Linken. Aufgrund dieser für den Aktivistenkern des Berliner SDS durchaus nicht untypischen Biographie fühlte sich Rudi Dutschke zeit seines Lebens als linker Antistalinist und gesamtdeutscher Sozialist (vgl. Dokument 6). Die Spaltung Deutschlands bedeutete für ihn ein Hindernis beim Emanzipationskampf hüben wie drüben. Der Ex-Studentenführer aus der Mark Brandenburg starb am 24. Dezember 1979 an den Spätfolgen des Bachmann-Attentats im April 1968. Hätte Dutschke die Herausbildung der Bürgerbewegung in der DDR in den achtziger Jahren noch erlebt, hätte er ganz sicher in den Reihen der dortigen Dissidenten seinen Platz gefunden.

Revolutionen seien, so drückte es Karl Marx 1850 einmal lapidar aus, »Lokomotiven der Geschichte«. In solchen Zeiten drängten sich in wenigen Wochen Epochen zusammen, die sonst nach halben Jahrhunderten gezählt würden. Trotz dieser bei vielen westdeutschen Linksintellektuellen sattsam bekannten Marxschen Reflexionen über die Bedingungen für einen revolutionären Wandel begriffen 1989 nur wenige 68er, daß die DDR-Gesellschaft langsam aber sicher zerfallen war. Warnsignale über den inneren Zustand dieser Gesellschaft gab es genug: Ich denke hier an die Ausbürgerung des Liedermachers

Wolf Biermann aus der DDR im Jahre 1976 und an die Buchveröffentlichung beziehungsweise Aburteilung von Rudolf Bahro ein Jahr danach. Die Gründung der »Initiative Frieden und Menschenrechte« zu Anfang des Jahres 1986 markierte einen weiteren Einschnitt. Die rasch anwachsende Jugendprotestkultur der Andersdenkenden in der DDR erreichte dann einen ersten dramatischen Höhepunkt, als am 17. Januar 1988 in Ost-Berlin mehrere Demonstranten festgenommen wurden, die während der »Luxemburg-Liebknecht-Demonstration« ein Transparent mit Rosa Luxemburgs Losung »Freiheit ist immer die Freiheit Andersdenkender« zeigen wollten. Die Stasi hatte durch ihr brutales Vorgehen tatsächlich mehr dazu beigetragen, das »Andenken Rosa Luxemburgs« - so der Dutschke-Freund Manfred Scharrer in einem *taz*-Kommentar vom 27. Januar 1988 - »zu ehren, als die Parteiführung an der Spitze der Betriebskampfgruppen« dies je vermocht hätten.

Doch allzu engstirnig negierte ein großer Teil der 68er in und jenseits der SPD diese ersten Anzeichen für eine vorrevolutionäre Situation. Diese kollektive Blindheit ist nicht zuletzt auch deshalb eine bemerkenswerte Tatsache, weil die Vordenker der Neuen Linken in West-Berlin, Frankfurt am Main, Hannover oder Marburg - übrigens ganz im Gegenteil zur intellektuellen Kultur in Paris - stets am Marxschen Revolutionsbegriff festgehalten hatten. Danach kann es zu einer revolutionären Situation erst dann kommen, wenn die Menschen unten nicht mehr wollen und die Menschen an der Spitze nicht mehr können. Und genau diese Situation trat ja Anfang der achtziger Jahre zunächst in Polen und danach im gesamten Ostblock ein. Marx' Revolutionstheorie zufolge kommt den Produktivkräften die Aufgabe zu, die zu eng gewordenen Produktionsverhältnisse zu sprengen. Das In-Frage-Stellen von Herrschaft, die der gesellschaftlichen Produktion des Reichtums nicht mehr genügend Raum bietet, leitete eine Revolution ein. Dieser objektive Widerspruch zwischen den Produktivkräften und den Produktionsverhältnissen mußte im Ostblock zum ökonomischen Kollaps führen. War das Ende der DDR also wirklich unvorhersehbar? Sind nicht zahlreiche DDR-Forscher letztlich der SED auf den Leim gegangen? Diese Fragen richten sich insbesondere an die Vertreter der Kritischen Theorie beziehungsweise der linken Sozialwissenschaften überhaupt.[73] Statt gemäß Artikel 146 des Grundgesetzes die sofortige Einberufung einer gesamtdeutschen verfassunggebenden Nationalversammlung zu fordern, wie dies zum Beispiel der Kirchenhistoriker und Erstunterzeichner des Aufrufs zur Bürgerbewegung Demokratie Jetzt, Wolfgang Ullmann, im März 1990 der westdeutschen Linken vorgeschlagen hatte, beklagte ein Großteil der rot-grünen Szene damals laut die »Beerdigung«[74] des zweiten deutschen Teilstaates, die »Übernahmestrategien«[75] der »großdeutschen BRD«[76] beziehungsweise das »D-Mark-Milliardending«[77]. Die Ex-DDR-Schriftstellerin Leonie Ossowski sprach in diesem Zusammenhang vom »neuen Elend der (westdeutschen) Intellektuellen«.[78]

IV. Nationale Identitäten

Die historischen Erfahrungen in den verschiedenen europäischen Ländern unterscheiden sich sehr stark voneinander. So gehören in Deutschland die Inflation nach dem Ersten Weltkrieg und die Weltwirtschaftskrise noch heute zu den mit sozialen Ängsten besetzten Traumata. Die schon fast lächerliche, ständige Sorge vieler Bundesbürger um Preis- und Geldstabilität hat hier ihren historischen Bezugspunkt. Obwohl in Großbritannien die Jahre der großen Depression ganz ähnliche soziale Folgen zeitigten, ist das Selbstbewußtsein der Briten dadurch weit weniger erschüttert worden als bei uns. Aber auch innerhalb einer Nation gibt es unterschiedliche klassenspezifische Traumata: So begann - zugespitzt gesagt - für die Linke in Deutschland die Jahrhundertkatastrophe am 30. Januar 1933, während für die Nationalkonservativen erst am 8. Mai 1945 den Beginn der nationalen Katastrophe markiert. Für die Franzosen begann der nationale Abstieg dagegen mit dem sogenannten Blitzkrieg der Wehrmacht im Frühjahr 1940. Hitlers Panzerdivisionen zerstörten in Frankreich, Belgien, den Niederlanden und Luxemburg den Glauben an die Friedfertigkeit und Berechenbarkeit der Deutschen. Ähnliche Erfahrungen machten auch die Tschechen und Slowaken im Frühjahr sowie die Polen im Herbst 1939. Hitlers Politik der Täuschungen und der Gewalt prägte die traumatischen Erfahrungen dieser Völker. Andererseits bedeutete die plötzliche Europa-Begeisterung der Kriegsgeneration 1945 im besiegten (westlichen) Restdeutschland zu einem erheblichen Teil auch eine Flucht aus der Trümmerlandschaft des untergegangenen Dritten Reiches. In den beiden deutschen Nachkriegsgesellschaften verblaßt heute ganz offensichtlich die

Erinnerung an diese Niederlage. Um aber die Ängste und Hoffnungen der verschiedenen Völker im heutigen Europa zu verstehen, muß man die unterschiedlichen historischen Erfahrungen und Traumata aus der jüngsten Vergangenheit kennen. Eine Aufarbeitung dieser nationalen - oft auch klassen- und generationsspezifischen - Prägungen könnte für die Politik in Europa hilfreich, manchmal freilich auch schmerzhaft sein.

Protest-Zyklen

Am 12. Mai 1990 zogen rund 7000 Menschen durch Frankfurt am Main und skandierten Slogans wie »Nie wieder Deutschland!«, »Deutschland, verrecke!« oder »Deutschland, halt's Maul!« Woher kommt dieser antideutsche Rassismus in Teilen der autonomen Szene der alten Bundesrepublik? Ist dieser - so der ehemalige grüne Deutschlandpolitiker Rolf Stolz - »umgekippte Rassismus«[79] wirklich nur ein Randphänomen? Die fast schon zyklische Suche nach nationaler Identität in Deutschland zeigt, daß diese Frage ernstgenommen werden muß. Die immerwährende Identitätssuche der Deutschen beruht nach Meinung des englischen Historikers Harold James auf dem Fehlen »dauerhafter nationaler Institutionen«, wie sie etwa Frankreich oder Großbritannien besitzen und in denen die Nation sich wiedererkennt. Deshalb entwerfe in Deutschland jede neue Generation seit nunmehr rund 200 Jahren ihre eigene Vorstellung von nationaler Identität. Da sie dabei jedoch auf die jeweilige politische, ökonomisch-technologische und kulturelle Konstellation reagiere, verwerfe sie in schöner Regelmäßigkeit die nationalen Vorstellungen der vorangegangenen Generation. Das Resultat sei ein »Kreislauf« von einander scharf widersprechenden, oft in harten Generationskonflikten entwickelten kollektiven Denkweisen.[80]

Dieser Geschichtsinterpretation zufolge begann der »nationale Protest-Zyklus« in Deutschland um 1806 mit der erzwungenen Auflösung des übernationalen Heiligen Römischen Reiches deutscher Nation durch Napoleon Bonaparte. Nach dem Sieg der Franzosen bei Austerlitz im Dezember 1805 über die Österreicher und Russen verzichtete Franz II. auf die Reichskrone und entband die Reichsstände von ihren Verpflichtungen. Dieses Reich war jedoch längst eine Fiktion geworden, ein Gebilde mit zwei Führungsspitzen, dem Kaiser und dem Reichstag, die durch Gesandte miteinander kommunizierten. Es gab keinen funktionierenden Beamtenapparat, keine schlagkräftige Heeresorganisation und kein einheitliches Wirtschaftsgebiet mit einem gemeinsamen Münz-, Maß- und Gewichtssystem. Das Heilige Römische Reich deutscher Nation scheiterte also an seiner historisch überholten Feudalstruktur. Die übergroße Mehrheit der Deutschen erlebte diesen Umsturz freilich nicht - wie etwa die Franzosen den Sturm auf die Bastille im Jahre 1789 - als Akt der Selbstbefreiung, sondern als militärische Niederlage und aufgezwungene Fremdherrschaft.[81] Auch der deutsche Jakobinismus blieb nicht zuletzt deshalb immer »im Schatten seines französischen Vorbilds«.[82] Zwar schuf Bonaparte durch die Einführung des Code Napoleon in den Rheinbundstaaten eine wesentliche Voraussetzung für die Entstehung der bürgerlichen Gesellschaft in Deutschland. Gleichzeitig öffnete er aber auch den mitteleuropäischen Markt für die Produkte der französischen Bourgeoisie. Frankreich hatte sich damals zunächst einmal als Hegemonialmacht in Europa durchgesetzt. Die historische Tragik liegt darin, daß die französischen Revolutionsarmeen zum einen die Grundlagen für eine Modernisierung der Gesellschaft in Deutschland schufen, zum anderen jedoch durch ihre Zusammenarbeit mit den Königen und Duodezfürsten die alten Machtstrukturen konservierten. So wurde auch die Herausbildung einer demokratischen Nationalkultur in breiten Schichten der Bevölkerung erschwert und indirekt die Grundlage für den späteren übersteigerten Nationalismus beziehungsweise Föderalismus gelegt.

In dieser Umbruchzeit trat die Mehrheit der politisch bewußten Generation in Deutschland für ideelle Ziele ein, die man weder als genuin-chauvinistisch noch als reaktionär bezeichnen kann. Die studentischen Freiwilligen stritten in den Freiheitskriegen 1813–1815 gegen die Armeen Napoleons, oft auch gegen die eigenen Könige oder Fürsten, die längst mit Bonaparte paktierten. Die Wortführer der »Demagogen« und der »Demokraten« riefen zum Kampf gegen die »feudalbürokratische Bevormundung« und das »Dunkelmännertum des Klerus« auf.[83] In den Köpfen der Burschenschaftler, Turner und Demokraten entstand ein spezifisches Konglomerat aus jakobinischem, kosmopolitischem, nationalem, romantischem und völkischem Ideengut.

Aber schon bald triumphierten erneut sozialemanzipatorische Ideen. Der Dichter Georg Büchner (1813–1837) gab 1834 den *Hessischen Landboten* heraus, und Wilhelm Weitling (1808–1871) trat 1839 für eine »kommunistische Gütergemeinschaft« ein. Typisch für dieses revolutionäre Bewußtsein ist der Text einer Ansprache, die Philipp Jakob Siebenpfeifer am 27. Mai 1832 auf dem Hambacher Fest gehalten hatte. Dort rief er am Schluß seiner Rede vor mehr als 20000 Menschen aus: »Hoch lebe jedes Volk, das seine Ketten bricht und mit uns den Bund der Freiheit schwört! Vaterland, Volkes Hoheit, Völkerbund hoch!«[84] Eine Mischung von Ideen aus den unterschiedlichsten politischen Programmen, aus »Weltbürgertum und Nationalstaat, Liberalismus und Demokratismus«. Trotz der Karlsbader Beschlüsse von 1819, der Berufsverbote, der Pressezensur, kurzum der »Demagogenverfolgung« traten die damals illegalisierten Burschenschaften auf dem Hambacher Fest demonstrativ auf, trugen die verbotenen Farben Schwarz-Rot-Gold und die »Polenfahne« und errichteten einen republikanischen Freiheitsbaum.

Am 3. April 1833 stürmten Studenten die Hauptwache in Frankfurt am Main. Diese direkte Aktion war eigentlich als Fanal für eine bürgerliche Revolution in Deutschland gedacht. Doch der dilettantisch vorbereitete und wahrscheinlich durch

Spitzel verratene Handstreich blieb ein Einzelfall. Eine obrigkeitshörige Justiz verhängte anschließend über 39 Revolutionäre die Todesstrafe wegen Hochverrats, die später in hohe Freiheitsstrafen umgewandelt wurde. Schließlich folgte die gescheiterte bürgerliche Revolution 1848/49: Auf den Barrikaden in Dresden, Leipzig, Erfurt, Breslau, Frankfurt am Main, Berlin und Wien kämpften die Studenten ebenso wie im Rheingebiet und in Baden Seite an Seite mit Handwerksburschen und Bürgern. Doch die Konterrevolution in Deutschland und Österreich erwies sich als stärker. Die Einheit Deutschlands wurde schließlich nicht von unten erstritten, sondern von Bismarck 1871 im Spiegelsaal von Versailles verkündet.

Eine neue Fiktion

Dieses kleindeutsche Reich blieb von Anfang an eine »offenkundige Fiktion«. Denn das Geheimnis der Bismarckschen Reichsverfassung lag darin, daß eigentlich »keine Reichsregierung« gebildet wurde. An der Stelle einer gewählten Zentralregierung stand der Bundesrat, die Gemeinschaft der einzelstaatlichen Regierungen, mit dem Reichskanzler als ihrem »Geschäftsführenden Vertrauensmann«. Der marxistische Historiker Artur Rosenberg schrieb 1928 über die Bismarcksche Verfassungskonstruktion: »Daß das buntscheckige Gesandtenkollegium des Bundesrats in Wirklichkeit gar nicht reagieren konnte, das muß Bismarck von Anfang an gewußt haben. So wurde der Bundesrat das konstitutionelle Feigenblatt für die preußische Regierung über das Reich, und der Reichskanzler in Personalunion mit dem preußischen Ministerpräsidenten machte die deutsche Politik. Wenn in einer Spezialfrage zum Beispiel Bayern Sonderwünsche hatte, mußte die Frage auf diplomatischem Wege zur Erledigung gebracht werden, aber niemals ist die Reichspolitik durch das Zusammenwirken von Bayern und Baden mit Hamburg, Waldeck usw. bestimmt worden. Das Hauptstück der

Reichsverfassung Bismarcks, die Reichsregierung durch den Bundesrat, war also von Anfang an eine offenkundige Fiktion.«[85]

Der Reichstag konnte zwar über alle politischen Probleme öffentlich diskutieren, aber die Armee und die Außenpolitik waren seinem Einfluß von vornherein entzogen. So durfte etwa die kaiserliche Kommandogewalt über das Heer und die Flotte durch das Etatbewilligungsrecht des Reichstags nicht beeinträchtigt werden. Die Außenpolitik machte Bismarck sowieso im Namen von Wilhelm I. Informationsblockaden gegenüber der parlamentarischen Opposition waren die Folge.[86] Dauerhafte nationale Institutionen konnten auf diese Weise freilich nicht entstehen. Vor diesem Hintergrund verwundert es kaum noch, daß sich ein säkulares Nationalbewußtsein in Deutschland eher durch Bejahung oder Verneinung ausländischer Vorbilder herausbildete. Das zwiespältige Verhalten der deutschen Intelligenz zum Westen, »Anziehung und Abstoßung« zugleich, nahm hier seinen Ausgang. Die nationale Identität der Deutschen sei deshalb größtenteils von ausländischen Vorbildern geborgt. Der Nationalismus in den Jahren der Befreiungskriege und im Vormärz habe sich durch eine tendenziell völkische Kultur definiert, die sich gegen die »kosmopolitische, weitgehend französische Kultur« der Elterngeneration gewandt habe. Das herrschende Generationsbewußtsein sei damals romantisch und nicht aufgeklärt, gefühlvoll statt rational, volksverbunden statt weltbürgerlich, gotisch statt klassizistisch, rückwärts gewandt statt zukunftsoffen gewesen.[87] Mir scheint diese Gegenüberstellung von James an manchen Stellen zu schablonenhaft, denn das nationalrevolutionäre Engagement einer Mehrheit dieser Studenten, Akademiker und Intellektuellen für einen demokratischen großdeutschen Nationalstaat und gegen die aufklärungsfeindliche Heilige Allianz etwa auf dem Wartburg-Fest im Oktober 1817, auf dem Hambacher Fest am 27. Mai 1832 und auf den Barrikaden 1848 ist eine historische Tatsache.

Im Bismarckschen Reich rückte das vorherrschende Generationsbewußtsein eindeutig nach rechts. Das politische Selbstverständnis der Burschenschaftler wurde zunehmend durch die Auseinandersetzung um den Grundsatz der unbedingten Genugtuung mit der Waffe (Satisfaktion) und den Antisemitismus geprägt. Der Geschichtsprofessor Heinrich von Treitschke mit seinem Traum vom »heldischen Nationalismus« und der antisemitische Hofprediger des preußischen Königshauses Adolf Stoecker verkörperten die neuen Idole einer politisch geschlagenen und zunehmend autoritär-verängstigten Akademikerschaft. Liberale, die wie die Professoren Theodor Mommsen, Gustav Droysen, Rudolf Virchow oder der preußische Unternehmer Werner von Siemens öffentlich gegen Antisemitismus, Kadavergehorsam und das Image des korporierten Reserveleutnants auftraten, waren im Bismarckschen Reich schon bald hoffnungslos isoliert. Die Wandervogelbewegung zu Beginn des 20. Jahrhunderts war eine unpolitische Kulturrevolution der jungen bürgerlichen Generation gegen den unerträglichen Mief und das Duckmäusertum im Wilheminischen Deutschland. Auch die Arbeiterjugend war längst eigene Wege gegangen und gehörte zur vielgestaltigen roten Gegenkultur.

Generationskonflikte

Trotz der kollektiven Flucht der Wandervogel-Generation in eine autonome Jugendwelt und der massenhaften Verweigerung der Arbeiterjugend gegenüber der bürgerlichen Gesellschaft begrüßte der größte Teil der deutschen Jugend im Sommer 1914 begeistert den Ausbruch des Ersten Weltkriegs. Am 10. November 1914 stürzten sich bei Langemarck Tausende von Studenten und Abiturienten mit dem Deutschlandlied auf den Lippen in die Maschinengewehrsalven der Briten – ein militärisch vollkommen sinnloser kollektiver Selbstmord einer Generation. Die kurze Solidarität zwischen Studenten und Arbeitern im Schützengraben blieb nur eine Episode. In den Material- und

Vernichtungsschlachten des Ersten Weltkrieges entstand kein dauerhaftes Bündnis zwischen den »Arbeitern der Faust« und den »Arbeitern der Stirn«. Trotz der militärischen Niederlage war die obrigkeitsstaatliche Tradition in der bürgerlichen Jugend auch nach 1918 so stark, daß die Studentenschaft in der Weimarer Republik mehrheitlich im deutschnationalen Lager verharrte. Die erschreckende Verelendung der Studenten während der Inflation und Weltwirtschaftskrise und die Angst vor der drohenden Proletarisierung trieb die Mehrheit der akademischen Jugend schon lange vor der Machtübergabe an die Nationalsozialisten in Hitlers Arme.

Nach dem 9. November 1918 zerbrachen zwar die Bismarckschen Institutionen, doch das alte Beamtentum und die Generäle blieben. Nach der Auslieferung der Macht an Hitler 1933 verschwand ein Teil der demokratischen Institutionen, und das Berufsbeamtentum wurde gleichgeschaltet. Die Beamtenschaft wiederum erwartete von der Hitler-Regierung, daß sie die »zentrale Stellung im Staatsleben, die sie im Kaiserreich gehabt hatte, wiedererlangen würde.«.[88] Dafür war die Mehrheit der Staatsdiener bereit, einem Unrechtssystem zu dienen. Nach der bedingungslosen Kapitulation des Dritten Reiches entstanden in der Bundesrepublik Deutschland und in der Deutschen Demokratischen Republik neue Institutionen. Aber nach dem Zusammenbruch der DDR im Jahre 1990 verschwand auch der DDR-Staat in kürzester Zeit fast spurlos. Statt dessen wurde der Bevölkerung in den fünf neuen Bundesländern und Ost-Berlin das Institutionensystem der Bundesrepublik übergestülpt. Es gab also in Deutschland in den letzten 200 Jahren nur wenig institutionelle Kontinuität. Andererseits konnte das Militär seinen Einfluß bis zum Ende des Zweiten Weltkriegs behaupten und eine leicht reformierte Beamtenschaft ihren Einfluß in der Bonner Republik sogar ausbauen. Während die Aristokratie und die Großgrundbesitzer ihren Einfluß auf die Gesellschaft bereits im Dritten Reich weitgehend verloren hatten, konnten die Wirtschaft und das Finanzkapital ihre führende Rolle in der

Gesellschaft ausbauen. Darüber hinaus lebten in der Bundesrepublik nach 1949 die föderativen und liberal-demokratischen Traditionen der deutschen Geschichte erneut auf.[89]

Die studentische Revolte 1967/68 war im Gegensatz zum Wandervogel um die Jahrhundertwende und zur Bündischen Jugend in den Zwischenkriegsjahren Ausdruck eines bewußt politischen Generationskonfliktes mit kulturrevolutionären Konsequenzen. 1968 protestierte ein Großteil der akademischen Jugend in Westdeutschland gegen das »kommunikative Beschweigen«[90] der verdrängten braunen Vergangenheit und den amerikanischen Krieg in Vietnam. Diese antiautoritäre Revolte hat die politische Kultur in der Bundesrepublik nachhaltig geprägt und den Ausbau der demokratischen Institutionen forciert. Dies galt für die Aufklärungskampagne »Ungesühnte Nazijustiz« der SDS-Hochschulgruppen Ende der fünfziger Jahre, den Kampf um Verfassungspositionen im Streit um die Notstandsverfassung und die Auseinandersetzungen über den Mitte der siebziger Jahre geplanten vorgelegten Staatsschutz. In all diesen Kontroversen ging es um die grundsätzliche Frage, ob die demokratischen Grundrechte aus- oder abgebaut werden sollten. Ein Thema, das heute wieder höchst aktuell ist. Der geplante große »Lauschangriff« ist hierfür ein Beispiel.

V. Spannungsverhältnis von Nation und Internationalismus

Über 100 Jahre - von der Gründung der SPD bis hin zur Distanzierung Herbert Wehners vom Deutschlandplan der SPD vor dem Bundestag am 30. Juni 1960 - standen die Sozialdemokraten unter dem Verdacht nationaler Unzuverlässigkeit. Nachdem 1875 in Gotha die Lassalleschen Arbeitervereine sich mit den »Eisenachern« zur Sozialistischen Arbeiterpartei zusammengeschlossen hatten, reagierte Reichskanzler von Bismarck mit dem Sozialistengesetz (1878-1890). Die »roten Reichsfeinde« und »vaterlandslosen Gesellen« wurden von der politischen Polizei überwacht, ihre Funktionäre verhaftet, oft auch ausgewiesen, ihre Zeitungen wurden beschlagnahmt oder verboten. Seitdem herrschte in Deutschland die Ansicht, die SPD habe in ihrer Geschichte niemals ein positives Verhältnis zur deutschen Nation gefunden. In ihrer grundlegenden Studie über den sozialdemokratischen Vaterlandsbegriff verweisen Dieter Groh und Peter Brandt diese Unterstellung ins »Reich der Legende«.[91]

Vor 1871 war der Gedanke der Einheit der Nation in der jungen Arbeiterbewegung ebenso stark vertreten wie im demokratischen Bürgertum. Es wäre deshalb, so Dieter Groh, eine historische Verkürzung, wollte man in dieser Periode die »nationale Bewegung ausschließlich als eine des liberalen Bürgertums« bezeichnen. Die Haltung der SPD zur nationalen Frage veränderte sich jedoch seit dem Deutsch-Französischen Krieg 1870/71. Denn durch die militärische Gründung des kleindeutschen Reiches war in Europa die Kriegsgefahr deutlich gewachsen. Gleichzeitig wurde der offizielle Vaterlandsbegriff von den Nationalkonservativen völkisch, schließlich sogar biologistisch und sozialdarwinistisch aufgeladen. Doch im Zeichen des allgemein verbreiteten »Katastrophen-Optimismus« im alten Europa entstand auch in großen Teilen der deutschen Sozialdemokratie eine »fatalistische Haltung« gegenüber der Kriegsgefahr, während die Mehrheit der Linksradikalen noch immer der Illusion nachhing, ein europäischer Krieg könne durch revolutionäre Massenaktionen verhindert werden. Zwar konnte sich der damalige Parteivorstand unter August Bebel darauf berufen, daß keine Arbeiterpartei in Europa konkrete Vorbereitungen zur Durchführung von Massenstreiks im Kriegsfall getroffen habe, doch war ihr offen zur Schau gestellter Immobilismus letztlich ein Eingeständnis ihrer Desorientierung angesichts der gewaltigen Probleme im imperialistischen Zeitalter. Damals versagten offenbar die »rationalistischen Kriterien Kautskys« ebenso wie die realpolitischen Erwägungen des Parteivorstandes.[92] Solange jedoch die Sozialdemokratie das von Kautsky und Bebel beschworene »Schweineglück« nicht verließ, wurde das Ausmaß der Ratlosigkeit in der Führungsspitze der Partei für die Basis nicht offenkundig.[93]

August Bebel beurteilte die Weltsituation am Vorabend des Balkankrieges (Oktober 1912) äußerst pessimistisch und rechnete bereits damals mit dem Ausbruch eines gesamteuropäischen Krieges. Wenn es der Friedensbewegung nicht gelingen werde, so Bebel, den Krieg zu verhindern, so hinge das Schicksal der Sozialdemokratie letztendlich vom Erhalt der Parteiorganisation ab. Denn ohne die Partei könne die Arbeiterbewegung nach dem »als sicher erwarteten Zusammenbruch« der bürgerlichen Gesellschaft keinen sozialistischen Zukunftsstaat aufbauen. Durch eine wirksame Antikriegspropaganda beziehungsweise verdeckte Vorbereitung eines politischen Generalstreiks wäre die Parteiorganisation jedoch der Gefahr ausgesetzt, im Mobilisierungs- und Kriegsfall illegalisiert und schließlich vernichtet zu werden. Der felsenfeste Glaube an die »naturnotwendige Entwicklung« zum Sozialismus machte für die Parteiführung die Frage, ob eine Gefährdung der SPD überhaupt zu verantworten sei, obsolet.[94] Dieses strategische Dilemma lähmte die politische Phantasie der verantwortlichen Funktionäre und Parlamentarier und stärkte den Organisationsfetischismus der deutschen Sozialdemokratie. »Kladderadatsch«-Tagträume, quasi-revolutionäre Rhetorik, heimlicher Organisationspatriotismus erklären nachträglich, warum die Mehrheit der SPD im Ernstfall sogar zum »Burgfrieden« bereit war. Diese Ohnmachtserfahrung angesichts des Ersten Weltkrieges spielt auch heute noch im kollektiven Bewußtsein der SPD eine nicht unwichtige Rolle. Geschichte wiederholt sich zwar nicht, aber – so Eckhard Fuhr in der *Frankfurter Allgemeinen Zeitung* vom 27. Februar 1993 – sie »prägt doch bestimmte Muster«. Die Vergangenheit ist in der Gegenwart stets präsent.

Die ersten Kriegskredite vom 4. August 1914 hatten nach einer kontroversen Fraktionssitzung zunächst noch alle SPD-Reichstagsabgeordneten gebilligt.[95] Danach aber lief der Reichstag auseinander und überließ die Kriegsführung dem Kaiser und der Reichsregierung unter Bethmann Hollweg. So mancher kritische Zeitgenosse war damals vom Bekenntnis der deutschen Sozialdemokratie zur bedingungslosen Landesverteidigung überrascht. Wer aber die geopolitische Konstellation des Jahres 1914 überdenkt, kommt wahrscheinlich, ähnlich wie Peter von Oertzen, zu einer umgekehrten Einschätzung: Der Beschluß der SPD, Deutschland zu verteidigen, entsprach letzten Endes der Beschlußlage der Sozialistischen Internationale. Dagegen war die Politik des »Burgfriedens« in der europäischen Sozialdemokratie durchaus nicht so selbstverständlich.[96]

Die Haltung vieler SPD-Reichstagsabgeordneter am 4. August 1914 war sicherlich auch der antirussischen Stimmung in großen Teilen der deutschen Facharbeiterschaft geschuldet. Wie tief die Rußlandfeindlichkeit in der SPD um die Jahrhundertwende ging, wird aus einer Äußerung August Bebels im Vorfeld der Russischen Revolution von 1905 deutlich: »Ich fürchte, wir Deutschen werden auf die Dauer einem Zusammenprall mit dem russischen Imperialismus und Panslawismus nicht ausweichen können. Dort im Osten steht unser wahrer und gefährlicher Feind. Gegen ihn müssen wir stets auf der Hut sein und unser Pulver zu Lande trocken halten. Sollte es jemals gegen Rußland, das ja nur vorübergehend durch den japanischen Krieg lahmgelegt ist, losgehen, so würden wir Sozialisten ›wie eine Knoche‹ marschieren. Im Osten wie im nahen Orient liegt unser kulturelles wie wirtschaftliches Ausdehnungsfeld. Darüber müssen wir uns aber auch klar sein, daß, gleichviel welche Regierungsform je in Zukunft in Rußland bestehen mag, das Allslawentum in Verbindung mit dem Tatarentum stets eine Gefahr für uns bleiben wird.«[97]

Die Spaltung der Sozialdemokratie

Im ersten Kriegsjahr 1914 hatte die SPD noch über eine Million Mitglieder, davon allein in Groß-Berlin rund 120 000. Trotzdem war am 4. August 1914 die Illusion zerbrochen, die europäische Arbeiterklasse könne durch einen politischen Generalstreik ihren kollektiven Tod im Felde verhindern und nach dem Vorbild der Pariser Kommune in Europa die Volksmacht erringen. Statt dessen zogen die deutschen Facharbeiter den feldgrauen Rock an und brachen in großer Zahl aus ihrem industriellen Alltag auf zum großen Sterben. Der Kaiser bot den »vaterlandslosen Gesellen« einen »Burgfrieden« an, und der deutsche Facharbeiter fühlte sich von den herrschenden Eliten endlich respektiert und rehabilitiert. Die SPD-Parteiführung glaubte im Sommer 1914 darüber hinaus - subjektiv durchaus ehrlich - an den Verteidigungsfall; schließlich hatten die Vertreter der europäischen Arbeiterbewegung in den Beschlüssen der Sozialistischen Internationale seit eh und je feinsinnig zwischen »Angriffs- und Verteidigungskrieg« unterschieden. Was damals mehr oder minder in allen europäischen Industrienationen massenpsychologisch aufgebrochen ist, hat bis zum heutigen Tage noch niemand überzeugend analysiert; die diversen Verratsthesen über die »Arbeiterbürokratie« oder die »Arbeiteraristokratie« greifen hier zu kurz.

Erst im Winter 1915/16 tauchten in den Fabriken die ersten Anti-Kriegs-Flugblätter auf. Der Hauptwiderstand ging von der sozialistischen Jugend aus. Kleine spontane Demonstrationen gegen den Weltkrieg fanden nun statt. Rosa Luxemburg, Karl Liebknecht, Franz Mehring, Clara Zetkin und einige wenige Intellektuelle, Künstler und Funktionäre aus der sozialdemokratischen Arbeiterbewegung bildeten die konspirative Spartakus-Gruppe und verbreiteten Anti-Kriegs-Broschüren und Flugblätter. Im Frühjahr 1917 spaltete sich die Sozialdemokratie endgültig in einen unabhängigen Flügel, die Unabhängige Sozialdemokratische Partei Deutschlands und die vaterlandstreuen Mehrheits-Sozialdemokraten. In den Rüstungsbetrieben flammten Hungerstreiks auf. Die »Revolutionären Obleute« bildeten illegale Streikleitungen. Je länger das Stahlgewitter dauerte, desto deutlicher zeigte sich, daß der vaterländische Klassenkompromiß zerbrach. Ende Oktober 1918 meuterte die Kaiserliche Flotte in Kiel. An der Heimatfront brach die militärische Disziplin abrupt zusammen. Das Heer hatte den Zwei-Fronten-Krieg endgültig verloren. Der Stratege, Planer und Mobilisator des ersten »totalen« Weltkrieges, Generalquartiermeister Erich Ludendorff, war am Ende seines Lateins und drängte auf die Kapitulation. Die Verantwortung für die militärische Niederlage sollten jedoch die Zivilisten tragen. So entstand die Legende vom Dolchstoß der Heimat in den Rücken der im Felde unbesiegten Front. Am 9. November 1918 brach in Berlin die Revolution aus. Der Kaiser ging, aber seine Generäle blieben.

Das rote Berlin, zuvor eine verschworene rote Metropole, spaltete sich in miteinander konkurrierende Arbeiterparteien auf. Bereits im Juni 1920 hatte die Weimarer Republik – so Artur Rosenberg – wieder eine »rein bürgerliche Reichsregierung«. Der kurze Herbst der Revolution war vorbei: Karl Liebknecht und Rosa Luxemburg waren ermordet worden, die KPD glich einem besiegten Putschistenhaufen; die USPD war weitgehend mutlos und handlungsunfähig, die Mehrheitssozialdemokratie total diskreditiert. Die innere Geschlossenheit der deutschen

Arbeiterbewegung war dahin. Trotzdem sannen die Kaiserlichen auf Rache, und 1933 schlugen die Landsknechte zurück.

Zwischenkriegsjahre

Zur Vorgeschichte der Weimarer Republik gehört die Einsicht des Jahres 1917, daß der Weltkrieg nach dem Scheitern des U-Boot-Kriegs gegen England und dem Eintritt der Vereinigten Staaten von Amerika in die Entente für Deutschland nicht mehr zu gewinnen war. Damals arbeiteten Mehrheitssozialdemokraten, Zentrumskatholiken und Fortschrittsliberale eine Friedensresolution aus, die am 19. Juli 1917 im Reichstag mit 212 gegen 126 Stimmen bei 17 Enthaltungen angenommen wurde. Die USPD lehnte diese Resolution damals freilich als inkonsequent ab. Trotzdem war mit dieser Entscheidung die bisherige Burgfriedenspolitik aufgekündigt. Damit war die Grundlage für ein neues Mitte-Links-Bündnis geschaffen, das dann auch in den Jahren 1919 bis 1922 zum »Hauptträger« der Weimarer Republik wurde.[98] Der republikanische Block in Weimar war freilich nur so lange mehrheitsfähig, wie die rechtskonservativen Kräfte durch die militärische Niederlage von 1918 gelähmt waren. Diese kurze demokratische Periode ging schon 1923 zu Ende.

Die Weimarer Republik war das Ergebnis einer militärischen Niederlage und einer gescheiterten Revolution. Gegen das zunächst noch unausgegorene Sozialisierungskonzept der Rätebewegung versuchte die Mehrheitssozialdemokratie ein Konzept der staatlich »gebundenen Gemeinwirtschaft« durchzusetzen. Da die Linke jedoch tief gespalten war, scheiterten beide Projekte. Nach der Aufspaltung der USPD im Oktober 1920 entstand in Deutschland eine kommunistische Massenpartei, die den Führungsanspruch der Bolschewiki in Moskau akzeptierte. Das Resultat dieser Entwicklung war eine dreifache Spaltung der Arbeiterschaft in Weimar in Sozialdemokraten, Kommunisten und christliche Gewerkschaftler. In Wirklichkeit stellte also die Arbeiterklasse trotz gemeinsamer ökonomischer und politischer Interessen kein homogenes Ganzes dar. Vielmehr war sie aufgrund unterschiedlicher Qualifikationen, verschiedener sozialer und ethnischer Herkunft, geschlechtsspezifischer Differenzen, kultureller und religiöser Bindungen und besonderer regionaler Traditionen in sich selbst zersplittert. Solange dieser Zustand nicht überwunden ist, wird es bürgerlichen Kräften mit ihrer Volkspartei-Ideologie immer wieder gelingen, Teile der Arbeiterschaft als Wählerpotential zu gewinnen.[99]

Die Bekanntgabe der Friedensbedingungen von Versailles im Mai 1919 verursachte in der Mehrheitssozialdemokratie einen tiefen Schock. Der Vorsitzende der Generalkommission der Gewerkschaften, Karl Legien, erklärte, dieser Vertrag übertreffe die »allerschlimmsten Befürchtungen«. Es handele sich hier nicht um einen »Friedensvertrag«, sondern um einen »Kriegsvertrag«, in Wahrheit also um die Vorbereitung für einen neuen Krieg.[100] Auch die USPD kritisierte den »Gewaltfrieden schlimmster Art«, trat jedoch - ganz anders als die KPD - für eine Unterzeichnung der Friedensbedingungen ein.[101] Die These von der Hauptschuld Deutschlands wurde in den ersten Nachkriegsjahren auch von großen Teilen der Linken abgelehnt, die den Weltkrieg für einen allseitig imperialistischen Krieg hielten.

Nach dem militärischen Zusammenbruch des Wilhelminischen Reiches knüpfte die SPD wieder bewußt an die Traditionen der gescheiterten März-Revolution von 1848 an. Die Farben Schwarz-Rot-Gold hatte die SPD 1919 gegen die USPD, die die rote Fahne favorisierte, und große Teile des bürgerlichen Lagers, das bei Schwarz-Weiß-Rot verharren wollte, durchgesetzt. Um eine bewußte Identifikation der Arbeiter und der bürgerlichen Demokraten mit der Weimarer Republik zu fördern, entfaltete das »Reichsbanner« - so Peter Brandt - einen »regelrechten Kult« um die Farben der Republik. Außerdem bestimmte der Reichspräsident Friedrich Ebert (SPD) 1922 das Deutschlandlied zur Nationalhymne der Weimarer Republik.[102]

Kampf gegen »nationale Romantik«

Nachdem am 11. Januar 1923 französische und belgische Truppen das Ruhrgebiet besetzt hatten, weil die geforderten Reparationskosten nicht abgeleistet worden waren, versammelte sich im hessischen Hofgeismar die Juso-Rechte, um ihr Verhältnis zum »deutschen Volk und Staat« neu zu definieren. An der Tagung nahmen rund 150 Jungsozialisten teil. Zu den Referenten gehörten unter anderem der Staatsrechtler Professor Gustav Radbruch, der religiöse Sozialist und Sozialökonom Professor Eduard Heimann und der Frankfurter Dozent an der Akademie der Arbeit, der Soziologe und Arbeitsrechtler Professor Hugo Sinzheimer. Zum Hofgeismar-Kreis gehörten auch die späteren Widerstandskämpfer Theodor Haubach und Carlo Mierendorff. Für die Hofgeismarer Jungsozialisten waren »Volk und Staat objektive Existenzformen«. Die sozialdemokratische Jugendbewegung müsse deswegen Staat und Volk nicht nur bejahen, sondern auch »diejenigen Kräfte technischer und sittlicher Art aus sich heraus entwickeln, die beide zu tragen und fortzubilden fähig sind«. Dieses Bekenntnis schloß die ausdrückliche Bejahung »überstaatlicher und menschlicher Gemeinschaft« ein.[103] Als Reaktion auf die Staats- und Volksbejahung der Hofgeismarer bildete die Juso-Linke unter der Führung des austromarxistischen Neokantianers Professor Max Adler zu Pfingsten 1924 in Hannoversch-Münden den Hannoveraner Kreis. Zusammen mit den Anhängern des Göttinger Mathematikers und Philosophen Leonard Nelson lehnten sie jedes Bekenntnis der deutschen Sozialdemokratie zur Nation und zur »bloß formalen Demokratie« ab und setzten statt dessen auf die »internationale Solidarität der Arbeiterklasse«.[104]

Auf der Reichskonferenz der Jungsozialisten am 12. und 13. April 1925 in Jena kam es zum offenen Bruch zwischen diesen zwei Lagern, die übrigens beide in Opposition zur parteikonformen Politik der Sozialistischen Arbeiterjugend standen. Zunächst referierte Hermann Heller, der Vordenker der Hofgeismarer, zum Themenkomplex *Staat, Nation und Sozialdemokratie.* Das Gegenreferat – *Die marxistische Lehre vom Staat* – hielt Max Adler. In der leidenschaftlich geführten Diskussion bekannten sich mehrere Sprecher des Hofgeismar-Kreises ausdrücklich zur Mitarbeit im »konkreten Weimarer Staat«, weil ihrer Meinung nach nur so »die Erhaltung und Entfaltung der Arbeiterklasse« möglich sei.[105] Am Ende der Kontroverse ergriff die Nelson-Schülerin Maria Hodann das Wort und emotionalisierte den Juso-Kongreß. Sie behauptete, die Hofgeismarer hätten sich in Berlin mehrfach geweigert, die Internationale mitzusingen. Außerdem unterstellte sie der Juso-Rechten eine Abneigung gegen Juden. Sie folgerte, die Vorstellungen der Hofgeismarer würden »unweigerlich auf einen Verrat der Arbeiterklasse« hinauslaufen. Danach stimmten von den 111 anwesenden Delegierten 71 einer Resolution der Hannoveraner zum Thema *Staat und Nation* zu. Bei diesem Abstimmungsergebnis ist zu berücksichtigen, daß von den insgesamt 179 jungsozialistischen Gruppen nur 75 nach Jena gekommen waren. Die Resolution lautete: »Die Jungsozialisten als politische Jugend lehnen die nationale Romantik in jeder Form entschieden ab. Von der bloßen Betonung der republikanischen Staatsnotwendigkeit mit den daraus entspringenden Konzessionen an das bürgerliche Denken befürchtet die Reichskonferenz eine Verwässerung des revolutionären proletarischen Klassenkampfes. Die heutige Demokratie stützt sich nur auf die Gleichwertigkeit des Stimmzettels, läßt jedoch die ökonomische Ungleichheit der Menschen bestehen, sie verschleiert also die Klassengegensätze. Die Reichskonferenz ist sich daher darüber klar, daß das sozialistische Proletariat dem bürgerlichen Klassenstaate gegenüber keine staatspolitische Verantwortung übernehmen darf, wenn dies dem Interesse des internationalen Klassenkampfes widerspricht.«[106]

Im Anschluß an diese Abstimmung zogen sich die Hofgeismarer mehr oder minder aus der aktiven Juso-Arbeit zurück. Nachdem der SPD-Parteivorstand am 2. November 1925 die

Mitgliedschaft im lebensreformerisch-rationalistischen, zugleich aber antimarxistisch-marktorientierten Internationalen Jugendbund mit der Mitgliedschaft in der SPD für unvereinbar erklärt hatte, verloren die Jungsozialisten noch einmal rund 200 aktive Mitglieder. Der Göttinger Mathematiker und Philosoph Leonhard Nelson lehnte damals die Politik der SPD scharf ab und strebte ein Bündnis mit der pazifistischen Linken an. Zum Nelson-Bund gehörten zu jener Zeit unter anderem Willi Eichler, Minna Specht, Anna Siemsen sowie Maria und Max Hodann.[107] Nach dieser unfreiwilligen Trennung baute Nelson den Internationalen Sozialistischen Kampf-Bund auf. Die Mitglieder sollten sich vegetarisch ernähren, Alkohol und Nikotin meiden, aus der Kirche austreten und das Führerschaftsprinzip Nelsons akzeptieren. Innerorganisatorische Demokratie blieb im ISK unbekannt.[108] Nach 1945 arbeiteten viele ehemalige ISK-Mitglieder in der SPD mit und konzipierten Ende der fünfziger Jahre das antimarxistisch-marktorientierte Godesberger Grundsatzprogramm.

Während die Sozialdemokratie der Vorkriegszeit noch im Spannungsverhältnis von Nation und Klasse existierte, fiel jetzt in der sozialistischen Jugend diese doppelte Loyalität deutlich sichtbar auseinander. Während die Hofgeismarer die Loyalität gegenüber dem eigenen Vaterland in den Mittelpunkt ihrer theoretischen Überlegungen stellten, fühlten sich die Mitglieder des Hannoveraner Kreises nur noch dem proletarischen Internationalismus verpflichtet. Von einem dialektischen Verhältnis dieser beiden Loyalitäten konnte man allerdings nun nicht mehr sprechen. Im Gegensatz zur parteinahen Sozialistischen Arbeiterjugend spielten die Jungsozialisten in den folgenden Jahren keine wesentliche Rolle mehr. Schließlich wurden ihre Gruppen im Frühjahr 1931 auf Beschluß des Leipziger SPD-Parteitages aufgelöst. Ein Großteil der Jusos, rund 75 Prozent der linken Aktivisten, schloß sich im Herbst 1931, nach der Abspaltung der Sozialistischen Arbeiterpartei von der SPD, dem gerade neugebildeten Sozialistischen Jugendverband an, der mit 8000 bis 10 000 Mitgliedern organisatorisch erfolgreicher war als die SAP. Zu den führenden SJV-Funktionären gehörten damals unter anderem Willy Brandt, Otto Brenner, Peter Blachstein und Edith Baumann (spätere erste Frau von Honecker).[109] Erstaunlicherweise hat die SPD nach Hitler aus dem Desaster ihrer Studenten- und Jugendpolitik in den zwanziger Jahren nichts gelernt. Dies ist um so bemerkenswerter, als so mancher der damaligen SPD-Spitzenfunktionäre in den zwanziger Jahren selbst noch Opfer dieser Ausgrenzung gewesen war. Trotzdem tolerierten beispielsweise Willy Brandt (vormals SAP) oder Willi Eichler (vormals Nelson-Bund) im Herbst 1961 die Ausgrenzung der SDS-Studenten aus der Sozialdemokratie. Dieser Abschied der SPD vom SDS markiert die Geburtsstunde der »Neuen Linken« in Westdeutschland.[110]

Milieugefärbte Organisationstreue

Angesichts der Weltwirtschaftskrise und der wachsenden nationalsozialistischen Gefahr brach in den Führungsetagen der SPD und der Gewerkschaften Anfang der dreißiger Jahre der Generationskonflikt auf. Der Sozialphilosoph und Vordenker der religiös-sozialistischen Bewegung Paul Tillich (1886–1965) charakterisierte im November 1932 diesen Generationsbruch folgendermaßen: Zunächst war da die ältere Generation, die Ende der zwanziger Jahre die geistige und politische Führung der Weimarer SPD fest in ihren Händen hielt. Ihr Denken wurzelte unerschütterlich in dem »Wissenschaftsglauben an die Notwendigkeit einer Entwicklung, die (naturnotwendigerweise) zur sozialistischen Gesellschaft« führe. Kautskys Weltbild zerbrach in den Jahren der Weltwirtschaftskrise; übrig blieb bei dieser Generation oft nur noch eine milieugefärbte Organisationstreue. Laut Tillich stand dieser immobilen älteren Generation Anfang der dreißiger Jahre eine junge Generation gegenüber, die die »Russische Revolution erlebt« und die »ungeheuren Willenskräfte« kennengelernt hatte, die damals entgegen allen marxistischen Voraussagen in einem »wirtschaftlich zurückgebliebenen Land« zunächst einmal siegreich geblieben waren. Diese eher aktivistisch gesonnene neue Generation habe zugleich erfahren, wie sich in den »reifen kapitalistischen Staaten« Faschismus und Nationalsozialismus etablierten und den »Weg zu einem Feudalkapitalismus« eingeschlagen haben. Diese Erfahrungen hätten in den letzten Jahren der Weimarer Republik - trotz aller unterschiedlichen theoretischen Positionen - junge Rechte wie die junge Linke auf den Weg eines »voluntaristischen ethischen Sozialismus« geführt.[111]

Dazwischen habe aber 1932 noch eine Zwischengeneration gestanden, die einerseits an der Theorie des Marxismus festgehalten, gleichzeitig jedoch den »Aktivismus der Jüngeren« verstanden und gegenüber dem immobilen SPD-Parteivorstand verteidigt habe. Mit dieser Zwischengeneration meinte Tillich eine Gruppierung, die sich Anfang der dreißiger Jahre im Umfeld der *Neuen Blätter für den Sozialismus* formiert hatte. Diese vermittelnde Position vertraten damals unter anderem Paul Tillich, Eduard Heimann und Carl Mennicke.[112] Die Zeitschrift war 1930 aus den *Blättern für den religiösen Sozialismus* hervorgegangen. Als sich die politische Katastrophe in der Weimarer Republik auf dem Höhepunkt der Weltwirtschaftskrise immer deutlicher abzeichnete, unterstützte eine Reihe ehemaliger Mitglieder des Hofgeismar-Kreises diesen Sammlungsversuch der *Neuen Blätter für den Sozialismus.* Die Vordenker dieses Zirkels griffen in ihren Analysen auf Karl Marx' Dialektik von Notwendigkeit und Freiheit in den *Pariser Manuskripten* zurück. Die Gedanken und Visionen, die für diese aktivistische Zwischengeneration prägend gewesen waren, blieben nach 1945 zunächst weitgehend unbekannt. Erst Rudi Dutschke griff unter dem Einfluß der *Frankfurter Schule* Mitte der sechziger Jahre die aktivistischen Ideen von Paul Tillich erneut auf und integrierte sie in sein Konzept für eine antiautoritäre Aufklärungs- und Mobilisierungsstrategie.

Demokratie oder Diktatur

Angesichts der Schrecken des Ersten Weltkrieges erstarkten in der sozialdemokratischen Linken Pazifismus und Antimilitarismus und lösten gleichzeitig den Internationalismus als Leitgedanken ab. Die Zweite Sozialistische Internationale zerfiel, und in Moskau formierte sich im März 1919 eine alternative Kommunistische Internationale. Die Spaltung der europäischen Arbeiterbewegung verfestigte sich. Die Außenpolitik der Weimarer SPD war zu diesem Zeitpunkt eindeutig westorientiert, zielte jedoch nicht auf spezielle Bündnisse etwa mit Frankreich und wollte auch nicht die »geistige und politische Selbständigkeit Deutschlands« in Frage stellen.[113] Gleichzeitig lehnte die SPD ein auch nur taktisch begründetes Bündnis mit der Sowjetunion ab und kritisierte wiederholt die heimliche Zusammenarbeit der Reichswehr mit der Roten Armee.[114] Andererseits erlitt die sozialdemokratische Verständigungspolitik durch die französisch-belgische Besetzung des Ruhrgebiets im Januar 1923 eine schwere Glaubwürdigkeitskrise. Gleichzeitig trieben die Kosten des Ruhrkampfes in Deutschland die Inflation auf die Spitze und verschärften die soziale Verelendung des Mittelstandes. In dieser Demokratiekrise begriff sich die SPD als »reichstreue Partei« und bekämpfte alle separatistischen Sonderinteressen. Die übergroße Mehrheit der Sozialdemokraten verstand die SPD als »Staatspartei der Deutschen Republik« und sah in der demokratischen Republik die adäquate Staatsform für die demokratische Arbeiterbewegung.[115] Das Bekenntnis zur Demokratie gehört seit damals zum festen Traditionsbestand der SPD.

Trotzdem scheiterte die Republik an ihren inneren Feinden. Zunächst stabilisierte sich die Republik aber nochmals in der kurzen Phase zwischen 1924 und 1928; zur selben Zeit konsolidierten sich jedoch auch die Reichswehr und die Sozialdemokratie. Der Bürgerblock im Reichstag zerbrach, und die SPD erhielt bei den Neuwahlen im Mai 1928 über 9 Millionen Stimmen. Andererseits stieg der Stimmenanteil der KPD auf dreieinviertel Millionen Stimmen an. Die beiden verfeindeten Arbeiterparteien errangen also fast 12,5 Millionen Stimmen, während die NSDAP nur rund 800 000 Stimmen auf sich vereinigen konnte. Dagegen verlor die Deutschnationale Volkspartei fast 2 Millionen Stimmen. Das »letzte Kapitel« der »klassischen Sozialdemokratie in Deutschland«[116] begann, als die Weltwirtschaftskrise 1929 über das deutsche Volk hereinbrach. Der zweite Anlauf des Mitte-Links-Bündnisses unter Hermann Müller (SPD) zerbrach, als im März 1930 die Arbeitslosenversicherung gefährdet war. Angesichts der wachsenden Arbeitslosigkeit lehnten die Gewerkschaften eine Beitragserhöhung (um je ein Viertel Prozent) entschieden ab. Daraufhin verlor Müller die Unterstützung in der eigenen Fraktion und trat zurück. Das war ein absurder Sieg der Sozialpolitik über die Demokratie.

Die nächsten Reichstagswahlen fanden am 14. September 1930 statt. Die Verluste der SPD waren nicht sehr groß: Ihr Stimmenanteil sank von 9 Millionen auf rund 8,5 Millionen. Eine Zunahme der Stimmen verzeichneten jedoch nur die Kommunisten und die Nationalsozialisten. Aufgrund der gesteigerten Arbeitslosigkeit erzielte die KPD nun rund 4,5 Millionen Stimmen, die NSDAP eroberte sogar 6,5 Millionen Stimmen und errang 107 Mandate. Dieses Wahlergebnis läutete das Ende der ersten Demokratie in Deutschland ein. Denn letztlich war die bürgerliche Republik 1918 das Werk der demokratischen Arbeiterbewegung gewesen. Als aber die Sozialdemokratie nicht mehr stark genug war, die Republik zu verteidigen, ging Deutschlands erste Demokratie zugrunde.[117]

». . . niemals spürte diese Republik einen Hauch revolutionärer Kraft«

Bei der Reichstagswahl am 31. Juli 1932 – elf Tage nach der kampflosen Gleichschaltung des sozialdemokratischen »Bollwerks Preußen« durch von Papen - gelang der NSDAP eine Verdoppelung ihrer Mandate, während die SPD schwere Verluste hinnehmen mußte. Mit 230 Mandaten (37,4 Prozent) stellte die NSDAP im Reichstag nunmehr die stärkste Fraktion. Gleichzeitig büßte die SPD mit 21,6 Prozent (1928: 29,8 Prozent; 1930: 24,5 Prozent) endgültig ihre Stellung als stärkste Fraktion im Reichstag ein. Da aber auch die KPD ihren Stimmenanteil nur auf 14,3 Prozent (1928: 10,6 Prozent; 1930: 13,1 Prozent) steigern konnte, hielt der »Rückgang der Links-Stimmen« insgesamt an.[118] Bei der nächsten Reichstagswahl am 6. November 1932 verlor die NSDAP allerdings 2 Millionen Wähler. Trotzdem stand nach wie vor eine »negative Mehrheit« (50,7 Prozent der Reichstagsmandate) dem Mitte-Links-Block (39,5 Prozent der Mandate) gegenüber.[119] Gleichwohl geriet Hitler nun unter Zeitdruck. Trotzdem ernannte Reichspräsident von Hindenburg am 30. Januar 1933 den »böhmischen Gefreiten« zum Reichskanzler. Angesichts des Bürgerkriegsterrors der SA-Knüppelgarden auf den Straßen verschafften die bürgerlichen Parteien am 23. März 1933 durch ihre Zustimmung zum Ermächtigungsgesetz dem NS-Regime eine parlamentarische Legitimation. Das Nein der Sozialdemokratie zum Ermächtigungsgesetz blieb eine mutige Einzelaktion. Hitler erklärte den klassenbewußten sozialdemokratischen und kommunistischen Arbeiter für vogelfrei, und die antisemitischen Pöbelinstinkte und der Haß gegen die Intellektuellen wurden jetzt offizielle Regierungspolitik. Die SPD existierte schon bald nur noch in einer sehr reduzierten »Daseinsform« fort: im Exil in Prag, Paris und London, und hier und dort im Untergrund. Was die Parteiarbeit im Widerstand betraf, so beschränkte sich die illegale Tätigkeit der SPD fast ausschließlich auf die Herstellung und Verteilung oppositioneller Schriften. Die Verbindungen der Widerstandsgruppen zum SPD-Exilvorstand wurden schon Mitte der dreißiger Jahre schwächer und brachen im Zweiten Weltkrieg schließlich ganz ab.[120]

Der politische Ziehvater von Willy Brandt, der Lübecker

SPD-Reichstagsabgeordnete Julius Leber, schrieb 1933 während der Gestapo-Haft in einer Bestandsaufnahme über die »Todesursachen der Weimarer Sozialdemokratie«: »Die deutsche Sozialdemokratie als Tatsache, als Organisation ist tot. Ob sie es auch als Glaube und Erziehung deutscher Arbeiter ist, mag die Zukunft entscheiden. Als Idee lebt sie schon lange nicht mehr. Die Sozialdemokratische Partei war zur Zeit der Machtübernahme im Jahre 1918 innerlich schon alt. Das war ein großes Verhängnis. Der Machtbesitz mit seinen Kämpfen und Aufgaben neuer Art brachte weder neues Leben noch geistige Erneuerung. Der Prozeß des inneren und äußeren Alterns ging im Gegenteil ungehemmt und unaufhaltsam weiter. Das wurde zum größten Verhängnis, nicht nur für die sozialistische Bewegung, sondern vor allen Dingen für die mit ihr tatsächlich und noch mehr moralisch verbundene Republik von Weimar. Denn niemals spürte diese Republik einen Hauch revolutionärer Kraft, Begeisterung und Erfüllung. Sie war schon tot, als sie zaghaft und sehr vernunftsgemäß ihre endgültige Geburt anzeigte ... Die Partei Bebels, einst geboren und unerschütterlich getragen in den Instinkten und im Glauben der unbekannten und namenlosen Masse des deutschen Volkes, hat im Laufe ihrer Zeit ihre Verbindung mit dieser Urkraft und ihren Stimmungen und Strömungen fast ganz verloren. Sie wußte zuletzt nichts mehr von den Träumen und triebhaften Leidenschaften in der unendlichen Tiefe von Millionen, viel mächtiger als alle Worte und Lehren, als alle Symbole und Programmpunkte. Sie wußte nichts mehr von den grenzenlosen Wunschträumen der eigenen trostlosen Jugend. Sie redete von der Geschichte und ihren Lehren, sie redete von den gesellschaftlichen Entwicklungsgesetzen, sie redete und debattierte über die verschlungenen Pfade des wissenschaftlichen Sozialismus und des historischen Materialismus, sie verkündete den Marxismus als Wissenschaft für alle und jeden und riß ihn dadurch aus den Höhen und Grenzen seiner Gültigkeit.«[121]

Hier rechnete ein intelligenter Sozialdemokrat vom rechten

Flügel der Weimarer SPD mit der Unentschlossenheit und dem Fatalismus seiner eigenen politischen Kultur ab. Zu einem ähnlichen Ergebnis kam auch Willy Brandt rund 50 Jahre später, als er in seinem wohl persönlichsten Buch *Links und frei* Anfang der achtziger Jahre das »traurige Ende« der Weimarer Epoche beschrieb: »Meine Lebenserfahrung sagt mir: Das Lager der sozialen Demokratie muß seine Bereitschaft zur Selbstkritik immer wieder schärfen. Wichtig bleibt die Erkenntnis, daß von einem gewissen Punkt an politisches Handeln nicht mehr möglich ist. Und niemals darf die schreckliche Erfahrung vergessen werden, daß die Hölle auf Erden ausbrechen kann, wenn sich die Macht in den Händen von Menschenteufeln oder von Technikern der Menschenverachtung befindet.«[122] Die Dialektik von Kritikfähigkeit und Zeitdimension existiert in der heutigen SPD nur noch in kleinen Resten.

Ende und Anfang

Die Unfähigkeit der demokratischen Arbeiterbewegung zum Widerstand in den Jahren 1932/33 hatte viele Ursachen. Neben dem weitverbreiteten Fatalismus in der Führung gab es auch in der Basis anfänglich Illusionen über den Charakter einer nationalsozialistischen Diktatur. So mancher Parteigenosse verglich zunächst die Gleichschaltung der Gewerkschaften und das Verbot der SPD mit den Unterdrückungsmaßnahmen im Kaiserreich. Viele Parteimitglieder konnten sich damals noch nicht vorstellen, daß sich der NS-»Führerstaat« in keiner Weise mehr an rechtsstaatliche Normen gebunden fühlte und seine politischen Gegner physisch liquidieren würde. Diese »Befangenheit im historischen Analogiedenken« ist sicherlich auch eine wichtige Erklärung für die kampflose Aufgabe der Weimarer Republik.[123]

Das NS-Regime wurde nicht aus eigener Kraft von innen gestürzt, sondern von außen niedergerungen. Die bedingungslose Kapitulation im Mai 1945 führte zur vollständigen Besetzung Deutschlands. Im Gegensatz zu 1918 wurden die Deutschen als Kriegsgefangene, als Flüchtlinge oder Zivilisten im besetzten Land selbst in den kleinsten Landgemeinden mit den Siegern konfrontiert. Diese existentielle Erfahrung mit den Besatzungsarmeen und ihre unmittelbaren Konsequenzen für das Privat- und Berufsleben jedes einzelnen förderte die Erkenntnis, daß das NS-Regime eine totale militärische, wirtschaftliche und moralische Niederlage erlitten hatte. Entnazifizierung, Entmilitarisierung, Entflechtung der Industrie und Demokratisierung erschienen den Westalliierten als geeignete Mittel zur Entfernung der herrschenden Klasse der NS-Ära und zur Förderung derjenigen Demokraten, die vom Nationalsozialismus »nicht affiziert« waren. Mit einer künstlichen Revolution wollte insbesondere die amerikanische Militärregierung einen kontrollierten institutionellen Wandel einleiten, der politische Unruhen und revolutionäre Situationen - wie etwa 1918 - ausschloß. So führten die Sieger in der amerikanischen und britischen Zone die Entnazifizierung als ein legales bürokratisches und juristisches Verfahren durch, das, indem es die Parteimitgliedschaft zum Kriterium machte, zunächst einmal die Masse der kleinen Pgs (NSDAP-Parteigenossen) betraf. Große Teile der alten Herrschaftseliten aus Armee, Wirtschaft, Wissenschaft und Justiz waren freilich niemals in die NSDAP eingetreten. So wurden also viele der faktisch Verantwortlichen erst gar nicht zur Rechenschaft gezogen und später als »unpolitische Spezialisten« für den Wiederaufbau herangezogen. Nicht zuletzt deshalb entstand beim Gros der NSDAP-Mitglieder der teilweise richtige Eindruck, die Kleinen würden gehängt und die Großen lasse man laufen.

Die einzige gesellschaftliche Gruppe, die durch die Entnazifizierung dennoch hart getroffen wurde, war die höhere Beamtenschaft, die zu mehr als 90 Prozent nach 1933 der NSDAP beigetreten war. Mit dem Artikel 131 des Grundgesetzes, mit dem auf Drängen der Interessenvertreter des Berufsbeamtentums am

11. Mai 1951 die Wiedereinstellung aller nach 1945 im Zuge der Entnazifizierung Entlassenen - mit Ausnahme der von den Spruchkammern als für den öffentlichen Dienst untragbar bezeichneten - verfügt wurde, erreichte jedoch auch diese Berufsgruppe nachträglich eine weitgehende Rehabilitierung. Die Entnazifizierung - begriffen als Verwaltungsaufgabe - trug in den drei Westzonen mit dazu bei, daß die NS-Eliten nicht von einer antifaschistischen Gegen-Elite, sondern von einer Eliten-Koalition abgelöst wurden; diese Koalition setzte sich anfangs zusammen aus Personen, die zumeist weder engagierte Befürworter noch Gegner des NS-Regimes waren, zu denen jedoch im Laufe der Rekonstruktion der kapitalistischen Wirtschaftsordnung und des bürgerlichen Staates einzeln und nacheinander große Teile der früheren Experten hinzukamen. Die Entnazifizierungs-Prozedur selbst verstärkte Mitläufer-Mentalität und Entpolitisierung sowie die Tendenz zum Rückzug ins Privatleben und in den Konsum.

Auch wenn es 1945 keine Revolution gab, so fand doch in den Jahren 1944–1946 eine soziale Umschichtung statt, wie sie Deutschland seit dem Dreißigjährigen Krieg nicht mehr erlebt hatte. Im Zweiten Weltkrieg kamen 3,6 Millionen deutsche Zivilisten um; 3,25 Millionen Soldaten fielen oder starben in Kriegsgefangenschaft. Aus den Gebieten östlich von Oder und Neiße strömten in einer unfreiwilligen Völkerwanderung bis 1946 über 10 Millionen Menschen nach Westen. Der Zustrom dieser Flüchtlinge und Vertriebenen überlagerte demographisch die Verluste an Toten, Kriegsgefangenen und Kriegsverletzten und schuf ein neues Arbeitskräftepotential. Gleichzeitig verließen fast 10 Millionen nach Deutschland verschleppte Zwangsarbeiter das besetzte Reich. In den vier Besatzungszonen einschließlich Groß-Berlin lebten laut der Volks- und Berufszählung vom 29. Oktober 1946 etwa 64,5 Millionen Menschen - mehr Frauen (35,9 Millionen) als Männer (28,5 Millionen). Weitere gravierende Einschnitte waren die Zunahme der Frauenarbeit bereits während des Krieges; eine Verschiebung des Altersaufbaus, insbesondere bei den Männern, zugunsten der älteren Jahrgänge; die drastische Verschlechterung der Lebensmittelversorgung seit dem Frühjahr 1945; ein Lohnstopp bis 1948; die weitgehende Zerstörung der Infrastruktur, vor allem der Verkehrswege und des Wohnraums (besonders schwer waren die Arbeiterviertel in den Ballungsgebieten durch Flächenbombardements betroffen, während weite ländliche Regionen fast unberührt geblieben waren). Entgegen dem damals auch in der Sozialdemokratie vorherrschenden Eindruck war die durch die Aufrüstung und die Investitionsschübe am Ende der dreißiger Jahre modernisierte Großindustrie weit weniger zerstört als der infrastrukturelle Bereich. Dies war eine wesentliche Voraussetzung für den schnellen ökonomischen Wiederaufbau in den fünfziger Jahren. Vor diesem Hintergrund war der Marshall-Plan in Westdeutschland nur ein partieller Investitionsanreiz.[124]

VI. Schumacher und Adenauer

In der Konzeption der Nachkriegs-SPD steckte zunächst eine starke nationale Komponente, die die SPD bis ins Jahr 1948 relativ ungebrochen durchhielt. Erst nach dem Abbruch der Londoner Konferenz des Rates der Außenminister (der letzten großen Vier-Mächte-Konferenz) im Dezember 1947 und dem Zusammentreten der Londoner Sechs-Mächte-Konferenz im März 1948 (an der die USA, Großbritannien, Frankreich und die drei Benelux-Staaten, aber nicht die Sowjetunion teilnahmen) wurde die Bildung eines westdeutschen Teilstaates faktisch beschlossen und damit die Vier-Mächte-Verantwortung paralysiert. Zögernd akzeptierte die SPD damals die von den drei Westmächten eingeleitete staatliche Konsolidierung der Westzonen als eine vorerst nicht zu ändernde Tatsache. Der SPD-Parteivorstand wandte sich jedoch dagegen, daß den politischen Parteien bei dieser Entscheidung kein Mitspracherecht zugestanden worden war und daß die Westalliierten darüber hinaus beabsichtigten, durch eine föderalistische Regierungsform den Ländern entscheidenden Einfluß auf die Staatsform des künftigen Teilstaates einzuräumen.[125] Nach Ansicht des SPD-Parteivorstandes bezog sich das Mandat der Länderregierungen und der Ministerpräsidenten bis zum Abschluß eines Friedensvertrages für Gesamtdeutschland lediglich auf die Verwaltung der betreffenden Teilgebiete. Die Ministerpräsidenten seien daher nicht befugt, den Entscheidungen einer deutschen verfassunggebenden Volksversammlung vorzugreifen, die selbst wiederum aus direkten und freien Wahlen hervorgehen müsse.

Hinter dieser Argumentation verbarg sich die unausgesprochene Befürchtung von Kurt Schumacher, die SPD werde in einigen Ländern - vor allem im katholischen Süd- und Südwestdeutschland - die Landesregierungen nicht stellen können und daher bei indirekten Wahlen gegenüber den bürgerlichen Parteien wesentlich schwächer vertreten sein als in einer zentralen gesamtdeutschen Volksvertretung, die aus direkten Wahlen hervorging. Zugleich stand hinter dem Beharren der Sozialdemokraten auf direkte gesamtdeutsche Wahlen die Hoffnung, mit Hilfe der Stimmen der Industriearbeiterschaft in den traditionellen sozialdemokratischen Hochburgen in Sachsen, Thüringen und Berlin-Brandenburg die absolute Mehrheit in der ersten deutschen zentralen Volksvertretung nach dem Krieg zu gewinnen und so ihr Konzept von der Sozialisierung der Kriegs- und Schwerindustrie und Wirtschaftskontrolle auf parlamentarischem Weg durchzusetzen.

Magnetwirkung

Obgleich die SPD nach wie vor die Einberufung einer deutschen Verfassunggebenden Nationalversammlung forderte, gab sie schließlich ihre Zustimmung zur Konstituierung eines provisorischen westdeutschen Teilstaates. Dies ist um so bemerkenswerter, als sie keine ihrer Forderungen hatte durchsetzen können. Dazu gehörten: Volkssouveränität; Verhinderung eines zu föderalistischen Staatsaufbaus; Überführung der Schlüssel- und Kriegsindustrien, der Banken und Versicherungen in Gemeineigentum; Lastenausgleich und eine soziale Währungsreform. Schließlich begründete sie ihr Einlenken mit dem Argument, für den Teilungsprozeß Deutschlands trage allein die sowjetische Besatzungsmacht die Verantwortung, weil sie die Ostzone von den drei Westzonen abgeschnürt habe. Dem Zusammenschluß der Westzonen zu einem westdeutschen Staatsgebilde sei, unter dem Einfluß des sowjetischen Hegemonie-Anspruchs, die Herausbildung des »Oststaates« vorausgegangen.

Darüber hinaus entwickelte Kurt Schumacher im harten Winter 1946/47 die These, daß ein eventueller »Weststaat« eine starke Sogwirkung auf die Sowjetische Besatzungszone auslösen werde. Für den Fall, daß die Vier-Mächte-Verhandlungen über Deutschland scheiterten, wollte Schumacher für einen begrenzten Zeitraum die Konstituierung eines westdeutschen Teilstaates, das heißt den Zusammenschluß der britischen und amerikanischen Besatzungszonen, zu einem föderativen Bundesstaat akzeptieren. Dieser neue Staat müsse jedoch möglichst bald sowohl politisch als auch sozialökonomisch einen »Magnetismus« erzeugen, der die Französische und Russische Besatzungszone anziehe.[126] Über 40 Jahre später hat sich Schumachers These als zutreffend herausgestellt. Die kollektive Erfahrung randvoller Schaufenster am Ku'damm, in den Einkaufspassagen in Lübeck, Göttingen oder Hof weckten bei den Arbeitern und Angestellten aus der DDR im Herbst 1989 Konsumwünsche und Nachholbedarf. Die ständige Mangelwirtschaft im realsozialistischen Teilstaat DDR war nicht mehr zu verkennen: »Niemand muß theoretische Vorkenntnisse besitzen: Alle Besucher, die am Ku'damm waren, haben inzwischen erfahren, was Kaufkraft der D-Mark bedeutet.«[127]

Die zentral gelenkte Planwirtschaft in der DDR stand im Herbst 1989 vor dem Offenbarungseid. Was Schumacher im Winter 1946/47 nicht voraussehen konnte, war die Zeit, die dieser »Magnetismus« brauchte, um seine Wirkung in der DDR-Bevölkerung voll zu entfalten. Im Grunde ging es Schumacher mit seinem Slogan von der »ökonomischen Magnetisierung des deutschen Westens« nicht nur um eine Verkoppelung von wirtschaftlichem Wohlstand und parlamentarisch-demokratischem Regierungssystem, er glaubte auch fest an einen Sieg der SPD bei den kommenden Bundestagswahlen. In diesem Zusammenhang formulierte er unter anderem: »Aber dieser Aufbau (in den drei zusammengeschlossenen Westzonen) kann anziehend auf die Bevölkerung Ostdeutschlands nur werden, wenn nicht ein schuldbeladener und kurzsichtiger Kapitalismus seinen Stempel auf den deutschen Westen aufdrückt.«[128] Doch nach dem Wahlsieg Adenauers am 14. August 1949 und der Herausbildung einer Kleinen Koalition von CDU/CSU, F.D.P. und DP war diese Konzeption Schumachers zunächst einmal obsolet.

Westdeutscher Wehrbeitrag?

Seit Dezember 1949 verkündete Bundeskanzler Konrad Adenauer in einer Reihe von Interviews die Absicht, eine westdeutsche Streitmacht unter europäischem Oberkommando aufzubauen. Den amerikanischen Korrespondenten des *Cleveland Dealer* ließ er im Dezember 1949 folgendes wissen: »Die deutsche Streitmacht würde nur eine Abteilung unter einem gemeinsamen europäischen Oberkommando sein. Wenn ein solches Oberkommando geschaffen sei, würde es nicht nur richtig, sondern auch notwendig sein, die amerikanische Mithilfe auch auf Deutschland auszudehnen.«[129] Selbst in der Union bestanden zu diesem Zeitpunkt noch starke Vorbehalte gegen eine Wiederaufrüstung in einem der beiden Teile Deutschlands. Eine neue Qualität erhielt die Debatte durch den Ausbruch des Korea-Krieges am 25. Juni 1950. Die Angst der Bevölkerung, der Kalte Krieg könne nunmehr auch in Europa in einen heißen Krieg umschlagen, bestimmte von nun an alle weiteren innenpolitischen Auseinandersetzungen. Vor dem Korea-Krieg befürchteten nur 26 Prozent der bundesrepublikanischen Bevölkerung den Ausbruch eines neuen Weltkriegs; 74 Prozent sahen keine solche Gefahr. Unmittelbar nach dem Einsetzen der Kämpfe im Fernen Osten änderte sich dieses Verhältnis schlagartig. Jetzt befürchteten 53 Prozent der westdeutschen Bevölkerung den Ausbruch eines neuen Krieges, und nur noch 47 Prozent glaubten an die Fortdauer des Friedens.[130] Trotzdem war die »Ohne-mich-Haltung« in der Bundesrepublik damals noch so weit verbreitet, daß im Oktober 1950, also vier Monate nach Ausbruch des Korea-Krieges, 49 Prozent der Männer nicht bereit waren, im Falle eines Angriffs aus dem Osten erneut Soldat zu werden. 38 Prozent erklärten sich dazu bereit, und 13 Prozent äußerten keine Meinung. Im Gegensatz dazu waren 42 Prozent der Frauen dafür, daß ihre Männer erneut in den Krieg ziehen sollten, 36 Prozent der Frauen lehnten dies ab, und 22 Prozent waren unentschlossen.[131]

Die Union benutzte den Korea-Krieg in ihrer Propaganda als Anschauungsunterricht für Deutschland: Wie in einem Lehrfilm für die zirka 50 000 nach sowjetischen Armeedienstvorschriften ausgebildeten kasernierten Volkspolizisten dargestellt, habe sich die Invasion der nordkoreanischen Armee nach Südkorea so abgespielt:

1. Aufstellung der nordkoreanischen Volkspartei;
2. Abzug der russischen Besatzungsmächte aus Nordkorea nach vollständiger Ausrüstung der kommunistischen Armee in Nordkorea;
3. Preisgabe Südkoreas durch die Amerikaner;
4. Einmarsch der Sowjet-Armee Nordkoreas nach Südkorea.

Adenauer versuchte ein für seine Wiederaufrüstungspolitik günstiges innenpolitisches Meinungsklima zu schaffen, indem er in der westdeutschen Bevölkerung die Angst schürte, die USA könnten angesichts ihres militärischen Engagements in Korea ihre Truppen aus Westdeutschland abziehen und zusehen, wie die Bundesrepublik von den rund 50 000 bis 60 000 bewaffneten DDR-Volkspolizisten überfallen würde. Für Adenauer war die Situation eindeutig. Als Gegengewicht zur Existenz der kasernierten Volkspartei forderte er einen westdeutschen Wehrbeitrag.

Seit Ende Januar 1950 verhandelte Adenauer auf dem Petersberg insgeheim mit den westlichen Hohen Kommissaren und versuchte die Alliierten zu motivieren, einen westdeutschen Wehrbeitrag zu fordern. Am 9. September 1950 hatte Adenauer sich durchgesetzt: Der Präsident der Vereinigten Staaten von Amerika, Harry S. Truman, richtete die offizielle Aufforderung an die Bundesrepublik, sich mit eigenen Divisionen unmittelbar an der westlichen Militärallianz unter amerikanischer Führung zur Verteidigung des freien Westens zu beteiligen. Einwände gegen ein damit gekoppeltes politisches und militärisches Mitspracherecht der Deutschen in der obersten Militärführung kamen vor allem aus Frankreich. Adenauer verhandelte deshalb einerseits mit den Amerikanern über die Aufstellung deutscher Truppen im Rahmen des Atlantikpakts und andererseits mit den Westeuropäern über die Bildung einer Europäischen Verteidigungsgemeinschaft. Nachdem die Amerikaner im Juni 1951 auf das Konzept der EVG eingeschwenkt waren und die Franzosen praktisch zugesichert hatten, daß die Westdeutschen nicht diskriminiert würden, ging die Planung der Europäischen Armee und die parlamentarische Beratung des EVG-Vertrages zügig voran. Adenauer verband mit der EVG-Lösung noch eine andere Überlegung: Zur Annahme eines solchen völkerrechtlichen Vertrages benötigte er nur die einfache Mehrheit im Bundestag. Die Annahme einer Wehrverfassung hätte dagegen eine Grundgesetzänderung bedeutet, die nur mit einer Zwei-Drittel-Mehrheit möglich war, und dafür hätte er die Stimmen der SPD benötigt. Aber mit der Ablehnung des EVG-Vertrages durch die Französische Nationalversammlung am 28. August 1954 war das europäische Konzept für eine Wiederaufrüstung Westdeutschlands fürs erste gescheitert.

Während Konrad Adenauer die nationale Souveränität auf dem Weg über einen deutschen Wehrbeitrag erlangen wollte, betonte die Sozialdemokratie der Nachkriegszeit immer wieder, daß die »Wehrhaftigkeit der Demokratie« in Deutschland nur der »Ausdruck der nationalen Souveränität und internationalen Gleichberechtigung« sein könne. Willi Eichler brachte diese Position am 28. Januar 1952 auf die Kurzformel: »Man kann nicht für die Freiheit kämpfen, wenn man selbst nicht frei ist.«[132] Hintergrund dieser Kontroverse war, daß Adenauer den drei Hohen Kommissaren auf dem Petersberg zugesagt hatte, die Rechtsgrundlage der allierten Anwesenheit in Westdeutschland nicht anzutasten. In der »Kleinen Revision« des Besatzungsstatus vom 6. März 1951 wurden mithin die Rechte der westlichen Siegermächte indirekt bestätigt.«[133] Übrig blieb die »militärische Gleichberechtigung« der geplanten westdeutschen Wehrmacht innerhalb der EVG. Kurt Schumacher lehnte dagegen diese »übermäßigen Konzessionen« an die Westallierten entschieden ab, denn die deutsche Gleichberechtigung müsse am Anfang und nicht am Ende einer solchen Entwicklung stehen. Anderenfalls hänge es nämlich vom Wohlverhalten und der Gefügigkeit der westdeutschen Bundesregierung gegenüber den Westalliierten ab, ob die Souveränität irgendwann einmal erreicht werde. Auf der Gegenkundgebung der Berliner SPD zu den Dritten Weltfestspielen der Jugend und Studenten der FDJ im August 1951 faßte Kurt Schumacher vor den Teilnehmern aus der DDR seine Position in der Parole zusammen: »Gleiches Risiko, gleiches Opfer, gleiche Chance!«[134] Demonstrativ lehnte die Schumacher-SPD damals noch jede programmatische Absage der deutschen Politik an die nationalstaatliche Souveränitätspolitik ab.

Beinharte Opposition

Aus heutiger Sicht fällt auf, daß die SPD-Führung unter Kurt Schumacher in dieser Periode vorrangig auf der Gleichberechtigung Deutschlands bestand und noch nicht – wie es schon bald unter dem Einfluß von Erich Ollenhauer, Herbert Wehner und Fritz Erler zur Linie der Partei werden sollte – in der Wiedervereinigung Deutschlands die Vorbedingung für einen deutschen Wehrbeitrag sah. Trotz der antimilitaristischen Grundstimmung in der westdeutschen Arbeiterschaft hielt sich der DGB-Vorstand mit Hans Böckler an der Spitze in der Auseinandersetzung um die Wiederaufrüstung auffallend zurück. Im Gegensatz zur harten Opposition der SPD-Bundestagsfraktion stellte sich die DGB-Führung auf die bestehenden Machtverhältnisse nach den Wahlen zum ersten Deutschen Bundestag ein und bemühte sich - teilweise auch gegen den Protest der Mitglieder - um eine konstruktive Zusammenarbeit mit der Adenauer-Regierung. Diese Linie des DGB war bereits in den Auseinandersetzungen um das Ruhr-Statut (1949) deutlich geworden. Während Kurt Schumacher jede Internationalisierung der Montanindustrie ablehnte, signalisierte Böckler bei Adenauer die Bereitschaft der Gewerkschaften zur Mitarbeit in der geplanten internationalen Ruhrbehörde, um weitere Demontagen zu verhindern.

In der Parlamentsdebatte über das Ruhr-Statut am 24./25. November 1949 versuchte Adenauer, die SPD und den DGB gegeneinander auszuspielen. Mit scharfer Ironie erklärte er, im Gegensatz zum DGB lasse es die SPD darauf ankommen, daß die Demontage bis zum bitteren Ende weitergeführt werde. In dieser stark emotionalisierten Atmosphäre bezeichnete Schumacher wenig später Adenauer als »Kanzler der Alliierten«. Dies war die »Sekunde der Wahrheit« (Theo Pirker) für die Nachkriegssozialdemokratie. Denn Schumachers Zwischenruf zeigte, wohin die intransigente Opposition führen mußte. Wie tief die Sozialdemokratie in dieser Sekunde erschrak, konnte man am 6. Dezember 1949 in einem Bericht von Peter Kindler im *Münchner Merkur* nachlesen: »In den frühen Morgenstunden des 25. November saß im Fraktionszimmer der Sozialdemokratischen Partei im Bonner Bundeshaus ein Mann ganz allein und starrte zur Decke. Ringsum standen Gruppen von Abgeordneten, eifrig gestikulierend oder mit betrübt hängenden Köpfen untereinander tuschelnd. Aber keiner von ihnen ging zu dem einsamen Manne hin . . . Dieser Mann war Kurt Schumacher, Präsident und bis dahin unbestrittener (wenn auch nicht unumstrittener) Führer der Sozialdemokratischen Partei Deutschlands, Chef der Opposition im Bundestag, Kriegskrüppel und 10 Jahre lang Hitlers Konzentrationslager-Häftling, Deutschlands scharfzüngigster und gefürchtetster Debatter und einer der mächtigsten Männer der deutschen Politik. Niemand wußte in diesem Augenblick, wie lange er das noch sein würde. Denn er hatte soeben, weniger als eine Stunde zuvor, vier Worte gesprochen, die die neue Deutsche Bundesrepublik in ihre erste große Krise zu stürzen drohten: ›Der Bundeskanzler der Alliierten!‹ hatte er seinem alten Gegner Konrad Adenauer zugerufen, als er sich von diesem in der Debatte über das deutsch-alliierte Protokoll vom Petersberg erbarmungslos in die Enge getrieben sah, und diesem Zwischenruf war auf der rechten Seite des Hauses ein wilder Aufruhr, auf der linken ein lähmendes Entsetzen gefolgt. Man war von dem Mann mit den scharfen, vom Leiden geprägten Zügen, der in der ersten Reihe der Abgeordneten saß, viel gewöhnt. In diesem Moment aber war er auch nach der Meinung seiner besten Freunde zu weit gegangen ... Dr. Schumacher, der inzwischen in Abwesenheit seiner Fraktion vom Bundestagspräsidenten für 20 Sitzungstage aus dem Parlament ausgeschlossen worden war, empfing in demselben Fraktionszimmer die übernächtigten und mit dem Schlaf kämpfenden Bundeshaus-Journalisten zu einer improvisierten Pressekonferenz. Er war wieder der alte ...«.[135]

Die SPD und auch Schumacher selbst haben die Bedeutung dieses Zwischenrufs später heruntergespielt. Für Schumacher war damals jedoch – ganz im Gegensatz zu Adenauer, für den die Westintegration Vorrang vor allen anderen Zielen hatte – die Wiedervereinigung Deutschlands nach wie vor ein Nahziel. Aufschlußreich ist hier die Analyse von Theo Pirker, die er rund 15 Jahre nach Schumachers Zwischenruf unter dem Stichwort *Wahrheit ohne Folgen* so formulierte: »In Wirklichkeit war für Schumacher der neue Bundeskanzler – eben weil er die Interessen eines egoistischen westdeutschen Bürgertums vertrat, weil er die Gruppeninteressen über die nationalen Interessen stellte, eben weil er sich anschickte, zusammen mit dem egoistischen Bürgertum Westeuropas und Amerikas ein kapitalistisches Europa zu bauen – ein Politiker des nationalen Verrats. In der ehernen Konzeption der Einheit von Demokratie, Klasse und Sozialismus war und blieb Adenauer nur ein Werkzeug der Alliierten, die ihre nationalen Interessen über die Interessen der

Demokratie stellten. Seiner Konstitution nach konnte Adenauer weder ein guter Demokrat noch ein guter deutscher Patriot sein. Was aber waren die politischen Konsequenzen einer solchen Einstellung? Ein radikaler Kampf gegen Adenauer und seine Politik! Aber war die SPD dazu überhaupt willens und in der Lage?«[136]

Der Politiker, der schließlich einsah, daß es »eine politische Notwendigkeit« sei, den Zwischenfall beizulegen, war nicht Kurt Schumacher, sondern Konrad Adenauer. Die erste persönliche Zusammenkunft zwischen den beiden »Titanen« kam durch eine »Täuschung« der beiden Politiker durch ihre engsten Mitarbeiter zustande, und nach einigen weiteren Treffen der Referenten wurde kraft einer gemeinsamen Erklärung ein »formaler Schlußstrich« unter den sogenannten Zwischenfall gezogen: »In der Sitzung des Bundestages vom 24. und 25. November 1949 war der Bundeskanzler der Ansicht, daß ohne einen Eintritt in die Ruhrbehörde ein Demontagestopp nicht zu erreichen sei. Die sozialdemokratische Fraktion war der Ansicht, daß ein Demontagestopp auch ohne bedingungslosen Eintritt in die Ruhrbehörde zu erreichen sei. Der Bundeskanzler ist davon überzeugt, daß die sozialdemokratische Fraktion sich bei ihrer Haltung von der Überzeugung leiten ließ, auf diesem Wege das beste zu erreichen, und hält Formulierungen, die anders ausgelegt worden sind, nicht aufrecht. Dr. Schumacher ist seinerseits der Auffassung, daß der Bundeskanzler überzeugt war, nur durch den Eintritt in die Ruhrbehörde den Demontagestopp erreichen zu können. Er hält daher den Zwischenruf ›Bundeskanzler der Alliierten‹ nicht aufrecht.«[137]

Diese Erklärung stellte einen bürokratischen Formelkompromiß dar und spielte die Tragweite der Meinungsverschiedenheiten herunter. Kurt Schumacher rückte von seiner Kritik an der Politik der Bundesregierung in der Frage des Schuman-Plans über die geplante Europäische Gemeinschaft für Kohle und Stahl und des Europa-Rates jedoch keineswegs ab. Er wollte an seiner Linie einer beinharten Opposition festhalten.

DGB und Armee

Vor dem Hintergrund der konstruktiven Zusammenarbeit von DGB und Bundesregierung kann das Stillhalten des damaligen DGB-Bundesvorstandes in der Frage der Remilitarisierung im Zusammenhang damit gesehen werden, daß Adenauer sich im Januar 1951 plötzlich bereitfand, die Montanmitbestimmung in der Kohle- und Stahlindustrie gegen den erbitterten Protest der Bundesvereinigung der deutschen Industrie als Gesetzentwurf der Regierung im Bundestag einzubringen. In der Literatur wird dieses zeitliche Zusammentreffen meist kommentarlos übergangen und der gewerkschaftliche Erfolg auf Urabstimmung und Streikdrohung zurückgeführt. Hier ist eine Bemerkung von Hans Böckler in einem Briefwechsel mit Konrad Adenauer interessant. Böckler schrieb am 29. Dezember 1950: »Bei der letzten Unterredung, die ich mit Ihnen am 28. August in Bonn hatte, habe ich unter Hinweis auf die Vorgänge in Korea und im übrigen ostasiatischen Raum mit aller Eindringlichkeit betont, daß es endlich an der Zeit ist, in der Bundesrepublik eine soziale und zeitgemäße Wirtschaftsordnung zu schaffen. Mit allem Ernst habe ich auf die Folgen aufmerksam gemacht, die entstehen müßten, wenn die Verantwortlichen unseres Landes diese Aufgabe nicht lösen würden. Damals teilten Sie weitgehend meine Auffassung. Ich würde es bedauern, wenn Sie heute anderer Meinung wären.«[138]

Wie weit die inhaltliche Übereinstimmung zwischen der DGB-Spitze und der Bundesregierung unter Konrad Adenauer bereits gediehen war, wurde der Basis erst rund ein Jahr nach dem Tod Hans Böcklers am 16. Februar 1951 klar, als das DGB-Vorstandsmitglied Franz vom Hoff im Beisein des neuen DGB-Vorsitzenden Christian Fette am 20. Januar 1952 auf einer Pressekonferenz im Hüttenwerk Oberhausen erklärte: »Die Gewerkschaften sind selbstverständlich gegen alle militaristischen Bestrebungen ... Aber man kann die Augen nicht vor der Tatsache verschließen, daß im Osten in starkem Maße die Aufrüstung vorangetrieben wird und der Westen zur Verhinderung von Aggression Abwehrmaßnahmen treffen muß. Man kann es auch dem deutschen Volk nicht zumuten, seinerseits auf Abwehrmaßnahmen zu warten, bis etwa durch eine Aggression vollendete Tatsachen geschaffen sind.«[139] Einen westdeutschen Wehrbeitrag verglich vom Hoff unbedacht mit der Schaffung einer »Betriebsfeuerwehr«, gegen die ja wohl kein Gewerkschafter etwas haben könne. Mit dem sich prompt erhebenden Entrüstungssturm in den Industriegewerkschaften und in den DGB-Landesverbänden Bayern und Hessen hatte die DGB-Führung offenbar nicht mehr gerechnet. Schließlich mußte Christian Fette gehen, und Walter Freitag wurde im Oktober 1952 zum neuen DGB-Vorsitzenden gewählt.

In der DGB-Wehrpolitik trat schon bald eine Wende ein. Bei den Wahlen zum zweiten Deutschen Bundestag griff der DGB-Vorstand Ende Juli die Wiederaufrüstungspolitik scharf an und erklärte in einem Aufruf mit dem Titel *Für einen besseren Bundestag*: »Wer Frieden und Fortschritt, Freiheit und Einheit will, wer nicht will, daß wieder Gewaltherrschaft und Krieg, Terror und Bombennächte über uns kommen, der muß durch Abgabe seiner Stimme zur Wahl eines besseren Bundestages die Kräfte ausschließen helfen, die das deutsche Volk ein zweites Mal ins Unglück stürzen wollen.«[140] Auf dem dritten ordentlichen Bundeskongreß im Oktober 1952 in Frankfurt am Main lehnte schließlich der DGB auf Antrag des IG-Metall-Vorsitzenden Otto Brenner die umstrittenen EVG-Verträge mehrheitlich ab.

Im übrigen wurde die Stimmung auf dem Frankfurter Kongreß durch die Drohung der Katholischen Arbeiterbewegung und der Sozialausschüsse der CDU/CSU bestimmt, die eine Spaltung der Einheitsgewerkschaft planten, falls ihr politischer Einfluß auf die Gesamtorganisation nicht fraktionell abgesichert werden würde. Anstatt aber die politische Autonomie der Einheitsgewerkschaft zu verteidigen, legalisierte der DGB unter dem Eindruck der drohenden Spaltung die Bildung einer Christlich-Sozialen Fraktion im DGB. Andererseits lehnten viele christliche Gewerkschaftler eine erneute Spaltung der Einheitsgewerkschaft ab, selbst unter der Voraussetzung, daß sie im DGB eine Minorität bilden würden.[141]

Eine wesentliche Ursache für die Wahlniederlage am 6. September 1953 war, daß die SPD mit Kurt Schumacher ihre zugkräftigste Persönlichkeit verloren hatte. Schumacher war am 20. August 1952 an den Spätfolgen seiner KZ-Haft gestorben. Mit Erich Ollenhauer wählte die SPD auf dem Dortmunder Parteitag im Herbst 1952 einen sozialdemokratischen Funktionär zum Ersten Parteivorsitzenden, der für ihre Weimarer Vorkriegsfunktionäre typisch war. Gleichzeitig versteifte sich Konrad Adenauer zunehmend auf eine »Politik der Stärke«. Seine außenpolitische Konzeption stand freilich seit Jahrzehnten fest. Bereits seit Mitte der zwanziger Jahre hatte Adenauer die Außenpolitik Gustav Stresemanns abgelehnt und eine deutsche Mittelrolle zwischen Ost und West als unstete Schaukelpolitik bekämpft. Arnulf Baring charakterisierte 1969 die damalige Europapolitik Adenauers folgendermaßen: »Für diesen westeuropäischen Europäer war ein fest mit dem Westen verbundenes, in die abendländische Welt eingefügtes Deutschland das Ziel, das man mit aller Entschlossenheit anstreben mußte . . . Ein militärischer übernationaler Zusammenschluß, wie ihn die Europäische Verteidigungsgemeinschaft vorsah, entsprach Adenauers westeuropäischen wie antikommunistischen Grundüberzeugungen in hohem Maße, sobald es gelang, Diskriminierungen der Bundesrepublik auszuschließen. Dieser EVG war ein Endziel, kein Tauschobjekt für die Wiedervereinigung Deutschlands.«[142]

Die Stalin-Note

Im Frühjahr 1952 sollte sich zeigen, daß Adenauer entschlossen war, die Westorientierung selbst auf Kosten einer möglichen Einheit Deutschlands durchzusetzen. Bereits am 8. Januar 1952 hatte die Volkskammer in Ost-Berlin ein gesamtdeutsches Wahlgesetz verabschiedet, das sich an das Weimarer Reichswahlgesetz anlehnte. Am 13. Februar appellierte die DDR-Regierung an die vier Siegermächte, einen Friedensvertrag mit Deutschland abzuschließen. Am 10. März 1952 richtete die Regierung der Sowjetunion eine Note an die drei Westmächte, in der sie vorschlug, mit einem wiedervereinigten, bündnislosen und begrenzt bewaffneten Deutschland einen Friedensvertrag abzuschließen.

Der Note war ein Grundriß für einen Friedensvertrag beigelegt, der sieben Punkte umfaßte. Die Regierung der UdSSR empfahl darin, Deutschland als »einheitlichen Staat« wiederherzustellen. Damit werde der »Spaltung Deutschlands ein Ende gemacht, und das geeinte Deutschland« bekäme die »Möglichkeit, sich als ein souveräner, demokratischer, friedliebender Staat« zu entwickeln. Die Streitkräfte der Besatzungsmächte sollten innerhalb eines Jahres nach »Inkrafttreten des Friedensvertrags« aus den beiden deutschen Teilstaaten abgezogen werden. Dem deutschen Volk müßten die »demokratischen Rechte« gewährt und den »demokratischen Parteien und Organisationen« eine »freie Betätigung« zugestanden werden. Allen ehemaligen Angehörigen der Deutschen Wehrmacht, einschließlich der Offiziere und Generäle, allen »ehemaligen Nationalsozialisten«, mit Ausnahme derer, die für von ihnen begangene Verbrechen rechtskräftig verurteilt waren, sollten die »gleichen bürgerlichen und politischen Rechte« wie allen anderen deutschen Bürgern zuerkannt werden. Als Gegenleistung müsse sich Deutschland verpflichten, keine »Koalition oder Militärbündnisse« einzugehen, die sich gegen »irgendeinen Staat richten, der mit seinen Streitkräften am Kriege gegen Deutschland teilgenommen« habe. Das deutsche Staatsgebiet sollte durch die Grenzen bestimmt werden, die durch die Bestimmungen der Potsdamer Konferenz der Großmächte festgelegt worden seien. Außerdem sollte es einem neutralisierten Deutschland gestattet sein, eigene »nationale Streitkräfte (Land-,

Luft- und Seestreitkräfte) zu besitzen, die für die Verteidigung des Landes notwendig« seien. Die künftige Regierung sollte ferner das Recht haben, »Kriegsmaterial zu erzeugen«, dessen »Mengen oder Typen nicht über das hinausgehen dürfen, was für die Streitkräfte erforderlich« sei. Nach Abschluß eines Friedensvertrages mit Deutschland sollten die ehemaligen Siegermächte in den Vereinten Nationen den Antrag auf Aufnahme Deutschlands in die Weltorganisation unterstützen.[143]

Nur vier Tage später interpretierte der Ministerpräsident der DDR, Otto Grotewohl, vor der Volkskammer die Stalin-Offerte so: »Freie Wahlen zur Verfassunggebenden Nationalversammlung sind der kürzeste Weg zur Wiederherstellung der deutschen Einheit. Entwürfe von Wahlgesetzen zur Durchführung gesamtdeutscher demokratischer Wahlen sind bereits vorhanden.«[144] Grotewohl bezog sich auf die Verabschiedung eines Wahlgesetzes zu einer gesamtdeutschen Nationalversammlung durch die Volkskammer Anfang Januar 1952. Konrad Adenauer lehnte vier Tage später vor dem Evangelischen Arbeitskreis der CDU in Siegen die sowjetische Note ab und polemisierte besonders gegen die vorgeschlagene begrenzte Bewaffnung eines wiedervereinigten Deutschlands: »Seit 1945 sind in der militärischen Forschung so große Fortschritte gemacht worden, daß Deutschland aus finanziellen und materiellen Gründen allein auf sich gestellt eine nationale Rüstung nicht aufbauen kann. Insofern ist dieser Teil der Note nur ›ein Fetzen Papier‹.«[145] Diese Argumentation auf Nebenkriegsschauplätzen belegt, daß Adenauer gar nicht daran dachte, den westdeutschen Wehrbeitrag innerhalb der EVG und die eindimensionale Westintegration der gerade erst gegründeten Bundesrepublik für die deutsche Einheit aufzugeben. Ihm war fast jedes Mittel recht, um seine Politik durchzusetzen.

So war es nur folgerichtig, daß Adenauer am 25. März in einem Interview erklärte: »Wir werden in unseren Verhandlungen so fortfahren, als ob die Note nicht angekommen sei.«[146] Und bei einem der damals üblichen »Teegespräche« erklärte der

Kanzler am Vorabend der Bundestagsdebatte am 3. April 1952 zur Stalin-Note vor 13 Chefredakteuren aus dem Bundesgebiet: »Der Inhalt der Note hat mich wenigstens in keiner Weise überrascht. Ich bin seit Jahr und Tag bei meiner ganzen Politik davon ausgegangen, daß das Ziel Sowjetrußlands ist, im Wege der Neutralisierung Deutschlands die Integration Europas zunichte zu machen, (im Wege) der Neutralisierung Deutschlands also die Integration Europas zunichte zu machen, (um) damit die USA aus Europa wegzubekommen und im Wege des kalten Krieges Deutschland, die Bundesrepublik und damit auch Europa in seine Machtsphäre zu bringen.«[147]

Bereits am 25. März hatten die drei Westmächte in gleichlautenden Antwortnoten - nach intensiver Abstimmung mit der christliberalen Bundesregierung - eine Neutralisierung Deutschlands entschieden abgelehnt. Darüber hinaus hielten sie der Regierung der UdSSR entgegen, daß in Potsdam keine endgültige Entscheidung über die deutschen Nachkriegsgrenzen getroffen worden sei. Ein Friedensvertrag mit Deutschland setze außerdem die Bildung einer gesamtdeutschen Regierung voraus, die nur aus freien und geheimen Wahlen hervorgehen könne. Einer frei gewählten gesamtdeutschen Regierung müsse es aber vor wie nach Abschluß eines Friedensvertrags anheimgestellt sein, wirtschaftliche, politische und militärische Bündnisse einzugehen, die mit den »Grundsätzen und Zielen der Vereinten Nationen im Einklang« stünden. Insbesondere unterstützten die drei westlichen Siegermächte die »Beteiligung Deutschlands an einer rein defensiven europäischen Gemeinschaft«, da ihrer Meinung nach die EVG die »Freiheit« wahre, »Aggressionen verhüte« und das »Wiederaufleben des deutschen Militarismus« verhindere.[148] Alles in allem lief die damalige Politik der Westalliierten und der Bundesrepublik auf den Grundsatz hinaus: »Erst stärker werden und dann verhandeln.«[149]

Sogar innerhalb der CDU/CSU-Bundesfraktion beschwor Adenauers autoritärer Führungsstil im März 1952 verhaltene

Auflehnung herauf. Die Grundzüge seiner Deutschland-, Außen- und Aufrüstungspolitik wurden jedoch von der Fraktion nicht mehr grundsätzlich in Frage gestellt. Dies wurde unter anderem anläßlich der »undiskutierten Zurückweisung«[150] der Stalin-Note deutlich. Heinrich von Brentano und Eugen Gerstenmaier, die Wortführer des »konzeptionslos-matten gesamtdeutschen Aufbegehrens«[151] in der Bundesfraktion der Union, kritisierten jedoch, daß weder Fraktion noch Koalitionspartner in den letzten Jahren ausreichend und rechtzeitig über Adenauers Verhandlungen mit den drei westlichen Hochkommissaren über einen westdeutschen Wehrbeitrag informiert worden seien.[152]

Seitdem Adenauer mit der Mehrheit von nur einer Stimme - seiner eigenen - am 15. September 1949 zum Kanzler gewählt worden war, hatte es nur einen Unionspolitiker gegeben, der den Mut aufbrachte, sich konsequent gegen Adenauers ständige Verletzungen des demokratischen Stils aufzulehnen. Als der Bundeskanzler am 30. August 1950 den völlig überraschten Kabinettsmitgliedern mitteilte, daß er am Vorabend ohne eine vorherige Diskussion im Kabinett ein »Memorandum über die Sicherheit des Bundesgebietes nach innen und außen« an den amerikanischen Hohen Kommissar John McCloy übergeben habe, erklärte der Bundesinnenminister Gustav Heinemann, er lasse sich als der »in Polizeisachen« zuständige Ressortminister nicht vor vollendete Tatsachen stellen. Auf Adenauers erregte Frage, was dies bedeuten solle, erklärte Heinemann seinen Rücktritt aus der Bundesregierung.[153] Erst auf diesen Eklat hin war Adenauer bereit, den anwesenden Kabinettsmitgliedern auszugsweise aus seinem Memorandum vorzulesen. Da Heinemann aber nicht nur die »unzureichende Beteiligung der Kabinettsmitglieder an der Willensbildung der Bundesregierung« kritisiert hatte, sondern auch eine »deutsche Beteiligung an einer europäischen Aufrüstung« und die sich »daraus zwangsläufig ergebende Eingliederung der Bundesrepublik in den Atlantik-Pakt« ablehnte, schied er am 10. Oktober 1950 aus der christliberalen Bundesregierung aus.[154]

Rund 20 Jahre später charakterisierte Eugen Kogon den konservativ-autoritären Führungsstil Adenauers folgendermaßen: »Sein Konzept, lediglich von der späteren Wiedergutmachung in Israel abgesehen, hatte mit Moral als konstitutivem Element einer möglichen deutschen Politik, sobald sie in Frage kam - und das geschah bald -, nichts zu tun; Moral war Privatsache jedes Deutschen - sehr wünschenswert, sehr zu empfehlen -, in der Staatspolitik kam es auf die Wiedergewinnung der Selbständigkeit, eigener Handlungsfähigkeit an. Für Dr. Adenauer war auch in der exzeptionellen deutschen Situation Politik und Moral keine Einheit; er betrieb, ein Meister darin, das Staatshandwerk traditionell.«[155]

Diese unter christlich-demokratischem Vorzeichen entwikkelte, im Grunde aber machiavellistische Geheim- und Machtpolitik erschwerte nach dem Zusammenbruch des nationalsozialistischen Regimes in Deutschland die Herausbildung einer republikanischen und demokratischen Kultur. Statt im Frühjahr 1952 die russischen Absichten in Verhandlungen zu prüfen, setzte Konrad Adenauer auf eine »Politik der Stärke«. Deshalb wissen wir Deutschen bis heute nicht, ob wir 1952 eine Gelegenheit, die deutsche Einheit wiederherzustellen, versäumt haben oder nicht. Die Erfolgschancen von Adenauerschen Vereinigungsverhandlungen lassen sich heute nicht mehr sicher abschätzen. Wenn heute argumentiert wird, die »richtige Westpolitik« von Adenauer hätte die Neuvereinigung im Jahre 1989 erst ermöglicht, so muß man sich auch fragen, ob sich nicht die Integration der beiden deutschen Teilstaaten deshalb psychologisch wie ökonomisch so überaus schwierig gestaltet, weil die Teilung von der Adenauer-CDU in Kauf genommen wurde. Insofern ist der Streit über Adenauers damalige Politik durch die Neuvereinigung nicht obsolet geworden. Die Kosten der Spaltung müssen erst noch bezahlt werden. Die Frage, ob im Herbst 1989 Adenauer gesiegt hat, kann keineswegs mit einem eindeutigen »Ja« beantwortet werden. Hier irrt Horst Teltschik.[156]

Aufgabe der Sozialdemokratie ist es, jener konservativen Geschichtsklitterung entgegenzutreten, die Adenauer zum Vorkämpfer der Wiedervereinigung erklärt. Für die Begründung einer sozialdemokratischen Tradition im vereinten Deutschland ist es entscheidend, an das Wirken von Männern wie Heinemann und Schumacher zu erinnern, die »durchaus stichhaltige Argumente und Konzepte vorzuweisen hatten. Freilich, die Macht, deren Stichhaltigkeit zu erproben, die besaßen sie nicht. Ihnen deshalb im nachhinein zu bescheinigen, sie hätten geirrt - und daraus eine nachträgliche Legitimation für Adenauers Politik abzuleiten -, dies wäre der Beginn einer neuen Geschichtslegende.«[157]

VII. »Partei der nationalen Einheit«

Herbert Wehner verdeutlichte am 3. April 1952 in einer Rede vor dem Deutschen Bundestag, daß die SPD bereit war, für die »Wiederherstellung der Einheit Deutschlands in Freiheit« die bisherigen »Konzeptionen für die Sicherheit der Freiheit« kritisch zu prüfen. Der Deutsche Bundestag dürfe sich nicht einfach auf die EVG-Konzeption versteifen, nur weil die Westmächte keine deutsche Nationalarmee wollten.[158] Carlo Schmid forderte Adenauer auf, die »sowjetischen Sicherheitsinteressen« in seine Überlegungen einzubeziehen. Denn es sei für die Regierung der UdSSR unzumutbar, daß sie in Mitteldeutschland ihre Machtposition aufgeben und zusehen solle, wie ein wiedervereinigtes Deutschland dem pro-amerikanischen Atlantik-Pakt zugeschlagen werde: »Man muß Verhältnisse schaffen, die ihnen erlauben, unter besonderen Umständen den Nachteil oder scheinbaren Nachteil der Aufgabe Mitteldeutschlands durch allgemeine Vorteile für kompensierbar zu halten ... Nur wenn ein echter Verhandlungsstoff da ist, haben doch Viermächteverhandlungen Aussicht auf einen greifbaren Erfolg! ... Ist einmal unterschrieben, dann haben sie (die Russen) kein Interesse mehr!«[159]

Am Ende der Bundestagsdebatte brachte Ollenhauer für die SPD einen Antrag ein, in dem die Wiedervereinigung als das »oberste Ziel deutscher Politik« bezeichnet wurde. Er forderte zugleich die Bundesregierung auf, nur solche Abkommen zu unterzeichnen, die der Bundesrepublik die Möglichkeit sicherten, jederzeit und von sich aus auf Wiedervereinigungsverhandlungen der vier Besatzungsmächte hinzuwirken. Die christliberale Regierungskoalition nahm den ersten Teil des SPD-Antrags an, lehnte jedoch den zweiten Teil ab. Außenpolitisch widersetzte sich jetzt die Sozialdemokratie unter Erich Ollenhauer immer stärker der »Kleineuropa-Konzeption« Adenauers. Ohne Übertreibung kann man die deutsche Sozialdemokratie in dieser Phase der Nachkriegsgeschichte als die »Partei der nationalen Einheit« bezeichnen. Die Wiedervereinigung war für die SPD damals das Nahziel ihrer Politik.

Obwohl einflußreiche Journalisten wie Paul Sethe in der *Frankfurter Allgemeinen Zeitung*, Richard Tüngel in der *Zeit* und Rudolf Augstein im *Spiegel* für eine sorgfältige Prüfung der sowjetischen Vorschläge plädierten, paraphierte die christliberale Bundesregierung am 9. Mai 1952 in Paris den EVG-Vertrag. Die SPD stimmte im Bundestag gegen die Ratifizierung, ebenso wie sie vorher gegen den Deutschland-Vertrag votiert hatte, weil er der Bundesrepublik nur eine begrenzte Souveränität verlieh und den westlichen Alliierten eine »Notstandsklausel« einräumte.

Die am 21. November 1951 im ehemaligen Hause des Landtags von Nordrhein-Westfalen in Düsseldorf gegründete Notgemeinschaft für den Frieden Europas und die aus ihr hervorgegangene, am 29. November 1952 gegründete Gesamtdeutsche Volkspartei hielt die Union zunächst für eine große Gefahr. Als Mann der Bekennenden Kirche besaß Gustav Heinemann in den Reihen des politischen Protestantismus große Autorität. Als ehemaliges Vorstandsmitglied der Deutschen Zentrumspartei war Helene Wessel fest im politischen Katholizismus verankert. Beide sprachen jetzt der Union das »C« ab. Daß die Hysterie der CDU/CSU – im Wahlkampf wurden zahlreiche Mitglieder der GVP persönlich diffamiert – unbegründet war, zeigte sich, als die GVP bei den Wahlen zum zweiten Deutschen Bundestag nur 1,2 Prozent der Zweitstimmen erhielt. Im Kampf gegen die Pariser Verträge gingen die Mitglieder der GVP mit den Sozialdemokraten zusammen. Ein großer Teil von ihnen trat später in die SPD ein, unter anderem Erhard Eppler, Johannes Rau, Diether Posser, Jürgen Schmude und Gustav Heinemann. Andere, etwa Helmut Gollwitzer, spielten in der Außerparlamentarischen Opposition der sechziger Jahre eine wichtige Rolle.

Im Dezember 1953 erstellten zwölf Berliner SPD- und SDS-Mitglieder - zumeist Studenten der Freien Universität Berlin - ein Thesenpapier, das sich mit den Ursachen der Niederlage der SPD in der Bundestagswahl vom 6. September 1953 befaßte. Die Hauptthese lautete, die Klassengesellschaft bestehe nicht mehr, und die Marxisten steckten daher in einer »geistigen Krise«. Darüber hinaus erklärten die Autoren, die Partei befinde sich seit dem erneuten Wahldebakel in »Aufruhr«. In Anlehnung an die Thesen von Helmut Schelsky vertraten sie die Ansicht, daß sich die Arbeiter in der Bundesrepublik längst in eine »nivellierte Mittelstandsgesellschaft« ohne gravierende schichtspezifische Unterschiede oder gar Klassenspaltungen eingeordnet hätten. »Unser Volk hat eine völlige soziale Umschichtung durchgemacht. Die jungen Arbeiter sind zum größten Teil ›verbürgerlicht‹, und ihr Lebensstandard liegt in vielen Fällen höher als beim kleinen Mittelstand. Andererseits sind zahlenmäßig starke Gruppen unseres Volkes bis an oder unter die Grenze des Existenzminimums abgesunken, aber auch sie wollen sich meistens nicht als Proletarier ansprechen lassen. Daher muß die Sozialdemokratische Partei ihren Charakter als Klassenpartei aufgeben und Partei des Volkes werden.«[160]

Die Verfasser des Berliner Thesenpapiers reagierten atmosphärisch auf eine neue gesellschaftliche Entwicklung, ohne sich indes genauer damit beschäftigt zu haben. Das belegt ein Blick in die damalige Statistik: Hatte eine Berufszählung im Jahr 1950 im Bundesgebiet ergeben, daß 70,9 Prozent der erwerbstätigen Bevölkerung (1939 nur 66,7 Prozent) abhängig Beschäftigte, also Arbeiter, Angestellte und Beamte waren, so stieg der Anteil der abhängig Beschäftigten im Jahre 1956 auf 75,5 Prozent, 1961 auf 78,1 Prozent und 1965 sogar auf 80,6 Prozent. Unterschied man bei den abhängig Beschäftigten zwischen Arbeitern, Angestellten und Beamten, so ergab sich, daß die Gruppe der Angestellten mit Abstand den höchsten Zuwachs hatte: Während der Anteil der Arbeiter an der Gruppe der abhängig Beschäftigten seit 1950 mit 50,7 Prozent innerhalb von 10 Jahren auf nur 55,3 Prozent im Jahre 1960 zunahm, stieg der Anteil der Angestellten im selben Zeitraum von 16,1 Prozent auf 21,1 Prozent an. Sehr viel aufschlußreicher ist aber eine andere Entwicklung in der Nachkriegsperiode, nämlich der stetige Rückgang der Selbständigen im Verhältnis zur gesamten erwerbstätigen Bevölkerung. Zwischen 1882 und 1965 ging der Anteil der Selbständigen an der Gesamtheit der Erwerbstätigen im Gebiet des Deutschen Reichs beziehungsweise der Bundesrepublik Deutschland von 35,6 auf 19,4 Prozent zurück. Während im Jahr 1950 der Anteil der Selbständigen samt mithelfender Familienangehöriger an der Gesamtheit der erwerbstätigen Bevölkerung noch 29,1 Prozent betragen hatte, sank er im Jahr 1965 auf 19,4 Prozent.[161]

Wollte man Anfang der fünfziger Jahre von einer gewissen Nivellierung der industriellen Gesellschaft in der Bundesrepublik sprechen, so ließ sich diese Homogenisierungstendenz freilich nur auf das Verhältnis von Selbständigen und abhängig Beschäftigten beziehen - ein Aspekt, der von den sozialkonservativen Sozialwissenschaftlern im Umfeld von Schelsky erstaunlicherweise kaum gesehen wurde. Das hing damit zusammen, daß Soziologen wie Helmut Schelsky oder Ulrich Lohmar der Konzentration in Industrie, Handel, Banken- und Versicherungswesen zu wenig Beachtung schenkten.

Obwohl die Spekulationen über eine nivellierte Industriegesellschaft ohne größere Klassendifferenzen auch in der SPD kritisiert wurden, spielte in den folgenden Jahren die These vom sich langsam verflüchtigenden proletarischen Bewußtsein in der Diskussion über ein neues SPD-Grundsatzprogramm eine wichtige Rolle. Weitreichende Folgen für den Alltag der SPD deuteten sich dort an, wo die zwölf Autoren für eine radikale Modernisierung der sozialdemokratischen Milieupartei eintraten. Eine sozialdemokratische »Sammelpartei« neuen Typs setzte für sie (teilweise offen ausgesprochen, teilweise indirekt formuliert) personelle und kulturelle Konsequenzen voraus:

- möglichst schnelle Ablösung des tradierten Funktionärskörpers der Sozialdemokratie aus der Zeit der Weimarer Republik;
- Mobilisierung der jungen Generation;
- Abschaffung der herkömmlichen Agitations- und Propagandaformen, der politischen Alltagssprache und Verkehrsformen, der emotionalen Werte und Symbole.

In Zukunft sollten Qualifikation, Tüchtigkeit und Jugendlichkeit die Kriterien für die Auslese der Funktionäre sein. Offenbar war man der Ansicht, daß vorwiegend Angestellte und nicht qualifizierte Facharbeiter diesen Persönlichkeitsmerkmalen gerecht werden könnten: »Dazu gehört auch, daß die Zusammenfassung ihres Funktionärskörpers und ihrer Abgeordneten nicht mehr von der sozialen Herkunft abhängt, so wenig wie von der Dauer der Mitgliedschaft, sondern nur von Fähigkeit, Charakter und Tüchtigkeit der Einzelnen. Dementsprechend müssen bedeutende Persönlichkeiten, die beim Volk Kredit haben, mehr als bisher die Gelegenheit zur selbständigen Entfaltung erhalten.«[162]

Berliner »Partei des öffentlichen Dienstes«

Aufgrund dieser Konzeption wurden in Berlin schon bald Vertreter des reformistischen Traditionalismus aus der Weimarer Republik wie Franz Neumann oder Max Köhler[163] (langjähriger Vorsitzender des Marxistischen Arbeitskreises) von der neuen Führung des Landesverbandes ausgegrenzt. Um zu verdeutlichen, welche Parteitradition damit abgelehnt wurde, hier einige biographische Informationen zu Franz Neumann: 1904 in Berlin geboren, trat der gelernte Schlosser mit 16 Jahren in die SPD ein und studierte Anfang der zwanziger Jahre - wie viele andere sozialdemokratische Funktionäre - im Sozialpolitischen Seminar der Deutschen Hochschule für Politik. Bis zur Machtübergabe an Hitler arbeitete er als Jugendfürsorger im Magistrat von Groß-Berlin. Er gründete zusammen mit anderen Genossen aus der Arbeiterjugendbewegung die sozialdemokratischen Ferienlager - die heute von der Sozialistischen Jugend Deutschlands - die Falken fortgesetzt werden - und die Werkheime für jugendliche Arbeitslose. Beide Initiativen waren Teil der kollektiven Selbsthilfe in der sozialdemokratischen Arbeiterjugendbewegung in den Jahren der Weltwirtschaftskrise. Im Jahr 1933 erteilten die Nationalsozialisten Franz Neumann Berufsverbot, und er wurde nach kurzer »Schutzhaft« in einem Konzentrationslager zu anderthalb Jahren Zuchthaus verurteilt. Während des Zweiten Weltkriegs arbeitete er erneut als Schlosser in der Rüstungsindustrie. Nach der Befreiung Berlins durch die Rote Armee setzte ihn die Sowjetische Militäradministration als stellvertretenden Bürgermeister in Reinickendorf ein. Im Frühjahr 1946 organisierte er nach einer unerbittlichen Auseinandersetzung mit der Politik des Berliner SPD-Zentralausschusses die Urabstimmung über die Zwangsvereinigung von SPD und KPD. Am 7. April 1946 wurde Neumann zusammen mit Karl J. Germer und Kurt Swolinsky als gleichberechtigter Vorsitzender der SPD in den drei westlichen Sektoren gewählt. Mitte der fünfziger Jahre verkörperte er für viele ältere Parteimitglieder die Selbstbehauptung der SPD im Kampf gegen die Stalinisten.

Nach der Wahl Willy Brandts zum Regierenden Bürgermeister von Berlin im Oktober 1957 organisierten Klaus Schütz, Kurt Mattick, Joachim Lipschitz, Egon Erwin Müller und Kurt Neubauer in der Berliner Partei eine Kampagne mit dem Ziel, Franz Neumann als Landesvorsitzenden abzuwählen und an seiner Stelle Brandt durchzusetzen. Die Methoden, mit denen vor allem ältere Parteimitglieder zu den Jahreshauptversammlungen der Abteilungen geschleppt wurden, nannte man damals »Treppenterrierarbeit«. Die Altgenossen wurden bei »Kaffee und Kuchen« auf die neue Linie eingeschworen und an den innerparteilichen Wahlabenden mit »selbstgekochtem Tee« und »ausgeteilten Wolldecken« vor der Kälte geschützt und bei der

»Stange« gehalten. Agitatoren beider Lager überboten sich bald wechselseitig in der Betreuung älterer und neueingetretener Mitglieder. Sogar Care-Pakete sollen »richtungspolitisch« verteilt worden sein.[164] Auf dem 14. Landesparteitag der Berliner SPD am 12. Januar 1958 schließlich wurde Willy Brandt mit 163 Stimmen gegen Neumann, der nur noch 124 Stimmen erhalten hatte, bei sechs Enthaltungen als neuer Landeschef gewählt. Durch diese von Schütz und Neubauer generalstabsmäßig geplante Verdrängungspolitik des Brandt-Flügels gegen Neumann zerbrach in der Berliner SPD die Solidarität zwischen den Generationen. Langfristig begründete diese Ablösung eines reformistischen Funktionärstypus auch eine Voraussetzung für eine Transformation der Berliner Sozialdemokratie in eine Partei des öffentlichen Dienstes.[165]

Der Unterschied zur unmittelbaren Nachkriegszeit bestand sozialstrukturell gesehen darin, daß nun überwiegend Beamte, Angestellte und Lehrer anstelle von Facharbeitern den Ton in der Berliner SPD angaben. Der Arbeiteranteil in der Mitgliedschaft verringerte sich ständig, während der Anteil der Angestellten und Beamten im Vergleich zur Wählerschaft der SPD zunahm. Diese Tendenz wurde durch die Flucht der Industrie aus West-Berlin noch verstärkt. Im Rathaus Schöneberg dominierte jetzt die Außenpolitik; Kommunal- und Stadtpolitik spielten in der SPD-Politik der sechziger Jahre eher eine untergeordnete Rolle. Darüber hinaus führte das seit Frühjahr 1958 von rechten und linken Gruppierungen praktizierte »Blockwahlverfahren« zu einer Spaltung der Berliner Sozialdemokratie in eine »Senats- und eine Parteifraktion«. Dieser Fraktionalismus führte schließlich zu einer inhaltslosen Ämterpatronage, zu einer »Aufzehrung der programmatischen Aussagekraft« – so der Direktor der Verwaltung des Deutschen Bundestages Hans-Jürgen Heß – und zu einer »tendenziellen Zerstörung der innerparteilichen Demokratie« (Parteienforscher Otto Stammer). In dieser Kritik deutete sich schon damals ein innerparteilicher Konflikt in der Sozialdemokratie vor und nach Godesberg an. Der erste Generationsbruch in der Nachkriegssozialdemokratie fand mithin noch in Berlin vor der Verabschiedung des Godesberger Programms und nicht erst 1961 mit dem Ausschluß des SDS statt.[166]

Die »Paulskirchen«-Kampagne

Nach der Ablehnung des EVG-Vertrags durch die Französische Nationalversammlung Ende August 1954 - eine Entscheidung, die die SPD als letzte Chance für die Einheit Deutschlands ansah - zeigte sich bereits im September, daß die britische und die amerikanische Regierung längst konkrete Vorschläge für eine alternative Bündniskonzeption ausgearbeitet hatten. Am 3. Oktober 1954 schlugen die beiden Regierungen auf der Londoner Neun-Mächte-Konferenz der Bundesrepublik eine eingeschränkte Souveränität bei gleichzeitigem Ausbau einer eigenen Armee und Integration in die NATO vor. Knapp drei Wochen später wurde das Vertragspaket auf der Pariser Konferenz paraphiert und schon Mitte Dezember 1954 in erster Lesung im Bundestag behandelt. Offensichtlich waren die USA über die Verzögerung und die Ablehnung des EVG-Vertrags durch die Französische Nationalversammlung so verstimmt, daß sie nun innerhalb eines halben Jahres die Voraussetzungen für den Ausbau der NATO erzwangen. Die deutsche Sozialdemokratie stand in dieser Angelegenheit im Bundestag mit dem Rücken zur Wand. Zwar hörte sich die CDU/CSU die Argumente der Opposition mehr oder weniger geduldig an, überstimmte sie aber am Ende. In dieser Situation versuchte die SPD in den 10 Wochen bis zur dritten Lesung auf unbürokratische Weise, eine außerparlamentarische Bewegung aus dem Boden zu stampfen.

Unter dem Motto *Rettet Einheit, Frieden und Freiheit! Gegen Kommunismus und Nationalismus!* veranstalteten unter anderem der SPD-Vorsitzende Erich Ollenhauer, der DGB-Chef Walter Freitag, der evangelische Theologe Professor Dr. Alfred

Weber und der Vorsitzende der Gesamtdeutschen Volkspartei, Dr. Gustav Heinemann, eine Protestkundgebung gegen die Pariser Verträge in der Frankfurter Paulskirche.[167] Mit der Wahl des Ortes knüpften die Veranstalter bewußt an die Tradition der unvollendeten bürgerlichen Revolution von 1848/49 an. Galt es damals, die Einheit Deutschlands gegen die Kleinstaaterei der deutschen Fürsten und Könige durchzusetzen, so wollte man jetzt die Aufteilung Deutschlands in zwei separate Teilstaaten feindlicher Interessensphären verhindern.

Bei dieser außerparlamentarischen Veranstaltung am 29. Januar 1955 in Frankfurt handelte es sich indes nicht um eine Massenveranstaltung im Stil der späteren antiautoritären Studentenbewegung. Vor etwa 1000 geladenen Gästen referierten vielmehr prominente Redner, die jeweils für eine bestimmte soziale Gruppe oder politische Tradition standen. Die Veranstalter verabschiedeten anschließend das *Deutsche Manifest*, zu dem in Dortmund, Hamburg, Herford in Westfalen, Hof (Saale) und dem Landkreis Aschaffenburg Unterschriftensammlungen stattfanden. In dem Appell an die christliberale Bundesregierung hieß es unter anderem: »Aus ernster Sorge um die Wiedervereinigung Deutschlands sind wir überzeugt, daß jetzt die Stunde gekommen ist, Volk und Regierung in feierlicher Form zu entschlossenem Widerstand gegen die sich stärker abzeichnenden Tendenzen einer endgültigen Zerreißung unseres Volkes aufzurufen. Die Antwort auf die Schicksalsfrage der Gegenwart - ob unser Volk in Frieden und Freiheit wiedervereinigt werden kann oder ob es in dem unnatürlichen Zustand der staatlichen Aufspaltung und einer fortschreitenden menschlichen Entfremdung leben muß - hängt heute in erster Linie von der Entscheidung über die Pariser Verträge ab. Die Aufstellung deutscher Streitkräfte in der Bundesrepublik und in der Sowjetzone muß die Chancen der Wiedervereinigung für unabsehbare Zeit auslöschen und die Spannung zwischen Ost und West stärken.«[168] Die Bundesregierung reagierte auf die anschließende »Paulskirchen«-Kampagne der Sozialdemokraten im Ruhrgebiet und in anderen Industriezentren mit einer scharfen Erklärung. Weniger, weil sie durch die außerparlamentarische Initiative der SPD die Verabschiedung der Verträge gefährdet sah, sondern weil sie befürchtete, daß diese Kampagne ein Präzedenzfall für künftige plebiszitäre Willenskundgebungen in der Bundesrepublik werden könnte.

Am 27. Februar 1955 verabschiedete der Bundestag gegen die Stimmen der SPD-Fraktion den *Deutschland-Vertrag* und das *Protokoll zur Beendigung des Besatzungsstatuts* mit 324 gegen 151 Stimmen, den *Truppenvertrag über den Aufenthalt ausländischer Streitkräfte* mit 321 gegen 153 Stimmen, den Beitrag der Bundesrepublik zur *Westeuropäischen Union* und zur NATO mit 314 gegen 157 Stimmen bei zwei Enthaltungen und das *Saar-Abkommen* mit 264 gegen 201 Stimmen bei neun Enthaltungen.[169] Die im Bundestag anwesenden Mitglieder der SPD-Fraktion lehnten die vier Gesetzesentwürfe geschlossen ab; von den 162 SPD-Abgeordneten waren freilich nicht alle anwesend.[170] Die vom SPD-Parteivorstand als »disziplinierte Volksbewegung« bezeichnete »Paulskirchen«-Kampagne kam danach sehr schnell zum Stillstand. Mit der Ratifizierung des Vertragspakets durch den Bundesrat am 18. März 1955 ging die erste Dekade der westdeutschen Nachkriegspolitik zu Ende.

»Kampf dem Atomtod«

Obwohl die amerikanische Luftwaffe schon Anfang August 1945 die beiden japanischen Großstädte Hiroshima und Nagasaki durch Atombomben zerstört hatte und die Regierung der UdSSR nach der erfolgreichen Zündung im Juli 1949 über die Atombombe verfügte, spielte die Existenz von Kernwaffen in der bundesrepublikanischen Wehrdebatte zunächst eine untergeordnete Rolle. Erst nach den Zündungen transportabler Wasserstoffbomben durch die USA im November 1952 und die UdSSR im August 1953 trat dieses Problem auch in das Bewußtsein der westdeutschen Öffentlichkeit. Eines der wichtigsten Ereignisse in der Bundesrepublik der zweiten Hälfte der fünfziger Jahre war die von 18 namhaften westdeutschen Atomforschern verfaßte *Göttinger Erklärung.* Zu den Unterzeichnern dieser Erklärung gehörten Otto Hahn (Nobelpreisträger für Chemie 1944), Max Born (Nobelpreisträger für Physik 1954), Werner Heisenberg (Nobelpreisträger für Physik 1932) und Max von Laue (Nobelpreisträger für Physik 1914). Ihr Alarmruf war eine direkte Antwort auf eine Stellungnahme Adenauers auf einer Pressekonferenz am 5. April 1957: »Unterscheiden Sie doch die taktischen und die großen atomaren Waffen. Die taktischen Waffen sind nichts weiter als die Weiterentwicklung der Artillerie. Selbstverständlich können wir nicht darauf verzichten, daß unsere Truppen auch in der normalen Bewaffnung die neueste Entwicklung mitmachen.«[171] Adenauers Äußerung war der schockierende Beweis dafür, daß in der Bundesrepublik alte, konservative Männer an den Schalthebeln der Macht saßen, die in Rüstungsangelegenheiten längst nicht mehr wußten, wovon sie sprachen und - was am schwersten wog - worüber sie die politische Macht ausübten.

Die Göttinger Achtzehn versuchten die CDU/CSU-Politiker, die sich selbstbetrügerisch in eine Bagatellisierung der Atombombe geflüchtet hatten, aufzuklären und in die Verantwortung zu nehmen: »Taktische Atomwaffen haben die zerstörende Wirkung normaler Atombomben. Als ›taktisch‹ bezeichnet man sie, um auszudrücken, daß sie nicht nur gegen menschliche Siedlungen, sondern auch gegen Truppen im Erdkampf eingesetzt werden sollen. Jede einzelne taktische Atombombe oder -granate hat eine ähnliche Wirkung wie die erste Atombombe, die Hiroshima zerstört hat. Da die taktischen Atomwaffen heute in großer Zahl vorhanden sind, würde ihre zerstörende Wirkung im ganzen sehr viel größer sein. Als ›klein‹ bezeichnet man diese Bomben nur im Vergleich zur Wirkung der inzwischen entwickelten ›strategischen‹ Bomben, vor allem der Wasserstoffbomben. Für die Entwicklungsmöglichkeit der lebensausrottenden Wirkung der strategischen Atomwaffen ist keine natürliche Grenze bekannt. Heute kann eine taktische Atombombe eine kleine Stadt zerstören, eine Wasserstoffbombe aber einen Landstrich von der Größe des Ruhrgebiets zeitweilig unbewohnbar machen. Durch Verbreitung von Radioaktivität könnte man mit Wasserstoffbomben die Bevölkerung der Bundesrepublik wahrscheinlich heute schon ausrotten. Wir kennen keine technische Möglichkeit, große Bevölkerungsmengen vor dieser Gefahr zu schützen.«[172]

Konrad Adenauers Antwort auf die Erklärung der Göttinger Achtzehn, die Professoren verstünden nichts von Politik, provozierte in der Öffentlichkeit die Frage, ob denn Adenauer selbst mehr über Kernwaffen wisse. Der Vorsitzende der größten Einzelgewerkschaft der Welt, der IG-Metall-Chef Otto Brenner, kam den Wissenschaftlern zu Hilfe: »Die militärische Gernegroßpolitik in der Bundesrepublik kann keines unserer Probleme lösen. Nicht militärische, sondern soziale Umrüstung lautet deshalb unsere Losung.«[173] Der DGB-Landesvorstand Niedersachsen beglückwünschte die Deutschen sogar zu solchen Wissenschaftlern. Prominente Protestanten, unter ihnen Präses Kurt Scharf, die Kirchenpräsidenten Martin Niemöller und Hans Stempel sowie Probst Heinrich Grüber schickten ein Dankestelegramm an die Physiker. Die Bürgerschaft der Freien und Hansestadt Hamburg und die Frankfurter Stadtverordnetenversammlung forderten die christliberale Bundesregierung mehrheitlich auf, die Pläne zur atomaren Aufrüstung der Bundeswehr fallenzulassen und die Lagerung von Atomwaffen in der Bundesrepublik nicht zuzulassen. Am Karfreitag rief der protestantische Religionsphilosoph Karl Barth aus Basel die Menschen auf, die »Sache in ihre eigenen Hände zu nehmen« und deutlich zu machen, daß sie »weder ausrotten noch ausgerottet werden wollen: auch nicht zur Verteidigung der ›freien Welt‹, auch nicht zur Verteidigung des Sozialismus!« Als schließlich Albert Schweitzer aus Lambarene über Radio Oslo einen Appell an die Verantwortlichen in Bonn richtete, alle Kernwaffenversuche einzustellen, steckte die bürgerliche Koalition fürs erste zurück. Bundestagspräsident Eugen Gerstenmaier regte einen einseitigen Kernwaffenstopp der NATO an, und der DGB-Bundesvorstand erhob die Forderung, keine Atomwaffen auf deutschem Boden zu lagern - »jetzt und künftig.«[174]

Obwohl 1957 nach einer Umfrage des Emnid-Instituts 77 Prozent der westdeutschen Bevölkerung eine Stationierung amerikanischer Atomwaffen auf dem Boden der Bundesrepublik ablehnten, gewann die CDU/CSU, die genau dafür eintrat, die dritte Bundestagswahl am 15. September 1957 mit 50,2 Prozent der Stimmen (270 Sitze). Die besonders in Niedersachsen erfolgreiche nationalkonservative bäuerliche Mittelstandspartei Deutsche Partei zog mit nur 3,4 Prozent der Stimmen durch ein Wahlabkommen mit der Union im Huckepackverfahren mit 17 Sitzen in den Bundestag ein. Damit verfügten CDU/CSU/DP mit 53,6 Prozent der Stimmen im Bundestag über 287 von 497 Sitzen. Die SPD erhielt nur 31,8 Prozent (169 Sitze) und die F.D.P. 7,7 Prozent (41 Sitze). Die Bundestagswahl von 1957 stand sicherlich auch unter dem Eindruck des von der Roten Armee niedergeschlagenen Volksaufstandes in Ungarn im Herbst 1956. Der bislang schwärzeste Sonntag in der SPD-Geschichte nach der Katastrophe des Dritten Reiches war jedoch der 6. Juli 1958, als die Partei in der Landtagswahl in Nordrhein-Westfalen zwar ihren Stimmenanteil von 34,5 auf 39,2 Prozent erhöhen konnte, die Union aber mit 50,5 Prozent zum erstenmal an Rhein, Ruhr und Lippe die absolute Mehrheit gewann. Ausschlaggebend für den CDU-Sieg bei der Bundestagswahl 1957 und der Landtagswahl in Nordrhein-Westfalen war die Vollbeschäftigung in der Rekonstruktionsphase des westdeutschen Kapitalismus. Die Frage der Stationierung amerikanischer Atomwaffen in Westdeutschland spielte demgegenüber bei der Wahlentscheidung nur eine untergeordnete Rolle.

Darüber hinaus war die politische Kultur im westdeutschen Teilstaat in den fünfziger Jahren durch eine »Apokalypse-Blindheit« (Günther Anders) geprägt. Ein Grund hierfür war sicherlich, daß man die Gefahren in der jüngsten Vergangenheit kollektiv verdrängte; schließlich hätte ja auch Berlin – falls der Zweite Weltkrieg in Europa noch einige Monate länger gedauert hätte – das Schicksal von Hiroshima erleiden können. Natürlich war die große Mehrheit der Bundesbürger gegen die Atombombe, die Hiroshima zerstört hatte, wenn auch auf eine abstrakte, sehr entfernte Weise. Die westdeutschen Sozialdemokraten erkannten damals nicht, daß diese Menschen davor zurückschreckten, sich konkret vorzustellen, was es für sie selbst in Essen oder Dortmund bedeuten könnte: in Bruchteilen von Sekunden zu verglühen oder – falls sie überlebten – Kinder ohne Mundöffnung oder Gehirn zur Welt zu bringen. Dieses schwer vorstellbare Grauen konnte keine konkreten Auswirkungen auf das Wahlverhalten haben – allenfalls wurde einer, der vor der großen Gefahr warnte, selbst mit der Gefahr schlechthin identifiziert. So floh ein Großteil der Bundesbürger in die gegen solche Schreckensvisionen immune Idylle des Eigenheims und wählte CDU. Das »Land der großen Mitte« prosperierte. Die verspätete Nation entdeckte den Wohlstand, die »Plastik-Welt« und die Auto- und Freizeitgesellschaft.

Stunde der nationalen Wahrheit

Der Sieg der Union in Nordrhein-Westfalen wurde auch durch die rhetorische Niederlage nicht geschmälert, die die CDU/CSU/DP-Koalition in der außenpolitischen Debatte vom 23. Januar 1958 im Bundestag einstecken mußte. In Abwesenheit des Bundeskanzlers lehnte Außenminister Heinrich von Brentano die von der sowjetischen Regierung am 10. Dezember 1957 vorgeschlagene deutsche Konföderation als Grundlage für eine spätere Wiedervereinigung ab. Gleichzeitig sprach sich von Brentano gegen die vom polnischen Außenminister Adam Rapacki vorgeschlagene atomwaffenfreie Zone in Mitteleuropa aus, weil durch einen solchen Plan angeblich Freiheit und Sicherheit der Bundesrepublik gefährdet werden könnten.

Höhepunkte der nächtlichen Debatte waren die Auftritte der beiden ehemaligen Bundesminister Thomas Dehler (F.D.P.) und Gustav Heinemann (früher CDU, danach GVP und später SPD). Dehler warf dem abwesenden Bundeskanzler vor, er versuche erneut, mit der atomaren Bewaffnung der Bundeswehr bewußt die Spaltung Deutschlands voranzutreiben. Heinemann legte zum erstenmal detailliert die Gründe für seinen Rücktritt als CDU-Innenminister im Jahre 1950 dar - nämlich die versäumten Verhandlungen mit der Regierung der Sowjetunion - und forderte Konrad Adenauer auf, zurückzutreten. Die auf diese Attacke nicht vorbereitete Union reagierte im Bundestag zunächst völlig konfus, und die von Anfang bis Ende im Rundfunk übertragene Debatte erregte in jenen Tagen die Gemüter der ganzen Nation. Niemals zuvor schien die Position der Sozialdemokratie so stark gewesen zu sein.

Drei Tage nach der großen außenpolitischen Debatte kündigte der SPD-Parteivorsitzende und Oppositionsführer im Bundestag Erich Ollenhauer eine Aufklärungskampagne über die Gefahren der atomaren Aufrüstung an. Um die Kampagne zu organisieren, stellten die Sozialdemokraten ihren zweiten Vorsitzenden der SPD-Bundestagsfraktion, Wilhelm Mellies, frei; er wurde kurz darauf vom Parlamentarischen Geschäftsführer der SPD-Bundestagsfraktion Walter Menzel abgelöst. Bereits am 22. Februar 1958 hatten in Godesberg Ollenhauer und Menzel mit Vertretern der F.D.P., der katholischen Zentrumspartei, der mittlerweile aufgelösten GVP, des DGB-Bundesvorstandes, mit den Präsidenten der evangelischen Landeskirchen Rheinland und Westfalen, dem Kirchenpräsidenten der Landeskirche Hessen-Nassau sowie mit mehreren Naturwissenschaftlern, Schriftstellern und Vertretern des Linkskatholizismus und des Linksprotestantismus einen vom Parteivorstand vorbereiteten gemeinsamen Aufruf diskutiert. Am 10. März 1958 übergab Menzel der Presse einen »Kampf-Aufruf« unter dem Slogan *Kampf dem Atomtod*: »Das deutsche Volk diesseits und jenseits der Zonengrenze ist im Falle eines Krieges zwischen Ost und

West dem sicheren Atomtod ausgeliefert. Einen Schutz dagegen gibt es nicht. Beteiligung am atomaren Wettrüsten und Bereitstellung deutschen Gebietes für Abschußbasen von Atomwaffen können diese Bedrohung nur erhöhen. Ziel einer deutschen Politik muß deshalb die Entspannung zwischen West und Ost sein. Nur eine solche Politik dient der Sicherheit des deutschen Volkes und der nationalen Existenz eines freiheitlich-demokratischen Deutschland. Wir fordern Bundestag und Bundesregierung auf, den Rüstungswettlauf mit atomaren Waffen nicht mitzumachen, sondern als Beitrag zur Entspannung alle Bemühungen um eine atomwaffenfreie Zone in Europa zu unterstützen. Wir rufen das gesamte deutsche Volk, ohne Unterschied des Standes, der Konfession oder der Partei auf, sich einer lebensbedrohenden Rüstungspolitik zu widersetzen und statt dessen eine Politik der friedlichen Entwicklung zu fördern. Wir werden nicht Ruhe geben, solange der Atomtod unser Volk bedroht.«[175]

Außerparlamentarischer Protest

In den folgenden Monaten bildeten sich zahlreiche außerparlamentarische Initiativen, die hauptsächlich mit Kundgebungen und Erklärungen an die Öffentlichkeit traten: etwa der *Fränkische Kreis* und der Kölner *Appell der Vierundvierzig Professoren.*[176] Erstaunlich breit war auch die zumeist spontane Reaktion in den Industriegewerkschaften. Theo Pirker spricht sogar von einem »verspäteten Aufbruch des gewerkschaftlichen Radikalismus in der Frage der Atomrüstung«.[177] Noch Anfang des Jahres 1958 sei es dem DGB weitaus wichtiger gewesen, die »Frage der Automation« zu diskutieren. Erst nach dem Kölner Appell der Vierundvierzig Hochschullehrer an die Gewerkschaften, ihr ganzes politisches Gewicht gegen die atomare Aufrüstung der Bundeswehr einzusetzen, sei auch in der gewerkschaftsinternen Diskussion ein eindeutiger Meinungswandel festzustellen gewesen.[178] Hans Karl Rupp konstatiert in seiner materialreichen Studie über die *Außerparlamentarische Opposition in der Ära Adenauer*, daß man den Meinungswandel »quer durch das ideologische Kraftfeld der Gewerkschaften« an den Zustimmungen zur Anti-Atomtod-Kampagne ablesen konnte.[179] Diese Abwehrfront reichte zum großen Erstaunen der Union diesmal vom Hauptvorstand der IG Bau Steine Erden unter ihrem Vorsitzenden Georg Leber und dem Hauptvorstand der Deutschen Angestellten-Gewerkschaft bis hin zum Bundesvorsitzenden der ÖTV, Adolph Kummernuß.[180] Nachdem sogar die Leitungen der rheinischen und westfälischen Bruderschaften eine Anfrage an die Synode der Evangelischen Kirche in Deutschland gesandt hatten, in der von einem »status confessionis«[181] gesprochen wurde, glaubte die CDU/CSU, sie müsse in dieser Angelegenheit jetzt parlamentarisch erneut in die Offensive gehen.

Vom 20. bis 25. März 1958 fand auf Antrag der christdemokratischen Bundestagsfraktion eine große Debatte zur Frage der Aufrüstung der Bundeswehr mit atomaren Waffen statt. Diese Parlamentsdebatte war ganz offensichtlich auch als »Revanche für die rhetorische Niederlage« der christlich-konservativen CDU/CSU/DP-Regierung vom 23. Januar 1958 gedacht.[182] Als Ouvertüre konfrontierte Konrad Adenauer die Oppositionsparteien SPD und F.D.P. mit der neuen und apodiktischen Behauptung, die Bundesrepublik könne nur dann in der NATO bleiben, wenn sie auch atomar aufrüste. Und der CSU-Bundesverteidigungsminister Franz Josef Strauß versuchte mit der Sozialdemokratie eine »Art militärisch-politische Inquisition« zu veranstalten und die Richtung des Verhörs durch die polemische Frage an die SPD »Wie stehen Sie eigentlich praktisch zur Landesverteidigung?« festzulegen.[183] Man darf hier nicht vergessen, daß die Sozialdemokraten trotz zahlreicher Bedenken am 6. März 1956 im Bundestag ihre Zustimmung zur zweiten »Wehrergänzung« des Grundgesetzes, der Wehrverfassung, gegeben hatten, um - wie sie sagten - die Einführung eines

Ersatzdienstes für Kriegsdienstverweigerer sowie die Beibehaltung einer Reihe von Grundrechten während des Wehrdienstes abzusichern.[184] Faktisch hatte die SPD mit diesem Votum jedoch ihre grundsätzliche Opposition gegen eine Wiederaufrüstung der westdeutschen Gesellschaft aufgegeben.

Aufgrund der verbreiteten Unsicherheiten in der Außen- und Wehrpolitik, nicht zuletzt angesichts der ständigen Wahlerfolge der Union, reagierte die SPD-Bundestagsfraktion auf die harten Angriffe von Adenauer und Strauß ausgesprochen polemisch. Der sozialdemokratische Abgeordnete Fritz Erler, der unter der NS-Herrschaft 6 Jahre im Zuchthaus gesessen hatte, erwiderte Strauß, die Bundestagsdebatte erinnere ihn an die Goebbelsche Sportpalast-Kundgebung, worauf die CDU/CSU den Plenarsaal verließ und ihn erst wieder betrat, als Erler seine Rede beendet hatte. Der damalige Wehrexperte der SPD Helmut Schmidt unterstellte der CDU/CSU sogar die Absicht, »die beiden Teile unseres Vaterlandes mit atomaren Bomben gegeneinander zu bewaffnen« und verglich diese Politik mit der Zustimmung der Zentrumspartei zum Ermächtigungsgesetz im März 1933. Die Geschichte - so Schmidt damals - werde später über die CDU/CSU ebenso unerbittlich richten wie heute über das Zentrum.[185] Da die Redeschlacht zudem mit dem 25. Jahrestag der Machtübergabe durch die bürgerlichen Parteien an Hitler zusammenfiel, gerieten die Gefühle erst recht in Aufruhr.

Die vom Rundfunk vollständig übertragene viertägige Debatte wurde durch das Wochenende unterbrochen, an dem in der Frankfurter Kongreßhalle vor etwa 2000 Personen die Auftaktkundgebung »Kampf dem Atomtod« stattfand. Das Bestreben der SPD, eine seriöse Mahnstunde mit dem Frankfurter Jugend-Symphonie-Orchester und einer Frankfurter Chorgemeinschaft statt einer politischen Agitationsveranstaltung zu begehen, fiel auf die Initiatoren zurück. Die bundesrepublikanische Presse nahm von der Auftaktkundgebung fast keine Notiz. Die Titelseiten der Tageszeitungen am folgenden Tag standen noch ganz im Zeichen der Bundestagsdebatte.[186] Unter dem

Eindruck Polarisierung der Bevölkerung in beiden deutschen Teilstaaten setzte die CDU/CSU-Bundestagsfraktion am letzten Tag der Debatte durch, die Sitzung auf acht Stunden zu begrenzen. Obwohl mittlerweile der DP-Vorsitzende Heinrich Hellwege in Hannover erklärt hatte, er rechne aufgrund der allgemeinen Emotionalisierung mit einer Abstimmungsniederlage der konservativen Regierung, stimmte der CDU/CSU/DP-Block fast geschlossen koalitionstreu ab. Nur der CDU-Bundestagsabgeordnete Peter Nellen lehnte zusammen mit der Opposition Kernwaffen als Mittel der Kriegführung ab. Der ausschlaggebende Satz der verabschiedeten Entschließung lautete: »In Übereinstimmung mit den Erfordernissen dieses Verteidigungssystems (der NATO) und angesichts der Aufrüstung des möglichen Gegners müssen die Streitkräfte der Bundesrepublik mit den modernsten Waffen so ausgerüstet werden, daß sie den von der Bundesrepublik übernommenen Verpflichtungen im Rahmen der NATO zu genügen vermögen und den notwendigen Beitrag zur Sicherung des Friedens wirksam leisten können.«[187]

Als Antwort auf diesen Kraftakt der CDU/CSU/DP veröffentlichte eine Gruppe von Medizinern am 17. März 1958 einen von 936 Hamburger Ärzten unterzeichneten Aufruf, der sich gegen »jegliche Verwendung von Atomwaffen« richtete. Einen Tag darauf erschien in der Münchener Zeitschrift *Die Kultur* eine scharfe Verurteilung des umstrittenen Bundestagsbeschlusses. Sie war von rund 450 Schriftstellern, Bildenden Künstlern, bekannten Schauspielern und Theaterintendanten unterschrieben, unter ihnen Alfred Andersch, Günter Eich, Hans Henny Jahnn, Erich Kästner, Hans-Hellmut Kirst, Wolfgang Koeppen, Rudolf Pechel, Hans Werner Richter, Günther Weisenborn, Wolfgang Weyrauch, der Komponist Werner Egk und der Maler Otto Dix. Wenige Tage später schlossen sich die Schriftstellerinnen Ingeborg Bachmann und Gertrud von Le Fort und die Schriftsteller Manfred Hausmann, Hermann Kasack (Präsident der Deutschen Akademie für Sprache und Dichtung in Darmstadt), Walter von Molo (Ehrenvorsitzender aller deutschen Schriftstellerverbände), Emil Preetorius (Präsident der Bayerischen Akademie der Schönen Künste) sowie der Komponist Carl Orff diesem Protest an; ferner die Regisseure Heinz Hilpert, Helmut Käutner, Fritz Kortner und die beiden Filmproduzenten Harald Braun und Artur Brauner. Die *Neue Zürcher Zeitung* bemerkte am 25. April 1958, die Liste der Unterzeichner lese sich wie ein »Autorenlexikon der deutschen Gegenwartsliteratur«. Der Text, den auch zahlreiche konservative Schriftsteller und Künstler mitgetragen hatten, lautete: »Wir protestieren gegen die atomare Bewaffnung der Bundeswehr, weil sie jede weitere Verständigung zwischen Ost und West unmöglich zu machen droht, die Gefahr einer dritten Katastrophe für das deutsche Volk heraufbeschwört und die Wiedervereinigung verhindern kann. Die Anwendung atomarer Waffen ist Selbstmord. Eine zusätzliche deutsche Atomrüstung schreckt den Kommunismus nicht ab, sondern dient seiner Argumentation und Propaganda. Wir appellieren deshalb an alle, die sich in dieser Stunde ihrer persönlichen Verantwortung bewußt sind, gegen den folgenschweren Beschluß des Bundestages demonstrativ Stellung zu nehmen. Wir schließen uns damit allen gleichgerichteten Aktionen an.«[188]

Im Unterschied zur »Paulskirchen«-Kampagne gegen die Remilitarisierung Anfang der fünfziger Jahre, die – mit Ausnahme der direkt betroffenen Jahrgänge – niemals den Charakter einer politischen Massenbewegung erreicht hatte, war die Resonanz beim *Kampf dem Atomtod* ungleich breiter. Im DGB spitzte sich die Diskussion auf die Frage zu, ob die Gewerkschaften diesmal einen politischen Generalstreik ausrufen sollten. Aber nach der Drohung der Christlichen Demokratischen Arbeitnehmerschaft, in einem solchen Fall die Einheitsgewerkschaft zu spalten, war die Frage endgültig vom Tisch. Auf einer außerordentlichen Sitzung forderte der DGB-Bundesvorstand in Hamburg am 28. März 1958 nur noch eine Volksbefragung über die atomare Bewaffnung und behielt sich »weitere Schritte« vor. An der gewerkschaftlichen Basis war dagegen - natürlich regional sehr unterschiedlich - die Streikbereitschaft größer. An dem Tag, als in Hamburg der DGB-Bundesvorstand zusammenkam, traten 3000 Arbeiter des Braunschweiger Volkswagen-Zweigwerks spontan in einen einstündigen Proteststreik. Wenig später unterstützte die Mehrheit der 25 000 Beschäftigten im Wolfsburger Hauptwerk ihre Braunschweiger Kollegen durch einen einstündigen Ausstand. Als Reaktion auf diese Arbeitsniederlegungen und nicht zuletzt auch zur Unterstützung des Kompromißkurses der DGB-Führung empfing Konrad Adenauer drei Tage später eine DGB-Delegation unter der Leitung von Willi Richter. Gleichzeitig kam es noch einmal zu kurzen Warnstreiks auf zahlreichen Baustellen in Braunschweig und in den dortigen Büssing-Werken. Anschließend stockten diese Aktionen in den Betrieben.[189]

Berliner Studentenkongreß gegen Atomrüstung '59

Die Gewerkschaften unterstützten jedoch - wie auch die SPD und die F.D.P. - die Gründung von lokalen und regionalen Kampf-dem-Atomtod-Komitees. Innerhalb von drei Monaten entstanden in mehr als der Hälfte aller Groß- und Mittelstädte der Bundesrepublik Anti-Atomtod-Aktionskomitees, die Unterschriftensammlungen, Mahnwachen, Kundgebungen und Arbeitskreise initiierten und organisierten. Das erste Komitee gegen Atomrüstung entstand bereits am 2. April 1958 in München auf Initiative des Schriftstellers und Mitbegründers der Gruppe 47 Hans Werner Richter. Landesausschüsse bildeten sich noch im selben Monat in Hamburg, Berlin, Bremen, Rheinland-Pfalz, Hessen, Nordrhein-Westfalen und Bayern. Im Mai und Juni 1958 folgten Landesausschuß-Gründungen in Niedersachsen und Schleswig-Holstein, im September in Baden-Württemberg. In Rheinland-Pfalz, Nordrhein-Westfalen und Niedersachsen gingen die Initiativen vom jeweiligen DGB-Landesbezirk aus. Allerdings bestanden, wie Hans Karl Rupp nachweist, von SPD- und Gewerkschaftsbürokratie wirklich unabhängige Arbeitskreise gegen die atomare Aufrüstung nur an einigen Universitäten: »Sie wurde in der Mehrzahl der Fälle ins Leben gerufen von Mitgliedern eines kleinen überregionalen studentischen Diskussionskreises, der wiederum in der Mehrzahl aus SPD-loyalen Mitgliedern des Sozialistischen Deutschen Studentenbundes (SDS) bestand. Die aktivsten und damit tonangebenden Mitglieder dieser Arbeitskreise kamen in der Regel aus den jeweils lokalen Organisationen des SDS, des LSD (Liberaler Studentenbund Deutschlands) und der ESG (Evangelische Studentengemeinde).«[190]

Zu den Initiatoren der studentischen Arbeitskreise gehörten Jürgen Habermas, Helge Pross, Manfred Teschner, Ulrike Meinhof, Monika Mitscherlich, Jürgen Seifert, Eckhart Spoo und Klaus Rainer Röhl. Damals entstand an den Universitäten ein völlig neues Protest-Milieu, das jedoch erst in den sechziger Jahren seine volle Kraft und Phantasie entfalten sollte. Diese autonomen studentischen Arbeitskreise hatten bereits im Juni 1958 einen zentralen Kongreß beschlossen, der an der Freien Universität Berlin stattfinden sollte. Mitten in die Vorbereitungen platzte am 27. November 1958 das Berlin-Ultimatum Chruschtschows. Die Regierung der UdSSR kündigte in gleichlautenden Noten an die Westalliierten, die Bundesrepublik Deutschland und die Deutsche Demokratische Republik den Vier-Mächte-Status von Berlin. Innerhalb von sechs Monaten sollten Verhandlungen über eine entmilitarisierte »Freie Stadt West-Berlin« eingeleitet werden.

Als der Studentenkongreß dennoch am 3. Januar 1959 im Neubau der Wirtschafts- und Sozialwissenschaftlichen Fakultät eröffnet wurde, nahmen an der Tagung 318 Vertreter aus 20 westdeutschen und West-Berliner studentischen Arbeitskreisen gegen die Atomrüstung sowie etwa 200 deutsche und ausländische Gäste teil. Zur Begrüßung erschienen von der

SPD-Parteileitung nur der stellvertretende Berliner SPD-Landesvorsitzende Kurt Mattick und der Vorsitzende des Bonner »Kampf-dem-Atomtod«-Ausschusses und Parlamentarische Geschäftsführer der SPD, Walter Menzel. Der SPD-Landesvorsitzende und Regierende Bürgermeister von Berlin, Willy Brandt, hatte demonstrativ abgesagt. Anwesend war aber noch ein dritter Sozialdemokrat: der Wehrexperte der SPD-Bundestagsfraktion, Helmut Schmidt. Die Kongreßteilnehmer bildeten fünf Arbeitsausschüsse: »Demokratie«, »Wiedervereinigung und Atomrüstung«, »Außenpolitik der Westmächte«, »Verantwortung des Wissenschaftlers« und »Christliche Verantwortung«. Darüber hinaus wurde noch ein Hauptausschuß gebildet. Nach einem engagierten Referat von Erich Kuby verabschiedete der Arbeitsausschuß Wiedervereinigung und Atomrüstung einen Entschließungsantrag zur Wiedervereinigungspolitik, der dem Plenum auf der Abschlußsitzung vorgelegt werden sollte. Zum Redaktionsausschuß dieses Antrags gehörten außer Erich Kuby die *konkret*-Redakteure Reinhard Opitz und Hans Stern.[191] In dieser Resolution, die in den nächsten Tagen und Wochen in Universitäten, Presse und Politik eine wahre Panikstimmung auslöste, hieß es: »Die politische Lage wird in Kürze die beiden Teile Deutschlands zwingen, miteinander zu verhandeln. Damit solche Verhandlungen möglich werden, ist es nötig, daß Formeln wie ›Mit Pankow wird nicht verhandelt‹ aus der politischen Argumentation verschwinden. Das Ziel notwendiger Verhandlungen, die bisher stets von der Bundesregierung ungeprüft zurückgewiesen wurden, muß sein: 1. die Umrisse eines Friedensvertrags zu entwickeln, 2. die möglichen Formen einer interimistischen (vorläufigen) Konföderation zu prüfen«[192] (vgl. Dokument 7).

Das Kongreßplenum nahm den Antrag in seiner letzten Sitzung am 4. Januar 1959 fast einstimmig an. Der SPD-Wehrexperte Helmut Schmidt und der Dekan der Wirtschafts- und Sozialwissenschaftlichen Fakultät der FU, Professor Otto Stammer (SPD), distanzierten sich in schroffer Weise von dem Beschluß und verließen den Kongreß unter Protest. Am folgenden Tag berichtete die Berliner Abendzeitung *Der Kurier* über den Studentenkongreß unter der Schlagzeile *Totengräber unserer Freiheit.* Die haßerfüllten Reaktionen in der Presse und der offiziellen Politik zeigen deutlich, wie unerwünscht bereits damals eigenständige Überlegungen zur Neuvereinigung Deutschlands waren. Brigitte Seebacher-Brandt glossierte diesen Studentenkongreß mehr als 30 Jahre danach folgendermaßen: »Am 3. und 4. Januar 1959 strömten, vom SDS dirigiert, in der Freien Universität Berlin Vertreter studentischer Aktionsausschüsse und Gäste zusammen.«[193] Heimlicher Groll statt historischer Analyse. Denn die studentischen Ausschüsse gegen Atomrüstung wurden laut Ansgar Skriver (Sekretär des Berliner Landesausschusses Kampf-dem-Atomtod) nicht vom SDS dirigiert, und so ganz falsch war die vom damaligen SPD-Parteivorstand abgestrafte »deutschlandpolitische Initiative« des Studentenkongresses wohl auch nicht. Aber – so der Frankfurter Ex-SDSler Detlev Claussen in einer kritischen Glosse in der SPD-nahen Theoriezeitschrift *Neue Gesellschaft/Frankfurter Hefte* über das Feuilleton der *Frankfurter Allgemeinen Zeitung* – »wer weiß das heute schon, wer will das noch wissen?«[194]

VIII. Triumph und Niederlage der Realpolitik

Nach der schweren Niederlage der SPD in der Bundestagswahl 1957 verabschiedete sich der SPD-Parteivorstand schrittweise von seinen bisherigen Positionen in der Deutschland-, Europa- und Wirtschaftspolitik. Bereits in der ersten Legislaturperiode des Bundestages war deutlich geworden, daß die »neoliberale Wirtschaftspolitik« der Adenauer/Erhard-Regierung keineswegs im »Desaster« endete, sondern einen »langanhaltenden Aufschwung« fördern half, der seit etwa 1960 sogar zu einer Steigerung der Reallöhne der Arbeiter und Angestellten führte. Darüber hinaus zeichnete sich immer deutlicher ab, daß die westdeutsche Bevölkerung schon längst nicht mehr bereit war, für die Einheit Deutschlands ernsthafte Risiken auf sich zu nehmen. Nach den historischen Erfahrungen in den beiden Weltkriegen, der NS-Diktatur und der stalinistischen Umerziehungs-Diktatur hatte das Bedürfnis nach Sicherheit für die übergroße Mehrheit der Westdeutschen zweifellos - so Peter Brandt - einen »überragenden Stellenwert« erhalten.[195]

In dieser allgemeinen Situation fand vom 13. bis zum 15. November 1959 in der Stadthalle von Bad Godesberg ein Außerordentlicher Parteitag der SPD statt, auf dem ein neues Grundsatzprogramm beschlossen wurde. Obwohl eine große Anzahl von Gegenentwürfen und Gegenanträgen vorlag, wurde das Godesberger Programm schließlich gegen nur 16 Stimmen angenommen.[196] In diesem Text sucht man vergeblich nach einer kritischen Bilanz der historischen Niederlagen der Demokratie seit dem Zusammenbruch der Weimarer Republik oder einer konkreten Analyse der Machtverhältnisse in der Bundesrepublik. Im Gegensatz zu allen vorherigen wichtigen programmatischen Erklärungen der SPD, etwa dem Gothaer Programm von 1875, dem Erfurter Programm von 1891, dem Heidelberger Programm von 1925 oder der Dürkheimer 16-Punkte-Erklärung aus dem Jahre 1949, wird im Godesberger Programm nicht einmal der Versuch unternommen, eine Beschreibung, geschweige denn eine Analyse der ökonomischen und gesellschaftlichen Situation in der deutschen Nachkriegsgesellschaft vorzunehmen. Trotzdem näherte sich die SPD mit ihrer neuen Programmatik zweifellos der Mentalität der bundesrepublikanischen Bevölkerungsmehrheit. Letztlich war dieses Programm ein atheoretischer und ahistorischer »ethischer Appell«, der die Sozialdemokratie mehr oder minder bedingungslos auf die NATO und das Projekt der industriellen Moderne festlegen sollte. In Anlehnung an Schelskys These von der »nivellierten Mittelstandsgesellschaft« verabschiedete sich die westdeutsche Sozialdemokratie damals von den Marxschen Begriffen »Klasse«, »Klasseninteresse« und »Klassenkonflikt«. Wenn sich heute die SPD erneut als »Schutzpartei der kleinen Leute« verstehen möchte, so muß sie die Annahmen, die 1959 zu dieser Weichenstellung geführt haben, neu durchdenken.

Die deutschlandpolitische Wende nach Godesberg

Auf der anderen Seite hatte sich die fatalistische Weltanschauung eines Karl Kautsky längst überlebt, und ein neues Grundsatzprogramm stand auf dem historischen Stundenplan der SPD. Mit der abstrakten Grundsätzlichkeit, die das gesamte Godesberger Programm durchzieht, ließ sich jedoch beinahe, so Peter von Oertzen im November 1984, »jede pragmatische Politik« rechtfertigen.[197] So distanzierte sich Herbert Wehner nur rund sechs Monate später am 30. Mai 1960 in einer Rede vor dem Deutschen Bundestag vom Deutschlandplan der SPD.[198] In dieser Erklärung stellte Wehner fest, daß die SPD nach wie vor am Ziel internationaler Entspannung und Abrüstung sowie an der Wiedervereinigung Deutschlands festhalte, er aber ihre »diesbezüglichen Vorschläge aus den fünfziger Jahren« für überholt ansehe. Danach bekannte er sich unzweideutig zur Eingliederung der Bundesrepublik in das westliche Bündnissystem.[199] Der SPD-Parteivorstand begründete diesen abrupten Kurswechsel mit der geänderten weltpolitischen Situation seit der Genfer Vierer-Konferenz 1959 und dem gescheiterten Pariser Gipfeltreffen im Mai 1960; darüber hinaus habe aber auch der sozialdemokratische Deutschlandplan (vgl. Dokument 8) bei »keinem der Adressaten die notwendige Resonanz« gefunden. Erich Ollenhauer stellte fest, von der Erreichung »ihres wesentlichsten nationalen Zieles, die Einheit Deutschlands in Freiheit wiederherzustellen«, sei die SPD »weiter entfernt als je zuvor«.[200]

In seiner Studie *Sozialdemokratie und Nation* hebt Peter Brandt jedoch hervor, daß dies nicht die entscheidenden Beweggründe für den Kurswechsel gewesen sein können: »Denn widerlegt (oder als Täuschung entlarvt) war erkennbar auch die Grundthese der Adenauerschen Außenpolitik: die, auch militärische, Westintegration werde in absehbarer Zeit die Wiedervereinigung bringen. Es war zwar unverkennbar, daß die Sowjetunion eine Entspannung nur mehr auf der Basis des Status quo einschließlich der Zweistaatlichkeit Deutschlands anstrebte, doch immerhin ließen sich die Disengagement-Ideen der späten fünfziger Jahre, namentlich in der Zwischenphase der Entkrampfung des Verhältnisses der Weltmächte 1959/60, weiterhin vertreten. Aber gerade die mit dem Konzept einer atomwaffen-, fremdtruppen- und bündnisfreien sowie rüstungsverdünnten Zone in Mitteleuropa hergestellte Verbindung zwischen Deutschland- und Sicherheitspolitik, die dem Mainstream der westlichen Politik, nicht nur der westdeutschen, widersprach, wurde aufgegeben. Darin bestand wohl der Kernpunkt der Umorientierung. Das neue Axiom lautete: Nur auf der Basis eines intakten, ausreichend und zweckmäßig gerüsteten NATO-Bündnisses könnten die sowjetische Hegemonialpolitik abgewehrt und die Grundlagen für neue Initiativen in der Deutschlandpolitik gelegt werden ... Das Subjekt der SPD-Sicherheitspolitik war nicht mehr die ideelle Gesamtnation, sondern der reale westdeutsche Teilstaat, und man war jetzt bereit, die herausgehobene Rolle der Bundesrepublik in der Ost-West-Auseinandersetzung zu akzeptieren, wenn man sie auch anders als die CDU/CSU handhaben wollte.«[201] Die schmerzhafte Erkenntnis, daß die deutsche Einheit in weite Ferne gerückt sei, brachte immerhin den »Vorteil« mit sich, daß die SPD ihre deutschlandpolitischen Überlegungen nunmehr stärker unter »taktischen Gesichtspunkten« kalkulieren konnte. Wollten Ollenhauer und Erler der konservativen Bundesregierung jetzt absichtlich »das erste Wort« überlassen, wenn es darum ging, unhaltbare deutschlandpolitische Positionen zu räumen.

Die Einheit Deutschlands als Nahziel der sozialdemokratischen Politik stand nach Godesberg nicht mehr auf dem Fahrplan der SPD. Dadurch verlor die »Enkel«-Generation in der westdeutschen Sozialdemokratie ihre gesamtdeutsche Identität. Ein tiefer Mentalitätsbruch war die Folge, der sich im Neuvereinigungsprozeß Ende der achtziger Jahre durch eine generationsspezifische Sprachlosigkeit nicht nur in der SPD-Führungsetage bemerkbar machte. Jetzt rächte es sich, daß es nach Godesberg in der SPD keine parteiinterne Diskussion über die Ursachen und Folgen der deutschlandpolitischen Wende gegeben hatte. Statt dessen bekannten sich die rüstungs- und außenpolitischen Spezialisten im Parteivorstand (Fritz Erler, Willy Brandt und Helmut Schmidt; später auch Egon Bahr) immer offener zu einer außenpolitischen Gleichgewichtspolitik, die auf die Menschen- und Minderheitsrechte nur noch in Ausnahmefällen Rücksicht nahm. Diese Wende fiel zeitlich mit dem Regierungswechsel in Washington zusammen. Zwischen den liberalen Beratern um John F. Kennedy und den neuen starken Männern in der Bonner Baracke gab es grundlegende Übereinstimmungen.[202] Die SPD nach Godesberg konnte sich also mit einigem

Erfolg als »Partei des Atlantizismus« und ironischerweise auch als ständige »Mahnerin zur Einheit des Westens« (Peter Brandt) profilieren, wobei die neuen starken Männer in der SPD-Parteispitze die hegemonialen und imperialistischen Aspekte der US-Politik in Vietnam und Lateinamerika immer stärker ausblendeten oder beschönigten.

Eine weitere Konsequenz von Godesberg war der im November 1961 gefaßte Beschluß, eine Mitgliedschaft in der SPD und im Sozialistischen Deutschen Studentenbund sei unvereinbar. Damit bestrafte die SPD-Spitze eine deutschlandpolitische Initiative der sozialistischen Studenten. Denn die Mehrzahl der SDSler bekannte sich auch nach Godesberg offen zum Deutschlandplan der SPD. Die mittelfristige Konsequenz dieses Unvereinbarkeitsbeschlusses war eine »Solidarität der Außenseiter«[203] an den Universitäten, in der Wissenschaft und in der Kunst. Im Vorfeld der SPD entstand ein Fokus der undogmatischen »Neuen Linken«. Aber erst angesichts der antiautoritären Revolte 1967/68 begriff ein Teil der SPD-Funktionäre, welche gesellschaftspolitische Dynamik man mit diesem undemokratischen Unvereinbarkeitsbeschluß mittelfristig ausgelöst hatte. Doch da war es bereits zu spät. Denn zu diesem Zeitpunkt hatten sich die politische Emotionalität der immer selbstbewußter gewordenen Aktivisten einer neuen SDS-Generation und die Denkweise der meisten SPD-Parteifunktionäre, die durch zahlreiche Wahlniederlagen in den fünfziger Jahren zermürbt waren, längst auseinandergelebt. Außerdem hätte ein herrschaftsfreier Diskurs über die Generationsgrenzen hinweg eine (vom damaligen SPD-Parteivorstand gewollte) innerparteiliche Demokratie vorausgesetzt.

Solange jedoch der Begriff »Demokratie« in der SPD vorrangig als Kampfparole gegen Kommunisten oder Konservative verwendet wird, muß ein Bündnis zwischen der etablierten Sozialdemokratie und der unabhängigen linken Intelligenz immer wieder scheitern. Die SPD muß deshalb ihr Verhältnis zur Kultur und zu den Intellektuellen neu überdenken. Kurzfristige

Initiativen helfen hier nicht weiter. Das Schicksal des zentralen Kulturforums in Bonn, das nach dem Rücktritt von Willy Brandt und Peter Glotz ausgetrocknet wurde, zeigt dies in aller Deutlichkeit. Ob der Versuch einer Reaktivierung unter der Führung von Gerhard Schröder gelingt, muß sich erst noch erweisen. Kurz gesagt: Seit 1961 dominiert in der SPD eine gewisse affirmative Intellektualität, die besonders in der »Enkel«-Generation stark ausgeprägt ist. Die Versuche von Brandt und Glotz, die intellektuelle Selbstblockade der SPD aufzusprengen, sind weitgehend gescheitert.

Die Mauer

Aber auch nach Godesberg marschierte der »Genosse Trend« nicht sehr viel schneller als vorher. Die Zuwachsrate an sozialdemokratischen Wählerstimmen betrug nach wie vor ungefähr 4 Prozent. Besonders deutlich wurde dies bei den Wahlen zum vierten Bundestag am 17. September 1961, bei denen die SPD zwar 36,2 Prozent erhielt und die CDU/CSU mit 45,3 Prozent fast fünf Prozent verlor, die jedoch bei der F.D.P., die 12,8 Prozent gewinnen konnte, zu Buche schlugen. Trotzdem befand sich die SPD auf dem Weg zur Regierungsbeteiligung in Bonn. Aber zunächst billigte eine Mehrheit der Delegierten auf dem Hannoveraner SPD-Parteitag im November 1960 die sicherheits- und außenpolitische Wende. Nur ein SPD-Bundestagsabgeordneter, der stellvertretende bayerische Landesvorsitzende und Chef des Unterbezirks Hof, Arno Behrisch, trat demonstrativ aus der SPD aus und schloß sich der pazifistischen Deutschen Friedens-Union an. Nach dem Bau der Mauer am 13. August 1961 durch Berlin erklärte Willy Brandt im Abgeordnetenhaus empört: »Die vom Ulbricht-Regime auf Aufforderung der Warschauer-Pakt-Staaten verfügten und eingeleiteten Maßnahmen zur Abriegelung der Sowjetzone und des Sowjetsektors von West-Berlin sind ein empörendes Unrecht. Sie bedeuten, daß mitten durch Berlin nicht nur eine Art Staatsgrenze, sondern die Sperrwand eines Konzentrationslagers gezogen wird ... Die kalten Betonpfähle, die unsere Stadt durchschneiden, sind mitten ins Herz der deutschen Einheit und in den lebendigen Organismus unserer einen Stadt gerammt worden. Was können wir tun? Was hat der Senat getan? Der Senat ist heute früh zu einer Sondersitzung zusammengetreten. Er hat die erforderlichen Maßnahmen eingeleitet. Wir haben uns unverzüglich mit den Herren Kommandanten unserer Schutzmächte in Verbindung gesetzt. Dabei habe ich die Herren Kommandanten darum ersucht, im Gebiet ihrer eigenen Verantwortung tätig zu werden und ihren Regierungen vorzuschlagen, daß energische Schritte gegen die Regierung der Sowjetunion unternommen werden. Die Westmächte müssen unserer Meinung nach darauf bestehen, daß die rechtswidrigen Maßnahmen rückgängig gemacht werden und die Freizügigkeit wiederhergestellt wird.«[204] Doch die Westalliierten respektierten den sowjetischen Einflußbereich und lehnten konkrete Maßnahmen gegen die Mauer ab.

Spätestens von diesem Zeitpunkt an empfand man in Berlin die Unzulänglichkeit einer rein agitatorischen Deutschlandpolitik. Darüber hinaus sah Willy Brandt den außenpolitischen Spielraum der Bundesrepublik durch die »Verweigerung eines eigenen Entspannungsbeitrags« gefährdet. Arnulf Baring wies in seiner Studie *Machtwechsel* (1982) darauf hin, daß Willy Brandt bereits während der amerikanisch-sowjetischen Verhandlungen in der Berlin-Krise im Frühjahr 1959 die Gefahr erkannte, daß die Entspannungspolitik über die »Köpfe der Deutschen hinweggehe und Westdeutschland in die Isolierung geraten lassen könnte«.[205] Darauf bildete sich eine kleine Studiengruppe (Egon Bahr, Peter Bender, Klaus Schütz, Heinrich Albertz und andere) im Umfeld von Willy Brandt und dachte über eine Ablösung von der bisherigen Konfrontationspolitik nach.

Am 15. Juli 1963 stellte Brandts Senatspressechef Egon Bahr in einem Vortrag vor der Evangelischen Akademie Tutzing einer breiteren Öffentlichkeit einige dieser Überlegungen vor. Der ehemalige RIAS-Journalist ging in seiner Rede besonders ausführlich auf die historische Verantwortung der Sowjetunion für die deutsche Einheit ein: »Die Parole ›Deutsche an einen Tisch‹ war immer eine Parole, die nur der Anerkennung der deutschen Teilung dienen sollte. Es kann keinem Zweifel unterliegen, daß die Sowjetunion auch heute noch ihre harte Hand auf dem deutschen Glacis hält. Die theoretische Vorstellung, daß in Ost-Berlin ein Demokrat säße, macht sofort deutlich, daß die sowjetische These, die Wiedervereinigung sei allein Sache der Deutschen, die Herrschaft eines sowjetischen Vizekönigs in Ost-Berlin voraussetzt. Die Voraussetzungen zur Wiedervereinigung sind nur mit der Sowjetunion zu schaffen. Sie sind nicht in Ost-Berlin zu bekommen, nicht gegen die Sowjetunion, nicht ohne sie. Wer Vorstellungen entwickelt, die sich im Grunde darauf zurückführen lassen, daß die Wiedervereinigung mit Ost-Berlin zu erreichen ist, hängt Illusionen nach und sollte sich die Anwesenheit von 20 oder 22 gut ausgerüsteten sowjetischen Divisionen vergegenwärtigen. Die Wiedervereinigung ist ein außenpolitisches Problem. Es widerspricht zwar vielen Resolutionen, aber es entspricht der realen Lage, wenn innerhalb der Bundesrepublik nicht das Ministerium für gesamtdeutsche Fragen, sondern das Auswärtige Amt für diesen Komplex zuständig ist. Niemand ist deshalb auf den Gedanken gekommen, daß diese Ressorteinteilung etwa eine Anerkennung der sogenannten DDR bedeutet. Die amerikanische Strategie des Friedens läßt sich auch durch die Formel definieren, daß die kommunistische Herrschaft nicht beseitigt, sondern verändert werden soll ... Die erste Folgerung, die sich aus einer Übertragung der Strategie des Friedens auf Deutschland ergibt, ist, daß die Politik des Alles oder Nichts ausscheidet. Entweder freie Wahlen oder nichts, entweder gesamtdeutsche Entscheidungsfreiheit oder ein hartes Nein, entweder Wahlen als erster Schritt oder Ablehnung, das alles ist nicht nur hoffnungslos antiquiert und unwirklich, sondern in einer Strategie des Friedens auch sinnlos. Heute ist klar, daß die Wiedervereinigung nicht ein einmaliger Akt ist, der durch einen historischen Beschluß an einem historischen Tag auf einer historischen Konferenz ins Werk gesetzt wird, sondern ein Prozeß mit vielen Schritten und vielen Stationen.«[206]

Es fällt auf, daß Egon Bahr sich damals - wahrscheinlich auch unter dem Eindruck des 17. Juni 1953 - nicht vorstellen konnte, daß eines Tages breite Massen die Politik Mitteleuropas demokratisch mitbestimmen könnten. Eine Lösung der deutschen Frage erwartete er deshalb irrtümlicherweise primär von Konferenzen und langfristiger Geheimdiplomatie. Andererseits machte er sich keinerlei Illusionen über die Politikfähigkeit der DDR. Sein Hauptgesprächspartner hieß deshalb 1963 auch nicht DDR, sondern UdSSR, denn die DDR blieb immer von der Gnade Moskaus abhängig. Bedauerlicherweise ging in der westdeutschen Sozialdemokratie - insbesondere in der zweiten Phase der Ost- und Deutschlandpolitik - dieser realistische Blick auf die DDR fast völlig verloren. Irgendwann wurde dann auch die Schumachersche Vereinigungsoption klammheimlich im Archiv der Friedrich-Ebert-Stiftung abgelegt, und plötzlich war man im Bonner Raumschiff sogar stolz darauf, daß die Einheit der Nation jetzt kein autonomer Wert mehr sei. Hier lag die Geburtsstunde der nationalen Enthaltsamkeit in der SPD und nicht - wie Brigitte Seebacher-Brandt immer wieder behauptet - im Revolte-Jahr 1968. Denn für die Achtundsechziger gab es 1968 durchaus noch eine thematische Verbindung von Demokratie und Nation, wie ich am Beispiel Rudi Dutschke gezeigt habe. Die Verinnerlichung der Zweistaatlichkeit durch immer größere Teile der SPD erfolgte erst in der Regierungsära von Helmut Schmidt. Alles Achtundsechziger?

Neue Ostpolitik

Mit dem Abschluß des ersten Passierschein-Abkommens im Dezember 1963 gelang dem sozialliberalen Senat von Berlin der erste Durchbruch: Die »Kleine Berliner Ostpolitik« nahm ihren Anfang. Egon Bahrs Parole »Wandel durch Annäherung« wurde zum Kennzeichen für die von der West-Berliner Brandt-Fraktion eingeleitete neue Deutschlandpolitik. Schließlich schloß sich auch Herbert Wehner, der lange Zeit abgewartet hatte, der neuen Politik an. Anfang Februar 1966 trat das SED-Zentralkomitee mit einem Offenen Brief an die Delegierten des Dortmunder SPD-Parteitages heran und schlug eine »große gesamtdeutsche Beratung« zwischen der SPD und der SED vor: »SED und SPD sind die bei weitem stärksten Parteien Deutschlands. Wenn die Beziehungen dieser beiden größten deutschen Parteien durch Feindseligkeit oder dadurch gekennzeichnet werden, daß man nicht miteinander spricht, dann bleibt die deutsche Frage auch in Zukunft blockiert ... Wie soll es in der deutschen Frage eigentlich weitergehen? ... Wäre es nicht gut, werte sozialdemokratische Genossen, wenn Sie einmal mit uns Gedanken darüber austauschen würden, wie es denn nun in Deutschland und in der deutschen Frage eigentlich weitergehen soll? Wir wollen uns nicht in Ihre Angelegenheiten einmischen. Wer aber die Deutschlandfrage aus der Sackgasse herausholen will, in die sie durch die unselige Politik der Großbourgeoisie geraten ist, der muß sich auch fragen, ob seine eigene Kraft dazu ausreicht. Unbestreitbar scheint uns zu sein, daß die SPD die deutsche Frage allein nicht aus der Sackgasse herausholen kann. Und wenn die SPD weiter die Deutschlandpolitik der CDU/CSU betreibt, dann wird sogar jeder Ausweg aus der Sackgasse vermauert. Wir geben offen zu, daß die SED allein die Deutschlandfrage auch nicht lösen kann. Aber die beiden größten Parteien Deutschlands könnten gemeinsam den entscheidenden Beitrag zur Lösung der Deutschlandfrage leisten, wenn sie wenigstens ein Mindestmaß an Annäherung und Übereinstimmung in der Frage des Friedens und an Zusammenarbeit bei der Überwindung der Spaltung fänden.«[207]

Abweichend von der bisherigen Praxis antwortete der SPD-Parteivorstand auf den Offenen Brief der SED. Zunächst wies die SPD alle direkten und indirekten Angebote für eine »Aktionseinheit« mit der SED entschieden ab. Zugleich nahm der SPD-Parteivorstand jedoch die Idee der SED von einer »gesamtdeutschen Beratung« auf und schlug eine »offene Aussprache aller Parteien in allen Teilen Deutschlands« vor. Zur großen Überraschung der Sozialdemokraten erschien Ende März der Antwortbrief der SPD ungekürzt im *Neuen Deutschland.* Aus diesem Briefwechsel heraus verabredeten SPD und SED anschließend einen »Redneraustausch« in Hannover und Karl-Marx-Stadt (Chemnitz). Obwohl dieser Dialog an der Berührungsangst der SED scheiterte, hatte die neue Ostpolitik in der Bundesrepublik ihren »Testlauf« erfolgreich bestanden. Denn zur großen Überraschung der CDU/CSU hatte es die SPD erstmals verstanden, die Mehrheit der Bevölkerung für den geplanten Redneraustausch zu gewinnen.[208] Trotz der deutschlandpolitischen Wende 1960 ging es dem Parteivorstand der SPD hauptsächlich noch um die nationale Einheit, gleichzeitig jedoch auch schon um eine »vergangenheitsbezogene Aussöhnung des deutschen Volkes« mit sich selbst.

Willy Brandts Nationenbegriff schloß ausdrücklich die Kriegsgeneration und die Heimatvertriebenen ein. So erklärte er 1962, man könne »Millionen von Menschen nicht die Erinnerung an die Heimat aus dem Herzen« reißen. Ein Jahr zuvor auf dem Hannoveraner SPD-Parteitag im November 1960 sprach Brandt die Kriegsgeneration an - also seine eigene Generation, wie Peter Brandt in diesem Zusammenhang betont - und unterschied demonstrativ zwischen dem »NS-Gesindel« um den »Verführer« und der »millionenfachen Opferbereitschaft der Bevölkerung«, die man heute als Sozialdemokrat nicht verachten dürfe, nur weil sie »schändlich und verbrecherisch mißbraucht« worden seien. Für Willy Brandt gehörte also die Kriegsgeneration, soweit ihre Angehörigen nicht persönlich aktiv an Verbrechen gegen die Menschlichkeit beteiligt gewesen waren, tendenziell zur Gruppe der Opfer. Im Sommer 1966 sprach sich Brandt aber auch für einen aktiven Patriotismus in Deutschland gegen

»Obrigkeitstreue und Untertanenverhalten« und für eine lebendige Demokratie »auch im Wirtschaftlichen und Sozialen« aus. Mit diesem Bekenntnis zur Demokratie in Deutschland stellte er sich bewußt in die Tradition der »militanten Sozialisten« um Julius Leber, Carlo Mierendorff, Theodor Haubach und Kurt Schumacher. Hier versuchte ein ehemaliger Emigrant, der in den Ländern der nordischen Demokratie nach 1933 sozialisiert worden war, eine emotionale Brücke zur Kriegsgeneration und zum (weitgehend ermordeten) aktivistischen Teil des sozialdemokratischen Widerstandes zu schlagen.

Die SPD war in den sechziger Jahren einem »doppelten Anpassungsdruck« ausgesetzt. Einerseits vollzog die Partei nachträglich eine Annäherung an die Westorientierung der Union. Andererseits mußte die SPD Schritt für Schritt zur Kenntnis nehmen, daß ihre deutschlandpolitischen Vorstellungen von den Siegermächten mehr oder minder abgelehnt wurden. Darüber hinaus lernte die Partei, daß für die Mehrheit der Westdeutschen die nationale Einheit längst nur noch ein Ziel unter anderen war, für dessen Verwirklichung sie die Sicherheit und den Lebensstandard in der Bundesrepublik nicht gefährdet sehen wollten. Mit anderen Worten: Die SPD akzeptierte nach Godesberg schrittweise den »bundesrepublikanischen Grundkonsens« und schuf gleichzeitig die Grundlage für eine neue Deutschland-, Außen- und Sicherheitspolitik. Laut Brigitte Seebacher-Brandt gelang der SPD diese Anpassung an den Grundkonsens nur deshalb, weil der Brandtschen Ostpolitik in Godesberg ein Bekenntnis zum aktiven Antikommunismus vorausgegangen sei: »Die Verkündigung vom Ende des Kommunismus war Herzens- und Verstandessache der erneuerten SPD gewesen und der Ostpolitik voraufgegangen.«[209]

Die innenpolitische Konsequenz dieser Ausgrenzungspolitik (freilich nicht nur gegenüber den Kommunisten) führte Anfang der siebziger Jahre zum sogenannten Radikalenerlaß und zum forcierten Ausbau des staatlichen Sicherheitsapparates im Gefolge des RAF-Terrorismus. In derselben Periode verstrickte sich die SPD jedoch immer mehr im Netz der Status-quo-Politik, und schließlich entstand zwischen den Regierungen in Ost-Berlin und in Bonn manchmal sogar eine Art gesamtdeutsche Komplizenschaft der Herrschenden. Klaus Hartung hat zu Recht unterstrichen, daß sich diese Komplizenschaft quer zum »Links-Rechts-Schema« der bundesrepublikanischen Parteienlandschaft ausbreitete.[210] Das paradoxe Resultat dieser Politik war einerseits die Jagd der etablierten Politiker auf »Radikale« in der Bundesrepublik und gleichzeitig die enge Zusammenarbeit der Bonner mit den SED-Staatskommunisten in der DDR-Regierung. Dieser »Stabilitätskonsens« der Herrschenden im geteilten Deutschland mußte früher oder später zu einer gefährlichen Einbuße an Glaubwürdigkeit führen.

Regierungsjahre

Das Nachlassen des Wiederaufbaubooms führte Mitte der sechziger Jahre zu einer ökonomischen Rezession und stürzte den CDU-Staat in eine tiefe Vertrauenskrise. Im November 1966 trat die SPD als Juniorpartner in die Große Koalition ein. In der Sozialdemokratie war dieser Schritt hart umstritten. Schließlich verkörperte der CDU-Kanzler Kurt Georg Kiesinger (Ex-NSDAP-Mitglied) die Mitläufer-Unkultur im Dritten Reich. Trotz alledem wurde die Große Koalition für die SPD eine Erfolgsgeschichte mit gefährlichen Untiefen. Auf der Haben-Seite der Bilanz steht das »Stabilisierungsgesetz« samt staatlicher Regulierungs- und Investitionsmöglichkeiten, die Konzertierte Aktion sowie Ansätze für eine neue Ostpolitik. Negativ schlägt für die SPD zu Buche, daß die sozialdemokratische Bundestagsfraktion den Notstandsgesetzen zustimmte. Außerdem machten ihr eine schwere innerparteiliche Krise, die Herausbildung einer starken außerparlamentarischen Opposition, zeitweilige Wahlerfolge der NPD in den Landtagen und schließlich die wilden Septemberstreiks 1969 zu schaffen. Das Spektrum der Erfolge und Mißerfolge in dieser Großen Koalition war sehr viel breiter, als es im nachhinein erscheint.

Das Jahr 1968 markiert nicht nur den Höhepunkt der studentischen Revolte in den Metropolen, sondern auch die Suche nach einem Staatssozialismus mit »menschlichem Antlitz« in Prag und den Einmarsch der Truppen der fünf Warschauer-Pakt-Staaten in die CSSR. Damals zerbrach die Hoffnung, die nachstalinistischen Erziehungsdiktaturen könnten sich aus eigener Kraft demokratisieren. Die Tragödie des Prager Frühlings 1968 ist eines der großen negativen Lehrstücke des 20. Jahrhunderts: ein Triumph der Macht über die Utopie.

Der Bundestagswahlkampf 1969 stand für die SPD dagegen unter dem Motto »Erfolg - Stabilität - Reformen«. Als am 28. September 1969 die Stimmen zusammengezählt wurden, erhielt die SPD einen Anteil von 42,7 Prozent und bei den Erststimmen sogar einen Anteil von 44 Prozent. Die Steigerung von 3,5 Prozent erzielte die Partei besonders durch die Jungwähler und bislang CDU-orientierte Arbeiter. Da die NPD an der Fünf-Prozent-Klausel scheiterte, wurde eine Kleine Koalition mit der F.D.P., die 5,8 Prozent erreicht hatte, möglich. Am 21. Oktober wurde Willy Brandt mit nur zwei Stimmen Mehrheit zum ersten sozialdemokratischen Bundeskanzler nach Hitler gewählt. Das Ende der Adenauer-Ära war besiegelt, und die »Politik der Stärke« verlor - trotz der Prager Tragödie - im Tauwetter der internationalen Politik langsam an Gewicht. Die sozialliberale Koalition und die antiautoritäre Studentenbewegung prägten im Herbst 1969 die öffentliche Meinung. Die übergroße Mehrheit der Bevölkerung in der Bundesrepublik verlangte laut nach »Reformen«, nach mehr Demokratie und einen Neubeginn in der Osteuropa-Politik. Andererseits machten die Sozialdemokraten damals Reformversprechungen in Hülle und Fülle. Man plante in Bonn eine Bildungsreform, eine Reform des Gesundheitswesens, eine Steuerreform, eine Reform der Mitbestimmung, eine Reform des Regierungsapparates und natürlich auch eine Reform der

Außenpolitik. Die Rücklage an geplanten Reformen schien zunächst unbegrenzt.

In seiner ersten Regierungserklärung vom 28. Oktober 1969 versprach Willy Brandt unter anderem, die »Einheit der Nation« zu bewahren, indem die neue Regierung das »Verhältnis zwischen den Teilen Deutschlands aus der gegenwärtigen Verkrampfung« lösen werde. Er sei deshalb zu einem »ehrlichen Versuch der Verständigung« bereit. Andererseits erklärte Brandt jedoch, man sei in der sozialliberalen Koalition »frei von der Illusion zu glauben, das Werk der Versöhnung sei leicht oder schnell zu vollenden«. Hier handele es sich vielmehr um einen »Prozeß«. Während der Aussprache zur Regierungserklärung zitierte Willy Brandt aus Theodor Fontanes *Wanderungen durch die Mark Brandenburg*, um so – literarisch verrätselt – die Notwendigkeit einer ostpolitischen Neuorientierung anzuzeigen. Er wollte die Stagnation der westdeutschen Ostpolitik endlich überwinden: »Auch das beste Recht, wenn es sich sträubt, einem neuen Platz zu machen, muß den Beweis erbringen, daß es mehr ist als toter Buchstabe, als eine Last und ein Hemmnis.« An dieser Stelle verzeichnet das Protokoll wachsende Unruhe bei der CDU/CSU. Brandt setzte deshalb hinzu: »Der Abgeordnete Guttenberg hat von einer ›dunklen Stunde‹ und der vorige Herr Bundeskanzler von einem ›Erdrutsch‹ im Zusammenhang mit den Dingen gesprochen, die hier zur Verhandlung stehen (Abgeordneter Kiesinger: Von einem möglichen Erdrutsch!) – Erdrutsch: höchstens ein Erdrutsch der Illusionen, meine verehrten Damen und Herren!«[211]

Bereits am 12. August 1970 wurde in Moskau der deutsch-sowjetische Vertrag unterzeichnet. Am 7. Dezember 1970 erfolgte in Warschau die Unterzeichnung des deutsch-polnischen Vertrages. 1972 billigte der Bundestag mit knapper Mehrheit den Moskauer und den Warschauer Vertrag, und am 18. September 1973 wurden die Bundesrepublik und die DDR gemeinsam in die Vereinten Nationen aufgenommen. Schließlich wurde am 11. Dezember 1973 in Prag der deutsch-tschechoslowakische

Vertrag unterzeichnet. Komplizierter stellte sich für die sozialliberale Koalition jedoch die Regelung des künftigen Verhältnisses der Bundesrepublik zur DDR dar. Schließlich ging es um ein »geregeltes Nebeneinander« zweier deutscher Teilstaaten. Für Egon Bahr lief die deutsche Frage im Kern letztlich auf ein europäisches Sicherheitsproblem heraus.

Die DDR-Regierung reagierte auf die Entspannungspolitik der sozialliberalen Regierung zunächst mit verstärkter Abgrenzung. Sie sah ihr Maximalziel, eine Anerkennung der DDR durch den Westen ohne eigene Konzessionen, in höchster Gefahr. Erst nachdem am 3. Mai 1971 Walter Ulbricht als Erster Sekretär der SED abgelöst worden war, nahm die neue DDR-Regierung unter Erich Honecker die Verhandlungen auf. Die Form der Anerkennung der DDR durch den Grundlagenvertrag lag - wie Peter Brandt in seiner Analyse des Entspannungsjahrzehnts herausarbeitete - wohl »ungefähr in der Mitte zwischen der Herstellung ›normaler‹ völkerrechtlicher Beziehungen und dem, was sich die Sozialdemokraten in der Anfangsphase der Großen Koalition unter einem Modus vivendi« vorgestellt hatten.[212] Zwar öffnete die Bundesrepublik mit diesem Vertragswerk der DDR die »Schleusen für diplomatische Beziehungen zu aller Welt«, doch die deutsch-deutschen Beziehungen blieben von »besonderer« Art, die sich vor allem in der Staatsangehörigkeitsfrage sichtbar von den Beziehungen der Bundesrepublik zu anderen ausländischen Staaten unterschieden.[213] Darüber hinaus wurde die Fortexistenz der nationalen Frage in der Präambel dieses Vertrages festgeschrieben. Nach Abschluß dieses Vertragsmarathons stürzte die sozialliberale Koalition in eine tiefe Erschöpfungskrise, und nach einigen widerwärtigen Intrigen - an denen unter anderem Herbert Wehner und Hans-Dietrich Genscher beteiligt waren - erklärte Willy Brandt am 6. Mai 1974 seinen Rücktritt. Sein Nachfolger hieß Helmut Schmidt. Willy Brandt blieb trotzdem die große historische Gegenfigur zu Konrad Adenauer und Walter Ulbricht.

Der Spielraum der sozialliberalen Koalition für eine Politik der inneren Reformen war deutlich geringer gewesen, als die Architekten dieser Reformpolitik im Herbst 1969 ursprünglich angenommen hatten. Andererseits hatte Willy Brandt am 19. November 1972 einen eindrucksvollen Wahlsieg für die sozialliberale Koalition erzielt. Obwohl die Wahlbeteiligung mit 91,1 Prozent den höchsten Stand in der Geschichte der Bundesrepublik erreicht hatte, erhielt die SPD 45,8 Prozent der Zweitstimmen und wurde mit 230 Abgeordneten (sechs mehr als 1969) erstmals stärkste Partei im Bundestag. Die Union büßte dagegen nicht nur 17 Mandate, sondern auch ihre Stellung als stärkste Fraktion ein. Die Liberalen erreichten mit 8,4 Prozent ein um 2,6 Prozentpunkte besseres Ergebnis als 1969.[214] Dieses Ergebnis hatte jedoch bei Teilen der Bevölkerung Erwartungen geweckt, die unter den gegebenen ökonomischen und auch koalitionspolitischen Bedingungen früher oder später enttäuscht werden mußten.

Als die wesentlichen außenpolitischen Ziele des sozialliberalen Bündnisses erreicht waren, wurde die Krise der innenpolitischen Reformpolitik immer offenkundiger. Der Kanzlerwechsel von Willy Brandt zu Helmut Schmidt am 16. Mai 1974 markierte das Ende der Reformphase in der Bundesrepublik. Mit der Regierungsübernahme begann die Periode des Krisenmanagements.[215] Darüber hinaus erstarrte die Entspannungs- und Friedenspolitik immer mehr zu einer Metternichschen Statusquo-Politik. Schließlich verlor auch die sozialdemokratische Deutschland- und Ostpolitik durch diese realpolitische Wendung ihre Faszination.

Der »Einheitskanzler«

Die CDU-nahe *Zeit*-Redakteurin Nina Grunenberg wies Ende September 1990 in einer Analyse der Kohlschen Deutschlandpolitik zu Recht darauf hin, daß der CDU-Kanzler bis zum Ende der achtziger Jahre in der CDU/CSU nie als »Experte« für deutsch-deutsche Angelegenheiten gegolten habe. Auch gebe es heute niemanden in Bonn, der behaupten würde, daß ihm dieses Thema zuvor »je eine Herzensangelegenheit« gewesen sei. Trotzdem habe Kohl im Herbst 1989 den »richtigen Riecher« gehabt.[216] Zwar habe der Kanzler noch am 28. November 1989, als er im Bundestag sein »Zehn-Punkte-Programm« für eine deutsch-deutsche »Vertragsgemeinschaft« vorstellte, grundsätzlich an die Reformfähigkeit der DDR-Gesellschaft geglaubt. Aber bereits nach seinem Dresden-Besuch am 19. Dezember 1989 veränderte sich seine Einschätzung. Denn die Demonstranten vor der Frauenkirche mit den schwarz-rot-goldenen Fahnen hatten keine Angst mehr vor den Vopos und der Stasi. Die Sprechchöre »Deutschland, einig Vaterland« jagten den Bonnern - so Nina Grunenberg später - »Schauer über den Rücken«. Nach diesem »Erweckungserlebnis« versuchte Kohl - nunmehr mit der demonstrativen Unterstützung von Willy Brandt, Rudolf Augstein und der *Bild*-Zeitung -, Michail Gorbatschow für eine schnelle Einheit Deutschlands zu gewinnen.

Dem »Wunder vom Kaukasus« war die Anerkennung der Oder-Neiße-Grenze in der CDU/CSU vorausgegangen. Mit »Eiseskälte« habe Kohl nach einigem Zögern in der Fraktion die Anerkennung der polnischen Westgrenze erzwungen und jede innerparteiliche Diskussion in der Union über die »rechtliche Preisgabe eines Drittels des Reichsgebietes« verhindert. In jenen Tagen habe Kohl Fortune gehabt, und dies reiche - so Nina Grunenberg - »für die Geschichtsbücher aus«, auch wenn er »selber der Alte« geblieben sei. Aus der Geschichte der Nachkriegszeit ergab es sich paradoxerweise, daß die »einschneidendste Veränderung«, die sich nach dem Zweiten Weltkrieg in Deutschland ereignet hat, von einem Mann bewerkstelligt worden sei, der nie den Anspruch erhoben habe, ein »Veränderer« zu sein: »Kohl ist der Mann des Status quo; ein Machtpolitiker, dem die Realität stets wichtiger war als eine ferne Utopie; ein Realist, für den die Wiedervereinigung nach eigenem Bekunden ›ein Traum‹ war, von dem er nicht glaubte, daß er zu seinen

Lebzeiten in Erfüllung gehen würde.«[217] Doch als Kohl die »Gunst der Stunde« in Dresden spürte, habe er zugegriffen und sich, so der liberale Historiker Lothar Gall, als ein »Genie des Gegenwärtigen« erwiesen. Von da an war die deutsch-deutsche Neuvereinigung »Chefsache« - und Hans-Jochen Vogel kam der Wahrheit sehr nahe, als er darauf hinwies, der CDU-Kanzler behandle die »Einheit wie seine Privatsache«.

Die Fortune verließ den ansonsten in der deutsch-deutschen Frage so instinktsicheren »Einheitskanzler« in jenem Moment, als es darum ging, die ökonomische und soziale Einheit im neuvereinigten Deutschland konkret zu gestalten. Trotz aller Warnungen, den wirtschaftspolitischen Umbau der maroden Kommandowirtschaft in der DDR nicht allein dem Markt zu überlassen, glaubte Kohl an die Wunderkraft des kapitalistischen »Urknalls«. Der Vergleich mit dem Jahr 1948/49 ist freilich unzulässig: Der »Goldene Westen« in der Bundesrepublik Deutschland entstand nach 1945 nicht, wie die Ludwig-Erhard-Legende dies vorgaukelt, aus dem wirtschaftlichen Nichts. Vielmehr waren die industrietechnologischen Ausgangsbedingungen in den drei westlichen Besatzungszonen Deutschlands damals unvergleichlich viel besser als in der DDR 1989. Denn wegen der sehr hohen Investitionen der NS-Kriegswirtschaft war der nur zu ungefähr 15 Prozent zerstörte Produktionsapparat 1945 insgesamt modern. Zwar schätzt Rudi Schmiede, daß durch den Krieg rund ein Drittel des deutschen Volksvermögens zerstört wurde; die Zerstörung traf jedoch vor allem Wohnungen, Verkehrs- und Versorgungsanlagen sowie das Kommunikationsnetz. Insgesamt war die Altersstruktur des Kapitalstocks in der westdeutschen Nachkriegsindustrie jedoch günstiger als vor dem Zweiten Weltkrieg.[218] Eine Ausgangsposition, die für die weitgehend überalterten Industrieanlagen in der ehemaligen DDR ganz sicher nicht gegeben war. Der durch den NS-Staat ausgelöste Modernisierungsschub in der deutschen Wirtschaft und Gesellschaft fand in der DDR keine Entsprechung.

Vergleichbar wäre allenfalls die Situation im Wohnungs-, Verkehrs- und Kommunikationssektor, nicht jedoch im Produktionsbereich. Wer diese entscheidenden Unterschiede zwischen der ökonomischen Ausgangsposition in West- und Ostdeutschland nicht begreift, verspricht den Menschen in der Ex-DDR Luftschlösser - und glaubt zuletzt selbst an diese Versprechungen. Aber angesichts der wachsenden Arbeitslosigkeit in den neuen Bundesländern und der Verschleuderung des ostdeutschen Volksvermögens wird immer deutlicher, daß der »Einheitskanzler« in Bonn mit seinem ökonomischen Latein am Ende ist. Das herbeigesehnte neue Wirtschaftswunder Marke Erhard II wird nicht stattfinden.

Manchester-Kapitalismus?

Als am 9. November 1989 die Mauer fiel, waren in der DDR rund 9,5 Millionen Menschen beschäftigt. Dies entsprach einer Erwerbsquote von 96 Prozent: »Nirgendwo in der kapitalistischen Welt findet sich Vergleichbares. 1989 lag die Quote in den alten Bundesländern gerade mal bei 70 Prozent, nur zwei Prozent höher als 1961. Das technologisch hochentwickelte Produktions- und Dienstleistungspotential in Westdeutschland bietet also nur etwa 70 Prozent der Erwerbspersonen einen Job - und das zu Zeiten der Hochkonjunktur.«[219] Diese beschäftigungspolitischen Fakten hätten den Verhandlungspartnern in Bonn und Ost-Berlin im Frühjahr 1990 bekannt sein müssen, als sie unter großem Zeitdruck den zwischenstaatlichen Vertrag für eine Wirtschafts-, Währungs- und Sozialunion aushandelten. Zwar warnten Oskar Lafontaine und Karl Otto Pöhl damals vor den ökonomischen Folgen einer übereilten Einführung der Währungsunion. Lafontaines Vorschlag, die SPD-Bundestagsfraktion solle deshalb zunächst im Bonner Parlament demonstrativ gegen das Vertragswerk stimmen, anschließend sollten jedoch die SPD-regierten Länder den Vertrag mangels einer SPD-Alternative im Bundesrat passieren lassen, bereitete die

Niederlage der Sozialdemokraten bei der Bundestagswahl am 2. Dezember 1990 mit vor.

Am 1. Juli 1990 trat die Wirtschafts- und Währungsunion in Kraft. Nur neun Monate danach kam es in den fünf neuen Bundesländern und in Berlin zu Protestmärschen gegen die Massenarbeitslosigkeit. Auf einer Betriebsrätekonferenz der IG Metall in Berlin Ende März 1991 klagte sogar der ansonsten eher bedächtige sozialdemokratische Ministerpräsident des Landes Brandenburg, Manfred Stolpe, über den »Manchester-Kapitalismus« in den neuen Bundesländern. Der Regierende Bürgermeister von Berlin, Eberhard Diepgen (CDU), erklärte auf derselben Veranstaltung, die Menschen in der ehemaligen DDR müßten derzeit den Eindruck haben, sie seien »Menschen zweiter Klasse«. Oskar Lafontaine hat mit seiner Prophezeiung, daß die christdemokratisch liberale Bundesregierung spätestens Mitte 1991 mit ihrer deutsch-deutschen Währungs- und Wirtschaftspolitik in Schwierigkeiten kommen werde, recht behalten. Die Krise ist schon früher als von Lafontaine vorausgesagt eingetreten. Durch den bisherigen Verlauf der Neuvereinigung droht in der Ex-DDR eine künstliche industrielle Sizilianisierung. Tradierte Industrien machen dicht, Facharbeiter wandern in den Westen ab, und die Alten, die Schwachen und die Kinder bleiben zurück.

In der ehemaligen DDR sind die Grenzen der Marktwirtschaft erreicht. Doch die Fernanalysen aus dem Bonner Kanzleramt bleiben unscharf und gaukeln den Akteuren in Bonn neue Luftschlösser vor. So heißt es neuerdings, man brauche nur die zentralistische Treuhandgesellschaft in Berlin zu denzentralisieren oder zu reformieren, notfalls auch einige Milliarden D-Mark mehr in regional unersetzbare Betriebe zu pumpen, und schon beginne der langersehnte ökonomische Aufschwung im neuen Osten. Der Dilettantismus der Bonner Politiker und die ausgeprägte Schnäppchen-Mentalität bei einem Teil der westdeutschen Unternehmer - ich denke zum Beispiel an den systematischen Ankauf von »Filet-Stücken« durch Westinvestoren zur Produktionsabrundung - habe von der ökonomischen Stagnation der DDR-Wirtschaft längst zur schleichenden Entindustrialisierung der fünf neuen Länder geführt. Für die Ostdeutschen gibt es im neuvereinigten Deutschland noch immer kein Fairplay.

Zwar bekommen die Kommunen jetzt von der Treuhand eine Vielzahl von Liegenschaften und Gebäuden zurück. Doch diese Entscheidung kam für viele Städte und Gemeinden, die sich längst am Rande der Zahlungsunfähigkeit bewegen, rund ein Jahr zu spät. Die Kritik an der - bis vor kurzem parlamentarisch unkontrollierten - Treuhand-Technokratie ließe sich beliebig fortsetzen. Doch ist die prinzipielle Entscheidung, daß die Treuhand bis vor einigen Monaten die DDR-Betriebe nicht sanieren, sondern um fast jeden Preis privatisieren solle, weniger den Technokraten der Treuhand anzulasten als vielmehr dem verbreiteten Irrglauben der Politiker in der christliberalen Regierung in Bonn über den »kapitalistischen Urknall«. Diese Damen und Herren lernen jedoch, wie man weiß, nur sehr langsam aus ihren Fehlern.

IX. Europa statt Deutschland

Als sich die Sowjetunion Ende der achtziger Jahre nicht zuletzt aus einer tiefen inneren Schwäche heraus schrittweise von der Politik der Stärke verabschiedete und ihre schützende Hand von der DDR nahm, stellte sich für die westdeutsche Sozialdemokratie die Frage, ob eine völlig neue geopolitische Konstellation nicht auch eine neue deutschlandpolitische Antwort erfordere. Die zögerlichen Reaktionen in der SPD-Spitze zeigen, wie schwer es der Partei auch noch nach dem Fall der Mauer fiel, sich von der Politik der kleinen Schritte zu verabschieden. Wenn man nachträglich die deutschlandpolitischen Stellungnahmen der SPD des Jahres 1989 in ihrem Ablauf verfolgt, wird man freilich - so Peter Brandt in seiner Untersuchung des sozialdemokratischen Vaterlandsbegriffs - nicht »pauschal sagen können, die Partei habe nicht den Umschwung gespürt, der sich in Deutschland« damals anbahnte: »Sie reagierte aber mehr auf die laufenden Ereignisse, als daß sie als Ganzes versucht hätte, durch eigene Initiativen der Entwicklung eine Richtung zu geben.«[220] Die übergroße Mehrheit der 30- bis 60jährigen SPD-Funktionsträger trat ohnehin längst für eine Festschreibung der Zweistaatlichkeit Deutschlands ein. Aber auch die Minderheit konnte sich nicht von heute auf morgen vorstellen, daß durch die anwachsende Fluchtbewegung aus der DDR beziehungsweise dem zunehmenden innenpolitischen Druck der Bürgerbewegungen der insgesamt »sorgfältig erarbeitete sozialdemokratische Fahrplan für eine neue europäische Friedensordnung« über Nacht obsolet geworden war. Statt dessen klammerte sich fast die gesamte Führung der SPD gemeinsam an überholte Grundannahmen und verharrte im alten Denken. Eine schnelle

Hinwendung zu den neuen Realitäten galt als rückwärtsgewandte Haltung.[221]

Dabei muß man freilich bedenken, daß auch Bundeskanzler Kohl in einem Telefongespräch mit dem neugewählten Generalsekretär der SED Egon Krenz Ende Oktober 1989 von der Weiterexistenz einer SED-geführten DDR ausgegangen war. Nach seinem »Erweckungserlebnis« am 19./20. Dezember 1989 in Dresden riß Kohl dann jedoch die deutschlandpolitische Initiative endgültig an sich. Aber auch die West-SPD stand plötzlich vor einer völlig neuen Situation: Am 7. Oktober 1989 hatte sich in Schwante im Kreis Oranienburg eine neue Sozialdemokratische Partei in der DDR gegründet. Mit dieser Neugründung verfolgten die vorwiegend jugendlichen Initiatoren im wesentlichen zwei kurzfristige strategische Ziele: Zum einen sprachen sie der SED endgültig ihren angemaßten sozialdemokratischen Traditionsanteil (durch die Zwangsfusion 1946) ab, zum anderen wollten sie ein für allemal verhindern, daß sich der kommunistische Reformflügel in der SED irgendwann unter dem Namensschild SPD neu formieren könnte. Die Initiative ging ursprünglich von den Pastoren Martin Gutzeit, Markus Meckel und Arndt Noack aus und trat erstmals am 26. August 1989, dem 200. Jahrestag der Erklärung der Menschenrechte im Verlauf der Französischen Revolution, mit einem Aufruf an die Öffentlichkeit. Der zentrale Satz dieses Manifestes lautete: »Die notwendige Demokratisierung unseres Landes hat die grundsätzliche Bestreitung des Macht- und Wahrheitsanspruchs der SED zur Voraussetzung.«[222] Mit dieser Formulierung wurde die in der DDR-Verfassung verankerte Führungsrolle der SED ausdrücklich in Frage gestellt.

Durch den Aufbruch in Schwante kam der SPD-Parteivorstand in Bonn unter Druck. Zunächst stieß jedoch der Plan einer Neugründung der SPD in der DDR im Bonner Parteivorstand, aber auch in der Westberliner SPD auf Zurückhaltung. So warnte etwa der damalige sozialdemokratische Regierende Bürgermeister von Berlin, Walter Momper, in einem *taz*-Interview vom

30. August 1989 vor einer Neugründung der SPD in der DDR mit den Worten: »Mit Parteigründung durch kleine Gruppen kann in der DDR jetzt gar nichts bewegt werden. Wichtig ist, daß sich der Reformdruck in der Bevölkerung der DDR und in Teilen der SED endlich in der Spitze der Staatspartei durchsetzt. Denn die SED hat in der DDR tatsächlich die Macht, und sie wird sie in absehbarer Zeit haben.« Selten hat sich ein SPD-Spitzenpolitiker so geirrt. Momper glaubte damals wohl, daß die bürgerbewegten Reformkräfte in die SED eintreten müßten, um dort die Reform voranzutreiben.[223]

Der damalige Kandidat für das Amt des nächsten Ministerpräsidenten in Niedersachsen, Gerhard Schröder, gestand seine Ratlosigkeit im Februar 1990 in einem *Vorwärts*-Gespräch mit Karin Hempel-Soos indirekt ein, als er erklärte: »Das Volk in der DDR hat viele kunstvolle Pläne total durcheinandergeworfen.« Abwiegelnd fügte er jedoch sofort hinzu: »Aber die deutsche Frage wird eingebettet sein in das gesamteuropäische Zusammenwachsen, Nationalstaaten werden immer unwichtiger werden.« Daß ein Großteil der »Enkel«-Generation nach wie vor unter einem nationalen Trauma litt, wird deutlich, wenn man sich Schröders Bericht über eine gemeinsame Reise mit Willy Brandt nach Magdeburg vergegenwärtigt. Angesprochen auf seine Reiseeindrücke, erklärte er: »Das waren sehr widersprüchliche Eindrücke. Ich habe da mit Willy Brandt vor 80000 oder eher noch ein paar mehr Leuten gestanden und habe gespürt, was alles an Hoffnungen in die Person Brandt transportiert worden ist. Ich war teilweise so gerührt, daß ich richtig geheult hab'. Dann gab es andere Momente, wo wir, um den Willy nicht erdrücken zu lassen, uns auf eine Treppe retten mußten. Viele junge Leute riefen dieses bekannte ›Deutschland, Deutschland!‹ wie bei uns in den Fußballstadien. Ich habe zurückgerufen, ›das ist Brandt und nicht Beckenbauer‹. Auf jeden Fall überkamen mich da auch Anwandlungen von Angst, Abwehr vor so großem eruptiven Nationalismus.«[224]

In einem späteren Kommentar zu diesem Bekenntnis Schröders schrieb Peter Brandt, daß für den ehemaligen Juso-Bundesvorsitzenden im Frühjahr 1990 wohl nur unter Schwierigkeiten die Chance zu erkennen gewesen sei, die sich für die SPD mit einem bewußten Einsatz von Willy Brandt in der DDR geboten habe. In Schröders Äußerung wird darüber hinaus deutlich, wie tief der Riß zwischen großen Teilen der DDR-Bevölkerung und der jugendlichen Führung der West-SPD gewesen war. Schröder (Jahrgang 1944) hatte von 1978 bis 1980 als Juso-Bundesvorsitzender amtiert, also rund zehn Jahre nach der Revolte von '68. Er verkörpert geradezu den Typus des erfolgreichen Enkels.

»Der Sozialismus geht«

Am 18. März erzielte die Ost-SPD nur rund 22 Prozent der abgegebenen Stimmen, obwohl ihr in den Prognosen bis zu 53 Prozent der Stimmen vorausgesagt worden waren. Vergleicht man jedoch die 22 Prozent SPD-Stimmen etwa mit den 3,7 Prozent Stimmenanteil, den die ungarischen Sozialdemokraten bei den ersten freien Wahlen nach dem Krieg erzielt hatten, dann wird deutlich, wie stark die ostdeutsche Sozialdemokratie immer noch war. Die CDU hatte im Wahlkampf plakatiert: »Der Sozialismus geht«. Peter Glotz wies damals zu Recht darauf hin, daß sie mit diesem Slogan indirekt ausdrücken wollte, daß »Rau und Lafontaine auf irgend eine geheimnisvolle Weise das gleiche gewollt hätten wie Honecker oder Kádár«.[225] Doch anstatt sich mit dieser plumpen Gleichsetzung von Sozialdemokraten und Kommunisten kämpferisch auseinanderzusetzen, sinnierte Oskar Lafontaine in seinen Reden am liebsten über die Antiquiertheit des Nationalstaates. Für ihn stand deshalb die soziale Frage immer vor der »Frage der staatlichen Einheit«, die er darüber hinaus lieber in einem vereinigten Europa gelöst sehen wollte.

Willy Brandts Ausruf vom 10. November 1989: »Jetzt wächst zusammen, was zusammengehört«, markierte eine völlig andere Position. Denn für ihn stand - wie bereits zitiert - nirgends geschrieben, daß die Deutschen auf einem »Abstellgleis« zu verharren haben, bis ein »gesamteuropäischer Zug den Bahnhof erreicht«. So erklärte er in der Eröffnungsrede zum Einigungsparteitag am 27. September 1990 in Berlin: »Sozialdemokratische Tradition und nationale Selbstbestimmung sind geschichtlich nicht voneinander zu trennen.« Und mit Blick auf die Europa-Rhetorik seiner »Enkel« setzte er hinzu: »Westeuropas wegen auf die deutsche Einheit zu verzichten, das wäre ein falscher Kurs gewesen, obwohl uns die Geschichte auf ihn zu verweisen schien ... Wenn der Zug der Einheit rollt, darf niemand durch Übereifer unter die Räder kommen.«[226] Doch die SPD verharrte, so Eckhard Fuhr in der *Frankfurter Allgemeinen Zeitung*, in der »Grätsche zwischen Lafontaine und Brandt«. Statt dessen schien in den Äußerungen einiger westdeutscher SPD-Politiker über den Ausgang der Volkskammerwahl eine gewisse Verachtung der Wähler in der DDR durch: So erklärte Karsten Voigt am Wahlabend, der CDU-Kanzler habe erfolgreich ausgestreut, daß die D-Mark nur dann zur DDR-Bevölkerung komme, wenn die DDR richtig wähle.[227] Und der Ex-Kanzlerkandidat der SPD erklärte in einem *Vorwärts*-Gespräch vom April 1990 auf die Frage »Worauf führen Sie dieses schlechte Abschneiden zurück?«: »Auf den Wettlauf um die schnelle Einheit, und die schnelle Einführung der D-Mark gewann Helmut Kohl.«[228]

Gleichzeitig fiel die Ost-SPD in eine tiefe Depression. Denn gerade in den alten SPD-Hochburgen, den Industrierevieren von Sachsen und Thüringen, hatten die Sozialdemokraten ihre schlechtesten Ergebnisse erzielt. Im Bezirk Chemnitz kam sie nur noch auf 15 Prozent, in den Bezirken Cottbus auf 19, in Suhl auf 16 und in Erfurt auf 18 Prozent.[229] Die Wähler hatten die Unentschiedenheit der offiziellen SPD-Deutschlandpolitik erkannt und die Partei Bebels dafür bestraft. Noch hätte die Partei aus diesen Fehlern lernen können. Dies hätte jedoch einen politischen und auch personellen Kurswechsel in der West-SPD erfordert. So hätte nach dem Attentat auf Oskar Lafontaine am 25. April 1990 der Parteivorstand darüber nachdenken müssen, ob es nicht menschlicher gegenüber Lafontaine und politisch weiser gegenüber der Partei gewesen wäre, wenn der Parteivorstand Lafontaine zur Absage seiner Kandidatur bewegt hätte. Für eine Übergangszeit von ein bis zwei Jahren hätte statt dessen Willy Brandt kandidieren können, um danach das Amt des Bundeskanzlers an Oskar Lafontaine weiterzugeben.

Doch in dieser Situation zeigte sich eine weitere Schwachstelle der damaligen Parteiführung. Denn obwohl Hans-Jochen Vogel (Jahrgang 1926) nie die Option auf die Einheit Deutschlands aufgegeben hatte - erinnert sei hier nur an sein Bekenntnis 1986 in der SPD-nahen Theorie-Zeitschrift *Neue Gesellschaft/ Frankfurter Hefte* zur »Geschichts-, Sprach-, Kultur- und Gefühlsgemeinschaft«[230] der Deutschen -, hielt sich Vogel im Frühjahr 1990 mit deutschlandpolitischen Kommentaren auffallend zurück. Im Mittelpunkt seines Denkens und Handelns stand immer die Einheit der Gesamtpartei. Er vermied deshalb jeden Konflikt zwischen den eher postnational gesinnten »Enkeln« und den vorangegangenen SPD-Generationen. Trotzdem sprach sich Vogel ab Ende Oktober 1989 parteiintern für eine Neuvereinigung Deutschlands aus und erreichte so eine schnelle Anerkennung beziehungsweise Unterstützung der SDP in der DDR durch die West-SPD und eine Überarbeitung des deutschlandpolitischen Teils des geplanten neuen Grundsatzprogramms. In der Öffentlichkeit hielt er sich indessen mit Sympathiekundgebungen für die Einheit Deutschlands sehr viel stärker zurück als Willy Brandt. Gleichwohl merkte man ihm dann und wann seine Freude über die Entwicklung in Deutschland an.

SPD/SED-Kontakte

Zur Vorgeschichte der SPD-Wahlniederlagen von 1990 gehören noch weitere Geschehnisse. So bescheinigte die vom Parteivorstand ernannte Grundwertekommission der SPD dem Arbeiter- und Bauern-Staat noch im Juni 1987 in einer gemeinsamen Erklärung mit der Akademie für Gesellschaftswissenschaften beim ZK der SED »Entwicklungs- und Reformfähigkeit«.[231] Welch ein historischer Irrtum! Denn zu diesem Zeitpunkt war das SED-Umerziehungs- und Überwachungssystem zu wirkungsvollen wirtschaftlichen Reformen schon längst nicht mehr imstande. Die Kommandowirtschaft der SED lebte ungefähr seit Anfang der siebziger Jahre fast nur noch von der ökonomischen Substanz der untergegangenen bürgerlichen Gesellschaft beziehungsweise von den Früchten der stalinistischen Aufbauphase unter Ulbricht. Warum bemerkten die verantwortlichen Hüter der sozialdemokratischen Grundwerte diesen überall im Land und in den Städten sichtbaren Zerfallsprozeß der DDR-Gesellschaft nicht? Selbst in den Veröffentlichungen der systemimmanenten westdeutschen DDR-Forschung gab es damals immer wieder deutliche Hinweise auf die wirtschaftlichen Schwierigkeiten im Braunkohlebergbau, in der Landwirtschaft oder im Transportwesen. Auch die ökologische Katastrophe im Bereich der veralteten Chemieindustrie in Leuna, Buna, Wolfen oder Bitterfeld beziehungsweise im Umfeld des Uranbergbaus in der Region zwischen Gera und Königstein waren im Westen nicht unbekannt geblieben. Die Blindheit der Kommissionsmitglieder läßt sich wohl darauf zurückführen, daß in den Zirkeln der professionellen SPD-Deutschlandpolitiker, besonders der »Enkel«-Generation in den achtziger Jahren der Wille zur Gleichgewichtspolitik in Europa stärker entwickelt war als der analytische Blick für die ökonomischen, sozialen und kulturellen Realitäten in den Warschauer-Pakt-Ländern.

Die deutschland- und außenpolitischen Spezialisten in der SPD der achtziger Jahre standen im übrigen oft der Geschichte und der Theorietradition der SPD fern. Darüber hinaus setzte sich spätestens in der zweiten Phase der Ostpolitik immer stärker das Primat der Sicherheitspolitik durch. So erklärte Egon Bahr in seiner *Rede über das eigene Land* im November 1988, wer die deutsche Frage aufwerfe, störe die europäischen Abrüstungs-, Kooperations- und Integrationsprozesse.[232] Die Unlösbarkeit der deutschen Frage im Sinne staatlicher Einheit wurde in den achtziger Jahren in den sicherheitspolitischen Spezialistenzirkeln zum Dogma erklärt. Wer weiter auf dem Widerspruch zwischen den nationalen Interessen, den friedenstiftenden Zielen der Sicherheitspartnerschaft und der Westbindung der Bundesrepublik insistierte, galt als Querulant oder unbequemer Neutralist. Es verwundert dann auch nicht, daß der eher linke Frankfurter Kreis bereits 1986 den förmlichen Verzicht der Bundesrepublik auf die »Wiederherstellung der staatlichen Einheit Deutschlands« verlangte. Denn nur auf der »Basis der dauerhaften Existenz zweier deutscher Staaten« sei - so der ständige Arbeitskreis ehemaliger Jusos - eine in ganz Europa akzeptierte Friedensordnung denkbar.[233] Gemeinsame Arbeitsgruppen von SPD und SED zur Schaffung eines »atomwaffenfreien Korridors« oder einer »chemiewaffenfreien Zone« rundeten diese Phase der Koexistenz-Politik ab. Durch die Städtepartnerschaften wurde darüber hinaus eine stärkere Regionalisierung dieser Politik angezielt.

Diese vielfältigen deutsch-deutschen Aktivitäten wurden immer wieder durch ständige Willküraktionen der Stasi gestört. So durch die Beschlagnahmung der Umwelt-Bibliothek am 25. November 1987, das Vorgehen der Stasi gegen Freya Klier, Bärbel Bohley, Stephan Krawczyk und Vera Wollenberger während der Luxemburg-Liebknecht-Demonstration am 17. Januar 1988 oder die Massenverhaftungen und Hausdurchsuchungen gegen Oppositionelle am 4. und 5. März 1988. Es protestierten immer wieder dieselben SPD-Bundestagsabgeordneten öffentlich gegen die Aktionen der Stasi. Freimut Duve sprach am 25. Januar 1988 von einer dramatischen Belastung des deutsch-deutschen

Kulturabkommens und forderte die sofortige Freilassung aller inhaftierten DDR-Bürger.[234] Am selben Tag forderte auch der damalige Vorsitzende des SPD-Parteirats, Norbert Gansel, die Parlamentarier auf, »gegen die DDR die Stimme zu erheben«. Denn für das Verhältnis der SPD zur SED sei »die tatsächliche Entwicklung maßgebend« und nicht ein »Kommissionstext«. Gleichzeitig forderte er von der SPD indirekt die Ausweitung der Kontakte zur Bürgerbewegung in der DDR. Dagegen betonte Egon Bahr unter direkter Bezugnahme auf das SPD/SED-Ideologiepapier: »Ein solches Papier kann nicht die bestehenden Gesetze der DDR verändern.« Zugleich lobte Bahr die christliberale Bundesregierung für ihre bisherige Zurückhaltung und erklärte, die SPD werde die Haltung der Regierung nicht kritisieren, da sie kein Interesse daran habe, die Situation zu verschärfen. Der SPD-Bundestagsabgeordnete Jürgen Schmude lehnte sogar eine Einmischung der Evangelischen Kirche in Deutschland in die inneren Vorgänge der DDR ab. Als »Staatsbürger« halte er darüber hinaus einen Boykottaufruf von Künstlern aus der Bundesrepublik gegen die DDR für falsch.[235]

Eine grundsätzlich andere Haltung vertrat Gert Weisskirchen. Im Gegensatz zur übergroßen Mehrheit der SPD-Bundestagsabgeordneten hatte Weisskirchen seit Mitte der achtziger Jahre ständig Kontakte zur Opposition in der DDR gepflegt. Auf Weisskirchens Aktivitäten reagierte die DDR dann auch ungewöhnlich scharf. Als er am 4. Dezember 1987, also rund zwei Wochen nach der Razzia der Stasi gegen die Umweltbibliothek in den Räumen der evangelischen Zionsgemeinde am Prenzlauer Berg, zusammen mit Horst Sielaff und Jürgen Schmude nach Ost-Berlin einreisen wollte, um dort ein Gespräch mit Vertretern der Amtskirche und »kritischen Christen« zu führen, wurde Weisskirchen mit der Begründung, seine Anwesenheit sei »gegenwärtig unerwünscht«, am Grenzübergang zurückgewiesen. Der SPD-Parteivorsitzende Hans-Jochen Vogel nannte dieses Einreiseverbot unter Verweis auf das SPD/SED-Ideologiepapier völlig inakzeptabel. Die DDR-Kritik von Weisskirchen, Duve und Gansel blieb freilich die Ausnahme. Ansonsten dominierten im Verhältnis zwischen SPD und SED die Höflichkeitsformen der Diplomatie und oft auch eine gemeinsame Vorliebe für eine gesamteuropäische Gleichgewichtspolitik.

Ökologisches Umbauprogramm '90

Die Wahlkampfkonzeption '90 der West-SPD hatte vier zentrale Botschaften: Erstes Ziel war der »Aufbau« (ehrlicherweise müßte man sagen: Ausbau) eines »modernen Deutschlands in Europa«. Die Verbesserung der »Lebens- und Arbeitsbedingungen aller Deutschen« stand im Mittelpunkt dieser Überlegungen. Darüber hinaus betonte Oskar Lafontaine, er werde im Wahlkampf nur das versprechen, was auch nach der Bundestagswahl »solide zu finanzieren« sei. Zweites Ziel war der »ökologische Umbau der Industriegesellschaft«. Aktiver Umweltschutz bedeutete für Oskar Lafontaine eine »Steigerung der Energieproduktivität und Energiesparen«. Er wollte durch die Öko-Steuer den Energieverbrauch merklich senken. Außerdem müßte künftig die eingesetzte Energie wie Öl, Kohle oder Gas optimal genutzt werden. Drittes Ziel war die »Sicherung der natürlichen Lebensgrundlagen«. Dabei durften der ökologische und der soziale Umbau der Gesellschaft nicht getrennt werden. Die SPD forderte deshalb beschäftigungsfördernde Investitionsprogramme, die Förderung des sozialen Wohnungsbaus, die Einführung eines einheitlichen Kindergeldes, eine Regelung des Pflegekostenrisikos besonders für alte Menschen, eine bessere Vereinbarkeit von Beruf und Familie und eine konsequente Gleichstellungspolitik. Viertes Ziel war eine »drastische Abrüstung«. Dadurch sollten Finanzmittel freigesetzt werden, etwa für die regionale Förderung strukturschwacher Gebiete. Schließlich sollte die Bundeswehr möglichst bald »defensiv« umstrukturiert und die Grundwehrdienstzeit reduziert werden. Lafontaine forderte einen Verzicht auf militärische Tiefflüge und einen Stopp des Jägers '90.[236] Alles in allem: ein durchdachtes Konzept für einen ökologisch-humanen Umbau einer hochentwickelten exportabhängigen Industriegesellschaft.

Zugeständnisse an die völlig neue Situation im wiedervereinigten Deutschland gab es in diesem Konzept nur in einzelnen Formulierungen. Natürlich wäre eine Modernisierung der veralteten chemischen Industrie in Leuna, Buna, Wolfen oder Bitterfeld mit einem solchen »ökologischen Umbauprogramm« machbar gewesen. Eine Verwirklichung des Wahlversprechens, die Lebens- und Arbeitsbedingungen »aller Deutschen« zu verbessern, hätte auch ein spezielles Umsetzungsprogramm für die Ex-DDR erfordert. Ansonsten gab es aber in dieser Konzeption keine gesonderten Überlegungen für eine ökonomische und seelisch-emotionale Verwirklichung der Einheit in Deutschland. Angesichts des Teilzusammenbruchs vor allem im industriellen Sektor der fünf neuen Bundesländer wies Lafontaine im Wahlkampf immer wieder auf seine Kritik an »bruchartigen Lösungen« und einer übereilten Währungsunion hin. Auch nachdem am 1. Juli 1990 der erste Staatsvertrag in Kraft getreten war, wiederholte er ständig seine Kritik an der schnellen staatlichen Vereinigung. So erklärte er auf einer Veranstaltung der Friedrich-Ebert-Stiftung am 17. September 1990 in Bonn, er halte es für schlichtweg falsch, die »Herstellung der staatlichen Einheit« an die erste Stelle zu setzen und die »Herstellung der Einheitlichkeit der Lebensverhältnisse« mehr oder weniger aus dem Zentrum der politischen Bemühungen zu rücken.[237]

Brigitte Seebacher-Brandt wies zu Recht darauf hin, daß die Zustimmung zu Oskar Lafontaines Überlegungen im Jahr 1990 innerhalb der West-SPD ungewöhnlich breit war. Er verkörperte das vorherrschende Lebensgefühl seiner Generation in der alten Bundesrepublik: »Das Echo, das Oskar Lafontaine auf dem Vereinigungsparteitag hatte, entsprang keinem Pflichtgefühl und war mehr als der Beifall, der dem ersten Mann nun einmal zukommt; im September 1990 schlossen sich Ost- und West-SPD zusammen. Für seine Rede – über die staatliche Einheit, wenige Tage bevor sie Wirklichkeit wurde, kein Wort – bekam er Ovationen. Konnte Lafontaine über mangelnden Rückhalt klagen? Nie hatte einer der Partei so seinen Willen aufzuzwingen vermocht wie er. Die ihm in der Sache widersprachen, waren an einer Hand abzuzählen. Nie zuvor gab sich die SPD so einheitlich wie im Jahr der deutschen Einheit.«[238] Wer dennoch die Ausklammerung der noch unvollendeten deutschen Einheit hinter den verschlossenen Türen in der Baracke der SPD-Bundestagsfraktion kritisierte, bekam am 27. September 1990 vom stellvertretenden Bundesgeschäftsführer und technischen Wahlkampfleiter Erik Bettermann oder vom Wahlkampfleiter Reinhard Klimmt folgende Einschätzung mit auf den Weg: »Nicht nur für die Planer der politischen Parteien ist die Frage noch offen, welche Motive die Wahl entscheiden: rückwärtsgewandt die Herstellung der staatlichen Einheit oder zukunftsgerichtet das bessere Konzept für ein ökologisches, soziales, wirtschaftlich starkes Deutschland. ... Diesmal geht es nicht um ein bißchen mehr oder ein bißchen weniger; es geht um eine selten deutsche Alternative zwischen Kohl und Lafontaine, um den konservativen, ideologisch national geprägten Weg mit hohen sozialen und ökologischen Kosten oder um den Neuen Weg des ökologischen Umbaus der Wirtschaft, eines sozialen Ausgleichs zur Schaffung gleicher Lebensverhältnisse und des neuen Miteinanders, das nationale Deutschtümelei überwindet.«[239] Michael Möbius erinnert in seiner Arbeit über *Die Deutschlandpolitik der SPD von 1986 bis 1991* mit Recht daran, daß das Thema Einheit von der Wahlkampfleitung in der stark auf »Zielgruppen orientierten Konzeption« in den Hintergrund gerückt wurde. Als »Paradebeispiel« nennt Möbius in diesem Zusammenhang die Seniorenarbeit. Diese wachsende Wählergruppe, für die aus »lebensgeschichtlicher Erfahrung die Wiedervereinigung ein wichtiges Thema« gewesen sei, sollte mit Veranstaltungen und Broschüren für die SPD gewonnen werden, in denen das Wort »Einheit nicht ein einziges Mal« auftauchte. Es dauerte deshalb nicht sehr lange, bis in der Ex-DDR der allgemeine Eindruck entstand, die SPD sei völlig bundesrepublikanisiert, und ihr Spitzenkandidat verkörpere geradezu idealtypisch den »Wessi«-Politiker.[240] Bei der Bundestagswahl am 2. Dezember 1990 erlitt die SPD mit einem Stimmenanteil von nur 33,5 Prozent eine schwere Wahlniederlage, und dies in Gebieten, die traditionell Hochburgen der Sozialdemokratie waren.

Eine systematische Aufarbeitung der theoretischen und emotionalen Ursachen, die zu dieser strategischen Niederlage geführt haben, steht bis heute aus. Statt dessen zog sich Oskar Lafontaine grollend und überstürzt nach Saarbrücken zurück, und Hans-Jochen Vogel übergab seine Ämter an Björn Engholm und Hans-Ulrich Klose. In der nach wie vor offenen Schlußbilanz müßte - so Peter Brandt - die alte und neue Parteispitze nochmals über die rigorose Gleichsetzung der Vorrangigkeit des Friedens mit der Vorrangigkeit der Stabilität in Europa nachdenken. Denn gerade diese Gleichsetzung führte in den achtziger Jahren eindeutig zu den privilegierten Beziehungen der West-SPD mit den Partei- und Staatskommunisten im Ostblock und zu einer ständigen Vernachlässigung der Kontakte zur demokratischen Opposition.

Rückblende

Am 23. Oktober 1989 besuchte mich das Gründungsmitglied der SDP Steffen Reiche in meinem Bonner Büro der Parteischule der SPD. Er kam aus Köln und hatte dort am Vortag mit dem Vorsitzenden der Programmkommission im SPD-Bezirk Mittelrhein gesprochen. Dieser Genosse hatte ihm geraten, er solle möglichst bald nach Ost-Berlin zurückfahren und seine Freunde dort auffordern, die SDP aufzulösen, weil sonst der Friede in Europa gefährdet werden könne. Obwohl Steffen Reiche kein offizielles Verhandlungsmandat hatte, habe ich ihn mit dem damaligen Abteilungsleiter II (Politik) im Erich-Ollenhauer-Haus Karl-Heinz Klär bekannt gemacht. Dieser nahm unmittelbar darauf Kontakt zur Leiterin des Büros Vogel, Monika Kramme, auf und arrangierte noch für denselben Tag ein Treffen mit Hans-Jochen Vogel. Darüber hinaus vermittelten Klär und ich für denselben Abend einen Auftritt von Reiche in der ARD-Sondersendung *Im Brennpunkt.* Bei dieser Sendung war auch Oskar Lafontaine anwesend, der sich vehement für eine intensive Zusammenarbeit der West-SPD mit der neugegründeten SDP aussprach und zugleich die Zulassung freier Gewerkschaften in der DDR forderte. Andererseits fiel auf, daß Steffen Reiche ebenso wie Oskar Lafontaine an der Zweistaatlichkeit Deutschlands festhielten.

Am folgenden Tag begrüßte Hans-Jochen Vogel Steffen Reiche in einer Sitzung des Parteivorstandes ausdrücklich als »ersten Vertreter einer sozialdemokratischen Partei aus der heutigen DDR seit 43 Jahren«.[241] In den folgenden Tagen nahm Reiche in Bonn zahlreiche Gesprächstermine wahr, unter anderem mit dem Bundespräsidenten Richard von Weizsäcker, den damaligen SPD-Vorstandsmitgliedern Egon Bahr, Dietrich Stobbe und Volker Hauff, dem Fraktionsvorstand der SPD im Bundestag und dem Parteipräsidium. Will man die Wirkung dieses »unautorisierten« Besuchs von Steffen Reiche richtig einschätzen, so muß man sich nochmals vergegenwärtigen, was am 23. Oktober 1989 in der DDR alles geschah: Erich Honecker war gerade unfreiwillig zurückgetreten, und in Leipzig zogen rund 200 000 Bürger in einer äußerst gespannten Atmosphäre durch die Innenstadt. Wie an den Montagen zuvor erklangen die Sprechchöre: »Wir sind das Volk«, »Neues Forum zulassen!« und »Gorbi, Gorbi!« Die große Resonanz des Bonn-Besuchs in den in- und ausländischen Medien hing also auch mit dem Zeitpunkt zusammen. Trotzdem wurde Steffen Reiche nach seiner Rückkehr nach Ost-Berlin von seinen Parteifreunden wegen seines »Alleingangs« kritisiert. Offensichtlich nahm ihm ein Teil der SDP-Vorstandsmitglieder den Bonner »Medienrummel« so übel, daß er im September 1990 nicht als Vertreter zum Berliner Vereinigungs-Parteitag abgeordnet wurde. Und bei der Wahl zum gemeinsamen Parteivorstand erhielt Reiche nur ganze 26 Stimmen der Ost-Delegierten (im Vergleich dazu: Ibrahim Böhme erreichte 106 Stimmen, Harald Ringsdorf 95 und Angelika Barbe 85 Stimmen).[242] Gerade deshalb ist festzuhalten: Durch seinen spontanen Besuch in Bonn trug Steffen Reiche dazu bei, die ängstliche Zurückhaltung der West-SPD gegenüber der SDP aufzulösen. Reiche erklärte damals laut *Frankfurter Allgemeine Zeitung*: »Wir arbeiten unter den Bedingungen des Bismarckschen Sozialistengesetzes.« Listig fügte er hinzu, zur Zeit der Sozialistenverfolgungen sei die alte SPD »zur stärksten Partei geworden.«[243] Heute wissen wir, daß diese Perspektive unrealistisch war.

Bahr kontra Eppler

Der Streit über die Zukunft der Entspannungspolitik innerhalb der SPD läßt sich an den unterschiedlichen Positionen verdeutlichen, die Egon Bahr und Erhard Eppler im Jahr 1989 vertraten. Beide hatten in den Jahren der sozialliberalen Koalition als Minister im selben Bundesministerium gedient. Zunächst hatte Erhard Eppler (Jahrgang 1926) am 1. Oktober 1968 Hans-Jürgen Wischnewski als Bundesminister für wirtschaftliche Zusammenarbeit abgelöst, und danach hatte Egon Bahr (Jahrgang 1922) dieses Ministerium am 10. Juli 1974 übernommen, nachdem Eppler nicht zuletzt aus Solidarität zu Willy Brandt zurückgetreten war. Eppler wollte damals auf keinen Fall unter dem neuen SPD-Kanzler Helmut Schmidt weiterarbeiten.[244] Dieser Stafettenwechsel von Eppler zu Bahr ist bezeichnend für das Verhältnis dieser beiden Männer. Denn Bahr[245] setzte zunächst die Politik von Eppler fort, und es wäre falsch zu glauben, Bahr sei über den Sturz von Willy Brandt (durch Herbert Wehner und Hans-Dietrich Genscher) weniger entrüstet gewesen als etwa Eppler. Trotzdem unterschieden sich ihre Reaktionen auf den Machtwechsel. Erhard Eppler zog sich schon bald in seine württembergische Heimat zurück und legte 1976 sogar sein Bundestagsmandat nieder, wähend Bahr im Herbst 1975 als Bundesgeschäftsführer in die Baracke einzog. Von dort aus kritisierte er dann die NATO-Politik des SPD-Bundeskanzlers Schmidt: Er protestierte gegen die amerikanische Neutronenbombe und formulierte im Dezember 1979 seinen Vorbehalt gegen den NATO-Doppelbeschluß.

Erhard Eppler, eigenwillig und manchmal schwierig, ließ sich im Februar 1973 in Baden-Württemberg zum Landesvorsitzenden küren und führte die Partei anschließend auf einen mühsamen rot-grünen Pfad. Bei der Landtagswahl im April 1976 erzielte die SPD in Württemberg und Baden nur noch 33,3 Prozent (1972: 37,6 Prozent), und im März 1980 sank der Anteil der SPD sogar auf 32,5 Prozentpunkte. Daraufhin trat Eppler als Fraktionsvorsitzender in Stuttgart zurück und gab im Mai 1981 auch den Landesvorsitz auf. Anschließend engagierte er sich demonstrativ in der Ökologie- und Friedensbewegung und kämpfte gegen den Nachrüstungsbeschluß der NATO. Am 10. Oktober 1981 war Eppler einer der Hauptredner auf der Friedensdemonstration in Bonn; zugleich verlor er in der SPD deutlich an Boden. Zwar wurde er auf dem Münchener SPD-Parteitag im April 1982 noch einmal mit merklichem Stimmenverlust als Mitglied des Parteivorstandes bestätigt; im Mai 1982 wählten ihn jedoch die Mitglieder des Parteivorstandes aus dem Präsidium ab. Danach forcierte Eppler seine Mitarbeit in der SPD-Grundwertekommission, die er von 1976 bis 1991 als Vorsitzender leitete. Er kehrte mit dem drittbesten Stimmenergebnis im Juni 1984 in das Parteipräsidium zurück, was in der Öffentlichkeit allgemein als Neuorientierung der SPD in der Nach-Schmidt-Ära gewertet wurde. Als Stellvertretender Vorsitzender der Programmkommission nahm er von 1984 bis 1986 entscheidenden Einfluß auf den Entwurf eines neuen SPD-Grundsatzprogramms, das er als »Plattform für eine Mehrheit links von der Union« in den neunziger Jahren verstanden wissen wollte. Mit Themen wie »Förderung der Lebensqualität«, »Ausstieg aus der Kernenergie«, »Nein zur Plutoniumwirtschaft« und »Ja zur ökologischen Erneuerung der Volkswirtschaft« setzte sich Eppler auf dem Programm-Parteitag in Berlin Mitte Dezember 1989 schließlich durch.[246]

Etwa zur selben Zeit konzipierte Egon Bahr die sogenannte Zweite Phase der Ost- und Entspannungspolitik. Das auf atomarer Abschreckung basierende Sicherheitssystem hatte durch die Nachrüstungsdebatte bei vielen Menschen beiderseits der Mauer erheblich an Zustimmung verloren. Aus dem Gefühl, vom gemeinsamen Untergang bedroht zu sein, stellte sich die Friedensbewegung in beiden deutschen Teilstaaten die Frage, ob die Fortsetzung einer im Gleichgewichts- und Blockdenken erstarrten Sicherheitspolitik noch eine Garantie für den Frieden in Europa sei. Als Antwort auf diese Konstellation entwickelte Bahr das Konzept der sogenannten »Sicherheitspartnerschaft«. Dieses Konzept implizierte, daß sich unterschiedliche Staaten und Gesellschaftssysteme um einen »Modus vivendi« bemühen.[247] Doch die gesellschaftlichen Umbrüche in Warschau, Budapest, Leipzig, Berlin und Prag machten nicht nur den sozialdemokratischen Koexistenzpolitikern am Rhein einen dikken Strich durch ihre Langzeitplanungen, in denen der Faktor Demokratie kaum noch vorgekommen war.

Mitte der achtziger Jahre startete die Grundwerte-Kommission der SPD zusammen mit der Akademie für Gesellschaftswissenschaften beim ZK der SED Gespräche, die - zumindest nach der Konzeption von Johano Strasser und Thomas Meyer - in der DDR jene reformkommunistischen Kräfte unterstützen sollten, die einen »Kurs der Liberalisierung« befürworteten.[248] Daß dies nicht »völlig abwegig« gewesen sei, gehe daraus hervor, daß die Gesprächspartner von der SED in den ersten Gesprächsrunden ihre Ausführungen - so Strasser und Meyer - vorzugsweise mit »Gorbatschow-Zitaten« gekrönt und zu erkennen gegeben hätten, daß dies »die Richtung« gewesen sei, in die sie gewollt hätten. Trotz dieser »anfänglich größeren Offenheit« auf seiten der SED sei aber von Beginn an heftig über fast alle politischen Grundsatzfragen gestritten worden. Das Ergebnis dieser Gespräche war das umstrittene SPD/SED-Papier im August 1987 über den *Streit der Ideologien und die gemeinsame Sicherheit.*[249] Erhard Eppler stellte damals zusammen mit dem Ost-Berliner Professor Rolf Reißig dieses gemeinsame Grundsatzpapier von Sozialdemokraten und Kommunisten vor. Kurz darauf wurde es im *Neuen Deutschland* veröffentlicht und war damit für jedermann in der DDR zitierbar.

Zumindest Erhard Eppler sah bereits wenige Monate danach in diesem Dialog-Dokument die »allerletzte Chance für die DDR, sich Gorbatschows Reformpolitik« anzuschließen. Angesichts des Niedergangs der DDR erklärte er als Gastredner vor dem Deutschen Bundestag zum 17. Juni 1989, die real existierende DDR könne mit ihrer Verweigerungshaltung »auf dem schmelzenden Eis des Kalten Krieges« nicht mehr lange überdauern.[250] Egon Bahr dagegen schätzte die Situation noch völlig anders ein. So erklärte er Mitte November 1988 in München angesichts des nahenden westeuropäischen Binnenmarktes, es gebe jetzt keine Chance mehr, die beiden deutschen Staaten zusammenzufügen. Belehrend fügte er hinzu: »Gorbatschow hat Wichtigeres zu tun, der nächste Präsident der Vereinigten Staaten auch. Mitterrand sowieso, und wir ebenfalls. Klein, schwach und unwichtig sind die Deutschen geworden. Willy Brandt hat kürzlich die Wiedervereinigung als die Lebenslüge der Zweiten Deutschen Republik bezeichnet. Soweit ist Heiner Geißler noch nicht ... Wir haben ein Interesse an einer stabilen DDR. Wir sehen ihre Probleme ... unser spezifisches Gewicht könnte wachsen ohne die Last der Wiedervereinigungsillusion. Frei von ihr sagen wir Ja zu einer starken Bundesrepublik Deutschland, zu einer starken DDR, beide so selbständig wie möglich im Rahmen ihrer Bündnisloyalität; beide frei zu einer Verantwortungsgemeinschaft, die erst aus der Teilung wächst, damit Krieg nie wieder von Deutschland ausgehen kann.«[251]

Fast besessen von der Idee einer Verknüpfung der Sicherheitspolitik in beiden deutschen Teilstaaten mit dem Ziel einer dauerhaften europäischen Friedensordnung, rundete Bahr sein Bekenntnis zur Zweistaatlichkeit folgendermaßen ab: »Alle Briefe zur deutschen Einheit werden wirkungslos. Sie könnten entgegengenommen werden, wenn unsere Partner der Bundesrepublik die Fortsetzung ihrer Lebenslüge schenken oder sie damit belasten wollen. Aber auch in Moskau und Ost-Berlin könnten diese Briefe mit dem Stempel ›Erledigt‹ versehen werden; denn alle Beteiligten in West und Ost wüßten: Eine Option für den gesamtdeutschen Souverän würde der Bundesrepublik schaden. Wiedervereinigung, wie das Bundesverfassungsgericht sie verlangt, ist mit den Interessen der Bundesrepublik dann nicht mehr zu vereinbaren. Wer Schaden von der Bundesrepublik abwenden will, muß insofern der verlangten Einheit Schaden zufügen.«[252] Hier scheiterte ein erfahrener Außenpolitiker an der Realitätsferne der Realpolitik, und nicht wenige seiner Jünger, etwa im wissenschaftlichen Apparat der SPD-Bundestagsfraktion, in der zweiten Reihe der Mandatsträger und Parteifunktionäre oder in den Medien, vertreten bis heute die Meinung, die jüngste deutsch-deutsche Geschichte habe jenen Recht gegeben, die schon immer vor einer Neuvereinigung entschieden gewarnt hätten.[253]

Rückfall

Daß diese Status-quo-fixierte Sichtweise auch heute noch in Bonn präsent ist, konnte am 19. August 1991 jeder am Radio miterleben. Zunächst reagierte frühmorgens der soeben gekürte SPD-Parteivorsitzende Björn Engholm im WDR-*Morgenmagazin* spontan auf den Militärputsch in Moskau: »Nach allem, was wir bis jetzt wissen – das sind ja vorläufige Informationen –, ist es eine wirklich dramatische Entwicklung mit noch völlig unkalkulierbaren Auswirkungen für die Sowjetunion selbst und ihre Zukunft, aber wohl mehr auch noch für das Zusammenleben der unterschiedlichen Staaten und Staatengemeinschaften auf dem ganzen europäischen Kontinent und für die Weltpolitik ... Hier müssen alle Europäer gegenüber der Sowjetunion mit einer Stimme sprechen, und sie müssen der Sowjetunion klarmachen, daß, wenn Perestroika, wenn Glasnost zertreten werden, wenn damit nachbarschaftsfeindliche Wirkungen auf uns alle zukommen, daß die Gemeinschaft sich dann gemeinschaftlich auch verwahren wird dagegen, auch mit Sanktionen, wenn es Not tut.«[254] Nur wenige Stunden später, nachdem diverse außenpolitische Spezialisten in der Baracke eingetroffen waren, fiel die offizielle Presseerklärung der SPD sehr viel diplomatischer, ja man könnte sagen sehr viel sicherheitspartnerschaftlicher aus: »Der Staatsstreich in Moskau hat einen Mann gestürzt, der ein Hoffnungsträger für die friedliche Demokratisierung der sowjetischen Gesellschaft gewesen ist. Es ist noch zu früh, um in diesen dramatischen Stunden beurteilen zu können, ob die Umwälzung der Beginn blutiger Konflikte im Inneren wird. Die SPD erwartet, daß sich die Sowjetunion an alle außenpolitisch eingegangenen Verpflichtungen hält, einschließlich des planmäßigen Abzugs der sowjetischen Truppen aus Deutschland und der Einhaltung der unterzeichneten Abrüstungsvereinbarungen. Die SPD hält es für erforderlich, daß die Bundesregierung auf eine geschlossene Haltung der Europäischen Gemeinschaft und der USA hinwirkt. Dabei ist besonders zu unterstreichen, daß zu den internationalen Verpflichtungen der Sowjetunion alle Grundsätze gehören, die in der Charta in Paris im November vergangenen Jahres beschlossen worden sind ... Die SPD steht auf der Seite derer, die sich weiterhin für die Politik der Perestroika, für die Öffnung der Sowjetunion, für Pluralismus und für Demokratisierung einsetzen. Wir verlangen Auskunft über das Befinden und das Schicksal Michail Gorbatschows.«[255]

Die ursprüngliche Formulierung von Engholm, »notfalls müsse (man) auch über ökonomische und andere politische Sanktionen« nachdenken, war mittlerweile den langfristigen deutschen außen- und friedenspolitischen Interessen zum Opfer gefallen. Ähnlich diplomatisch äußerte sich auch der damalige Vorsitzende der CDU/CSU-Bundestagsfraktion Alfred Dregger in einem Telegramm am 21. August 1991 an den Putschisten beziehungsweise Vizepräsidenten der UdSSR Gennadi Janajew: »Sehr geehrter Herr Präsident, bei unserer Begegnung am 8. April 1991 haben Sie zur weiteren Entwicklung der Union der Sowjetrepubliken erklärt: ›Das weitere Schicksal der Union ist in der Tat unser Schlüsselproblem. Wie kann die Union in einer Weise erneuert werden, die sich auf die Souveränitätsdeklaration einzelner Republiken stützt? Wichtig ist insbesondere eine exakte Festlegung der Kompetenzen von Union und Republiken ... Eine einheitliche und berechenbare Sowjetunion liegt nicht nur in unserem Interesse, sondern auch im Interesse der Weltmeinung ...‹ Wir waren uns bei unserem Gespräch in der Feststellung einig, daß die Republiken, die den Unionsvertrag nicht unterzeichnen wollten, von der sowjetischen Führung nicht in die Union gezwungen werden könnten. Die neue Föderation müsse freiwillig sein. Sie sagten: ›Sie können gehen, wenn Sie das wollen.‹ Nun sollen nach Agentur-Berichten auf Weisung des sogenannten Notstandskomitees der Sowjetunion, das Sie leiten, nicht nur Sicherheitsorgane des sowjetischen Innenministeriums, sondern auch reguläre Truppen der sowjetischen Armee in die baltischen Staaten eingedrungen sein und dort Verkehrs- und Fernmeldeanlagen unter ihre Kontrolle gebracht haben. Dies stünde im Widerspruch zu Ihrer Erklärung. Dies stünde auch im Widerspruch zu den Prinzipien der Konferenz für Sicherheit und Zusammenarbeit in Europa, die im November 1990 noch einmal feierlich von den 34 Staaten, darunter der Sowjetunion, in der Charta von Paris erklärt worden sind. Ich fordere Sie auf, zu diesen Prinzipien zurückzukehren. Dies wird ein wichtiges Indiz dafür sein, ob tatsächlich, so wie Sie es in Ihrer ›Erklärung an die Vereinten Nationen und die Staaten der Welt‹ versprochen haben, die von Ihnen ergriffenen Maßnahmen ›in keiner Weise die Aufgabe des Kurses zu grundlegenden Reformen in allen Bereichen des Lebens von Staat und Gesellschaft bedeuten ... und ... in keiner Weise die internationalen Verpflichtungen berühren, die die UdSSR mit bestehenden Verträgen und Abkommen eingegangen ist‹.«[256]

Epplers Selbstkritik

In den beiden realpolitischen Erklärungen des SPD-Präsidiums vom Nachmittag des 19. August und dem Telegramm des Vorsitzenden der CDU/CSU-Fraktion vom 21. August zeigte sich erneut, daß in Bonn quer zum tradierten Links-Rechts-Schema nach wie vor diplomatischer Rigorismus beziehungsweise apologetischer Stabilitätskonsens stark ausgeprägt sind. Solidarität mit Freiheitsbewegungen wird in der alten Bundeshauptstadt Bonn noch immer klein geschrieben. Einen völlig anderen Blick auf die mittel- und osteuropäischen Realitäten hatte dagegen Erhard Eppler im Laufe des Jahres 1988 entwickelt. Rückblikkend stellte er in einem Gespräch mit Martin Gorholt und Norbert W. Kunz im Jahr 1991 fest: »Ich war im Laufe des Jahres '88, also nachdem die SED offenkundig die Bremse gezogen hatte - genauer gesagt das Politbüro -, intern der Meinung, wir sollten die Gespräche abbrechen. Ich hatte einfach die Nase voll. Und ich habe das in einem *Spiegel*-Essay Mitte des Jahres '88 auch auf eine polemische Art und Weise zum Ausdruck gebracht. Wenn dieser Abbruch nicht geschehen ist, zu dem auch die Mehrheit der Grundwertekommission bereit gewesen ist, dann hat das mit denen zu tun, die jetzt in der DDR zu Recht als die eigentlichen Urheber der Revolution gefeiert werden, mit meinen Freunden aus der DDR-Kirche. Sie haben mich dringend darum gebeten, nicht abzubrechen, und zwar mit der für mich schließlich einleuchtenden Begründung, daß, wenn wir abbrechen, die SED das Papier als gegenstandslos betrachten oder erklären könnte. Dies hätte ein ganz wichtiges Instrument der Opposition in der DDR aus den Händen genommen.«[257] Mit Sicherheit überschätzte Eppler hier die aktive Rolle der Evangelischen Kirche in der DDR-Opposition.

Doch im Gegensatz zu Egon Bahr oder Jürgen Schmude war Eppler mittlerweile klar geworden, daß man öffentliche Überlegungen über das Selbstbestimmungsrecht der Deutschen nicht länger als »Spinnereien« abtun dürfe. Nicht zuletzt deshalb betonte er in seiner Rede vor dem Deutschen Bundestag am 17. Juni 1989 mit Nachdruck: »Die Deutschen haben, wie alle Völker, ein Recht auf Selbstbestimmung. Es ist nicht verwirkt, auch nicht durch das, was Deutsche Europa angetan haben.«[258] In dieser Rede verwendete er einen »pragmatischen Begriff von Nation«, wie ihn Roman Herzog zuvor unter Berufung auf Ernest Renan definiert hatte: »Zu einer Nation gehört, wer sich dazu bekennt, solange er sich bekennt.«[259] Rund drei Monate später griff Eppler in einem *Stern*-Interview die Äußerung Willy Brandts vom Ende der »Politik der kleinen Schritte« auf und hob hervor daß auch »die deutsche Frage ... offen« sei.

Bahr lehnte Epplers Bekenntnis zum Selbstbestimmungsrecht der Deutschen ab und erklärte noch im September 1989: »Seit dem Bau der Mauer hatten wir zu lernen, daß kleine Schritte besser sind als große Worte. Ist das heute anders? Die erste Antwort lautet: Nein! Keine Lösung der deutschen Frage steht auf der Tagesordnung.«[260] Interessanterweise wurde die deutschlandpolitische Auseinandersetzung zwischen Eppler und Bahr damals in der West-SPD und in den Medien fast nicht zur Kenntnis genommen.[261] Gleichwohl ließ Hans-Jochen Vogel in jenen Monaten Epplers Rede zum 17. Juni in der Partei breit streuen - ein Beispiel dafür, wie im Herbst '89 indirekt Politik gemacht wurde.

X. Die Niederlage

Folgt man der damaligen Juso-Vorsitzenden Susi Möbbeck, so dachte Oskar Lafontaine auch nach dem Fall der Mauer noch »erfrischend nüchtern«. Sie klagte über eine angebliche »nationale Besoffenheit« in den eigenen Reihen und warnte zugleich vor weiteren Übersiedlern aus der Noch-DDR: »Arbeitslosigkeit und Wohnungsnot können nun mal nicht am vaterländischen Stammtisch weggeredet werden. Angesichts sozialer Spannungen sind die Übersiedler nicht nur für die DDR, sondern auch für uns ein Problem.«[262] Diese Argumentation erinnert mich an die Konfrontation vom April 1925 zwischen den Hofgeismarer Jusos und den ethisch motivierten Linksaktivisten im neokantianischen Nelson-Bund. Bereits damals argumentierte Maria Hodann mit persönlichen Verdächtigungen und unterstellte der Juso-Rechten Nationalismus und sogar Antisemitismus. Beide Vorwürfe haben sich jedoch als völlig haltlos erwiesen. Im Winter 1989 herrschte in der SPD nirgendwo eine nationalistische Hochstimmung. Trotzdem fürchtete ein Großteil der etatistisch gesinnten Juso-Linken, durch den Ruin der DDR werde in beiden Teilen Deutschlands eine nationalistische Woge ausgelöst. Mit diesem selbstgemachten Popanz wollten sich damals nicht nur viele Jusos aus der nationalen Haftungs- und Verantwortungsgemeinschaft der Deutschen verabschieden und statt dessen lieber der Europa-Idee nachhängen.

Europa kann als Gemeinschaft freier Völker nur dann existieren, wenn der innenpolitische Alltag des neu vereinigten Deutschland durch Demokratie, Aufklärung und soziale Gerechtigkeit bestimmt wird. Solange die Linke in der SPD der

SPD-Rechten jedoch in schöner Regelmäßigkeit immer wieder Verrat am Internationalismus vorwirft und die SPD-Rechte andererseits der internationalistisch gesinnten Linken nationale Unzuverlässigkeit unterstellt, kann die Sozialdemokratie in Deutschland keine eigenständige, moderne demokratische Nationalidee entwickeln. Andererseits ist deutscher Selbsthaß keineswegs nur ein linkes Phänomen: Erinnert sei etwa an den liberalkonservativen ZDF-Journalisten Wolfgang Herles, der 1990 ein Buch mit dem provozierenden Titel *Nationalrausch* gegen den nationalen »Zugewinn« veröffentlichte. In diesem politischen Tagebuch eines etablierten Fernsehmannes plädierte Herles vehement für die Eigenstaatlichkeit einer »demokratisierten DDR«. Ähnlich wie Möbbeck fühlte auch Herles im Winter 1989/90 nicht deutsch, sondern dachte europäisch: »Mit den Menschen in Dresden und Halle fühle ich mich weniger verwandt als mit den Nachbarn in Zürich und Straßburg.«[263]

Während Möbbeck im Dezember 1989 in der SPD eine »nationale Besoffenheit« ortete, denunzierte Herles die Aufbruchstimmung im Herbst 1989 als »Nationalrausch«, »Gefühlsdroge« und »Verzückung«. Beide, die Juso-Bundesvorsitzende und der schwarzgelbe Fernsehyuppie, verkörpern ein generationsspezifisches postnationales Lebensgefühl und Vorurteil, Möbbeck von links und Herles von rechts. Doch für die SPD zeitigte diese Antihaltung verheerendere Auswirkungen als für die postnationale Wohlstandsrechte. Die jugendlichen Modernisierungs-Gewinner sehen ihre Chancen durch die Einheit bedroht und verteidigen ihre alten hegemonialen Lebensorientierungen, Werthaltungen und Einstellungen. Das »Cocooning«, also die Selbstabschottung der bundesdeutschen Nachwuchspolitiker ist voll im Gang. Die alte Bundesrepublik wird von diesem Teil der westdeutschen Politikerkaste idealisiert. In den vier Wänden der BRD hatte man angeblich noch alles unter Kontrolle. Doch seit der Neuvereinigung dringt aus Ost- und Mitteleuropa Gefahr vor und bedroht das sichere bundesrepublikanische Nest. Manche Jungpolitiker würden am liebsten die Tür zum westdeutschen Teilstaat zum zweitenmal versperren und die Bonner Rolläden herunterlassen. Da das nicht mehr möglich ist, zieht man sich verbittert in eine postnationale Traumwelt zurück und betrachtet die ungemütliche Außenwelt aus sicherer Distanz. Alles in allem nicht gerade der Anfang eines gesellschaftlichen Wandels im neuvereinigten Deutschland und im sich mühselig vereinenden Europa.

Auf abschüssiger Straße

Volker Rühe behauptete im November 1989, die in den siebziger Jahren gerechtfertigte SPD-Politik »Wandel durch Annäherung« sei später zu einer SPD-Politik des »Wandels durch Anbiederung« degeneriert. Diese Attacke hat, wie Peter Brandt bereits im Januar 1990 im *Vorwärts* betonte, die »ganze SPD-Bundestagsfraktion« so aus dem »Häuschen« gebracht, daß sie bis heute »deutschlandpolitisch nicht wieder richtig Tritt« gefaßt habe. Diese Irritation deute auf eine »tiefe Verunsicherung« in der West-SPD Ende der achtziger Jahre hin, auf das, was sich seitdem zwischen »Oder/Neiße und Rhein/Mosel» abspielt. Aber auch in Deutschland, wo die »Transformation des Nationalismus in eine reaktionäre Ideologie« besonders weit gegangen sei, bleibe - und dies verstehe ein Teil der »Enkel« nicht - in den »Nationalempfindungen der Volksmassen« ein »subversiver, demokratischer Rest«.[264]

Dieser subversive Rest zeigte sich deutlich in Leipzig, während der Groß-Demonstrationen des 4. und 11. Dezember 1989. Die sogenannte Sonntagsfrage: »Welcher Partei beziehungsweise neuen Bewegung würden Sie, wenn morgen freie, demokratische, geheime Wahlen stattfänden, Ihre Stimme geben?« beantworteten die Demo-Teilnehmer am 4. Dezember noch folgendermaßen: Die CDU erhielte 12 Prozent, die LDPD erzielte 11 Prozent, die SED nur 6 Prozent, das Neue Forum erreichte 18 Prozent, und die Sozialdemokratische Partei (SDP) würde sogar 37 Prozent der abgegebenen Stimmen erringen. An der Befragung durch Soziologen der Karl-Marx-Universität Leipzig beteiligten sich immerhin fast 90 Prozent aller wahlberechtigten Demonstranten.[265] Am 1. Dezember wurden für die SDP sogar 42 Prozent der Stimmen aller wahlberechtigten Demonstranten prognostiziert. Das Neue Forum erzielte jetzt nur noch 14 Prozent, die SED dagegen 15 und die CDU nur noch 9 Prozent der Demo-Stimmen. Mit Ausnahme der unter 25jährigen erhielt damals die SDP von allen Altersgruppen eindeutig den Löwenanteil. Gleichzeitig sprach sich jedoch eine Zwei-Drittel-Mehrheit der Demonstrationsteilnehmer für die Einheit Deutschlands aus und zeigte dadurch, daß die nationale Frage für sie ein wichtiges Thema war. Ihre Parole hieß jetzt: »Deutschland, einig Vaterland!«

Die Farben Schwarz-Rot-Gold ohne DDR-Emblem bestimmten immer stärker das Erscheinungsbild der Demonstrationen. Doch die ostdeutschen Sozialdemokraten und das Neue Forum taten sich mit diesem unerwarteten Patriotismus schwer. So hatte die SDP noch Anfang Oktober 1989 in einem Anhang zum Statut die »Anerkennung der Zweistaatlichkeit Deutschlands als Folge der schuldhaften Vergangenheit» festgeschrieben.[266] Andererseits sollten jedoch »Veränderungen« im Verhältnis zwischen den beiden deutschen Teilstaaten »im Rahmen einer europäischen Friedensordnung« nicht grundsätzlich ausgeschlossen werden. Mit diesem Bekenntnis zur Zweistaatlichkeit leistete die SDP unzweifelhaft einen eigenständigen Beitrag zu den schweren Wahlniederlagen der SPD im Jahre 1990.

Wahl zur DDR-Volkskammer '90

Eine Analyse der ersten freien, allgemeinen, gleichen, direkten und geheimen Wahlen am 18. März 1990 zur DDR-Volkskammer zeigt, wie stark das Modell Bundesrepublik auf das politische Denken in großen Teilen der DDR-Bevölkerung gewirkt hat. Der Sieg der christlich-konservativen Allianz für Deutschland - in letzter Sekunde zusammengestoppelt aus der alten Blockpartei CDU, der CSU-nahen DSU und den Resten des Demokratischen Aufbruchs - war von keinem Wahlforscher oder Journalisten vorausgesagt worden. Viele Beobachter hatten einen knappen Wahlsieg der Sozialdemokraten erwartet. Wie der westdeutsche Wahlforscher Dieter Roth feststellte, fehlten damals in der DDR sowohl die analytischen Instrumente für eine kurzfristige Prognose wie auch für eine längerfristige Einschätzung der Wahlchancen: »Die banale Feststellung, daß die Wahl in der DDR am 18. März 1990 ohne demokratische Vergangenheit erfolgte, ist von weitgehender Bedeutung für die (Un)Möglichkeit einer Prognose als Endprodukt einer Erklärung . . . Der Versuch, einen Anschluß an das Wahlverhalten in der Zeit vor der sozialistischen und der nationalsozialistischen Diktatur zu finden, muß aus Gründen zeitlicher Distanz scheitern. Zumindest für große Teile der Bevölkerung kann eine erfolgreiche Aufrechterhaltung von Parteibindung über zwei Generationen hinweg ohne unterstützende Außenbedingungen kaum angenommen werden.«[267]

Die Parteipräferenzen entstehen in der Regel nicht kurzfristig. Das Wahlverhalten wird durch vielerlei Faktoren beeinflußt, beispielsweise durch Familientraditionen, Geschlecht, Alter, Erziehung, Beruf, Einkommen, Vermögen, medizinische Versorgung, Konfession, Größe der Gemeinde, Zugehörigkeit zur Gewerkschaft. Durch die jahrzehntelange Gleichschaltung des gesellschaftlichen Lebens in der DDR wurden eine Reihe dieser Faktoren tendenziell eingeebnet. Mit anderen Worten: Wichtige Erklärungskomponenten für eine Wahlvoraussage waren entweder unbekannt oder existierten nur in der Theorie. Ebenso fehlte in der DDR eine zweite wichtige Einflußgröße, nämlich die Orientierung des Wählers an Politikern, die über längere Zeiträume für bestimmte politische Haltungen, Inhalte oder Programme von Parteien standen. Denn die übergroße Mehrheit der alten Politiker aus der SED und den Blockparteien repräsentierte das untergehende Gesellschaftssystem der DDR. Andererseits waren die neuen Politiker der Bevölkerung noch weitgehend unbekannt. Insofern war damals eine seriöse Wahlforschung unmöglich. Trotz alledem glaubten wir (nicht nur im Erich-Ollenhauer-Haus) alle daran, daß die SPD mit Hilfe der Industriearbeiterschaft in den traditionellen sozialdemokratischen Hochburgen in Sachsen, Thüringen und Berlin-Brandenburg die Wahl wenn schon nicht gewinnen, dann doch wenigstens nicht verlieren werde.

Am 20. Februar 1990 verabschiedete die Volkskammer das neue Wahlgesetz, und am 18. März 1990 fanden die ersten freien Wahlen in der DDR statt. Ursprünglich sollte der Wahlgang erst am 6. Mai stattfinden, aber der damalige SDP- beziehungsweise Ost-SPD-Vorsitzende Ibrahim Böhme drängte darauf, die Wahlen auf den 18. März vorzuverlegen. Die Folge war ein verkürzter Wahlkampf, in dem die relativ gut ausgebauten Organisationsstrukturen der alten Blockparteien CDU und LDPD die Anti-SPD-Front stärkten. Zur Wahl traten am 18. März insgesamt fünf Wahlbündnisse beziehungsweise Listenverbindungen an. Trotz aller pessimistischen Einschätzungen war die Wahlbeteiligung mit 93,8 Prozent sensationell hoch. Die drei konservativen Parteien der Allianz für Deutschland kamen mit 48,05 Prozent fast an die absolute Mehrheit heran, wobei die alte Blockpartei CDU mit 40,8 Prozent mit Abstand stärkste Kraft wurde. Die bayerische Schwesterpartei DSU, obwohl formal (freilich nicht personell) durch die Vergangenheit nicht belastet, erzielte dagegen lediglich 6,3 Prozent der abgegebenen Stimmen, während der konservativ-alternative Demokratische Aufbruch, schwer gehandikapt durch die Stasi-Vergangenheit seines Vorsitzenden Wolfgang Schnur, nur 0,9 Prozent der Stimmen erhielt.

Die Mehrheit der Wähler in der DDR hatte jedoch nicht die alte Blockpartei CDU gewählt, sondern die Kohl-CDU, den »Anschluß« an den relativen Wohlstand in der Bundesrepublik und die sofortige Einheit der Nation. Die sechs Auftritte von Helmut Kohl im DDR-Wahlkampf, die von fast jedem zehnten Wahlberechtigten besucht worden waren, spielten in diesem Meinungsbildungsprozeß ohne Zweifel eine wesentliche Rolle.[268] Denn auf diesen Versammlungen versprach Kohl den Menschen eine schnelle Verwirklichung der ökonomischen und sozialen Einheit im neuvereinigten Deutschland. Trotz aller Warnungen, den wirtschaftspolitischen Aufbau nicht allein dem Markt zu überlassen, glaubte der CDU-Wahlkämpfer Kohl unerschütterlich an die Wunderwirkung der privaten Wirtschaft und stellte den Menschen blühende Landschaften innerhalb von nur fünf Jahren in Aussicht. Zwar warnte Oskar Lafontaine vor den ökonomischen Folgen einer übereilten Einführung der Währungsunion, fand jedoch in der Ex-DDR nicht zuletzt deshalb praktisch kein Gehör, weil der Begriff »Deutschland« in all seinen Reden fehlte. Überraschend ist der besonders hohe Anteil der Facharbeiterstimmen für die CDU: Von ihnen entschieden sich 55,4 Prozent für die konservative Allianz für Deutschland; allein die CDU erreicht 47,4 Prozent der abgegebenen Arbeiterstimmen.

Dagegen wurde die SPD mit Ausnahme von Ost-Berlin auf eine Mittelpartei reduziert. Mit 21,9 Prozent war sie jetzt nur noch halb so stark wie die CDU. Statt dessen wurde die Gysi-Partei des Demokratischen Sozialismus, wie sich die ehemalige marxistisch-leninistische Sozialistische Einheitspartei Deutschlands mittlerweile nannte, mit 16,4 Prozent drittstärkste Partei in der Volkskammer. Überraschend schlecht schnitten dagegen die im Bündnis 90 vereinigten Bürgerbewegungen Neues Forum, Demokratie Jetzt und Initiative Frieden und Menschenrechte mit 2,91 Prozent ab. Die Parteienlandschaft in der Noch-DDR hatte bei den ersten freien Volkskammerwahlen, obwohl es doch mehr oder minder »außengesteuerte Stimmungswahlen« waren, deutlichere Konturen bekommen.[269] Denn alles in allem hatte sich in der untergehenden DDR im Frühjahr 1990 die Kohl-CDU als hegemoniale Kraft durchgesetzt. Zugleich hatte die West-SPD ihre historische Chance, die nationale und soziale Frage zu koppeln, verpaßt. Diese Ausstiegswahl aus der DDR beziehungsweise Einstiegswahl in die Bundesrepublik kommentierte die ehemalige FDJ-Zeitung *Junge Welt* am 19. März 1990: »Das Wahlergebnis zeigt auch, was die Menschen bei uns mehrheitlich nicht wollen: jeglichen Versuch, zu allen bisherigen westlichen Gesellschaftsmodellen eine historische Alternative zu entwickeln. Das dürfte auch den letzten Illusionisten klarmachen, wie einschneidend und langfristig die historische Niederlage des Sozialismus in der DDR in Wirklichkeit ist.« Diesem selbstkritischen Begleittext aus der Noch-DDR ist nichts hinzuzufügen.

Am 22. Juli 1990 verabschiedete die DDR-Volkskammer in einer Sondersitzung das Verfassungsgesetz zur Wiedereinführung der Länder Sachsen, Thüringen, Sachsen-Anhalt, Brandenburg und Mecklenburg. Damit wurde die stark zentralistisch organisierte Bezirksverwaltung durch eine föderative Länderstruktur abgelöst. Das Ergebnis der Landtagswahlen vom 14. Oktober 1990 wies auf den ersten Blick manche Gemeinsamkeit mit dem Resultat der Volkskammerwahl auf. Denn die Reihenfolge der 4 größten Parteien ist in allen neuen Bundesländern fast unverändert geblieben: CDU, SPD, PDS und F.D.P. Lediglich in Brandenburg verdrängte die SPD die CDU vom Spitzenplatz. Trotzdem hatte die Kohl-CDU noch einmal - zwölf Tage nach der deutschen Vereinigung - ihre führende Position in der Ex-DDR eindeutig behauptet. Andererseits lag die Wahlbeteiligung mit rund 70 Prozent deutlich unter dem Spitzenwert vom 18. März 1990.

Bundestagswahl '90

Bei der Bundestagswahl vom 3. Dezember erzielte die christliberale Koalition 54,8 Prozent der abgegebenen Stimmen. Die Union erreichte 43,8 Prozent, und die F.D.P. erhielt sogar 11 Prozent. Dagegen blieb die SPD mit 33,5 Prozent weit unter ihrem Wahlziel. Noch härter traf das Wahlergebnis aber die Grünen. Entgegen aller Prognosen wurden sie mit 3,9 Prozent der abgegebenen Stimmen aus dem Bonner Wasserwerk herausgewählt. Angesichts der historischen Bedeutung dieser ersten gesamtdeutschen freien Wahl ist es nicht unwichtig, daß die Wahlbeteiligung mit 78,5 Prozent in den westlichen Bundesländern und 74,7 Prozent in den östlichen Bundesländern kaum höher war als bei den vorangegangenen Landtagswahlen. Besonders auffällig ist die in der alten Bundesrepublik insgesamt um mehr als 5 Punkte gesunkene Wahlbeteiligung: »Von den früheren SPD-Wählern sind besonders viele zu Hause geblieben, weil es an Motivation und Moral weithin fehlte; dies schlug mit einem Verlust von rund 550 000 Stimmen zu Buche. Die Grünen konnten etwa 270 000 ihrer früheren Anhänger nicht mobilisieren. Trotz der allgemein verbreiteten Siegesstimmung machte die Wahlmüdigkeit der CDU/CSU und der F.D.P. weit weniger zu schaffen.«[270]

Völlig aus dem Rahmen fiel dagegen das Abstimmungsergebnis im Saarland. Ganz gegen den übrigen Trend gewann hier die SPD 7,7 Prozentpunkte hinzu, während die anderen Parteien (CDU: – 3,1 Prozent, F.D.P.: – 0,9 Prozent, Grüne: – 4,8 Prozent) Stimmen verloren. Das Gegenbild zum Saarland mit dem »lokalpatriotisch gefärbten SPD-Bonus« für den Spitzenkandidaten Oskar Lafontaine lieferte das Ruhrgebiet, wo teilweise ähnliche Wirtschaftsstrukturen anzutreffen sind. Hier verzeichnete die SPD einen Verlust von 3,7 Prozentpunkten, in einigen Großstädten sogar noch deutlich mehr. Die F.D.P.-Gewinne lagen im Revier dagegen mit 3,1 Prozent klar über dem Durchschnitt, während sich die CDU hier nur um 0,8 Prozent steigern konnte. Gegenüber der Volkskammerwahl im März 1990 ging die Wahlbeteiligung in den neuen Bundesländern um rund 18 Prozent zurück und war damit etwas niedriger als im westlichen Wahlgebiet. Der drastische Rückgang der Stimmen in der Ex-DDR traf vor allem die CDU mit fast einer Million, aber auch die PDS und die SPD mit jeweils rund einer halben Million Stimmen.[271]

Manches in der Parteienlandschaft der Ex-DDR ist offensichtlich noch im Fluß, ähnlich wie in der westdeutschen Bundesrepublik in den fünfziger Jahren. Die Grenzen zwischen den politischen Lagern könnten sich dabei durchaus noch als durchlässig erweisen. Die politische Geographie ist noch nicht wirklich erstarrt. Doch solange die West-SPD nicht darüber diskutiert, weshalb sie Ende der achtziger Jahre gerade bei der deutsch-deutschen Problematik so stark an Terrain verloren hat, wird sie den Schlüssel für einen Neubeginn schwerlich finden. Noch sitzt der Schock über das plötzliche Ende der »Zweiten Phase der Entspannungspolitik« zu tief.

XI. Quo vadis, SPD?

»Es ist so schwer,
den falschen Weg zu meiden.«

Johann Wolfgang von Goethe

Die SPD will auch in Zukunft die größte Mitgliederpartei im neuvereinigten Deutschland bleiben. Vor allem muß die Partei wieder mehrheitsfähig werden und darf künftig nicht nur Landtagswahlen, sondern muß auch wieder Bundestagswahlen gewinnen. Das Profil, das die rund 880 000 Mitglieder derzeit jedoch von der SPD zeichnen, ist eher flach. Die Parteireform »SPD 2000« ist deshalb bei den etwa 100 000 Aktivisten in aller Munde. Wenn die SPD ihre geistige und strukturelle Krise überwinden will, müßte sie in den nächsten Jahren in ganz Deutschland ein Bündnis organisieren zwischen denen, die auf Solidarität angewiesen sind, und jenen, die eine solidarische Gesellschaft anstreben. Daß dieser Diskurs nicht immer einfach sein wird, zeigten die parteiinternen Auseinandersetzungen über den Solidarpakt. Der Stellvertretende SPD-Parteivorsitzende Wolfgang Thierse beklagte in diesem Konflikt sogar eine »Koalition der West-Länder« gegen ostdeutsche Interessen. Indirekt richtete sich seine Kritik auch an die eigene Partei, die ja in den meisten der alten Bundesländer die Ministerpräsidenten stellt.[272]

Nicht nur die alte und neue Linke in der SPD lehnt jede »Amerikanisierung« der Partei ab: Ein freiwilliger Abschied von der Mitglieder- und Massenpartei hin zu einer reinen Angebots- und Dienstleistungspartei findet an der Basis der SPD keine Mehrheit. Denn die SPD ist und bleibt – trotz aller theoretischen Unklarheiten vor und nach Godesberg – eine Programm-Partei, die auch künftig ihre Mitglieder aktivieren, Wahlen gewinnen und langfristige gesellschaftspolitische Ziele umsetzen muß. Dies sieht jedenfalls die Mehrheit der Mitglieder so: Rund

50 Prozent traten der Partei - so eine SPD-Studie *Aus Erfahrung lernen* von Horst Becker und Susanne Koch - wegen ihrer Programmatik bei. Es gibt in der Mitgliedschaft außerdem ein »hohes Interesse an Bildungs- und Schulungsarbeit« der SPD-Parteischule, der regionalen (leider nur noch hier und dort bestehenden) Heimvolkshochschulen beziehungsweise der SPD-nahen Friedrich-Ebert-Stiftung. Während noch im Jahr 1977 in der Mitgliedschaft einer Kommunikationsstudie des Parteivorstandes zufolge vielfach eine sogenannte Theorielastigkeit beklagt worden war, wird heute in der Partei - trotz der vielbeschworenen »Krise des Sozialismus« - von der Basis »mehr Beschäftigung mit Theoriefragen und Programmatik« angemahnt.[273] Denn auch der persönliche Ehrgeiz der Mandatsträger kann nicht das politische Ziel und den theoretischen Bezugsrahmen ersetzen.

Die Bedeutung der programmatisch angestrebten Einheit von Praxis und Theorie haben manche »Enkel« wohl nie so richtig begriffen. Eingetreten in die Partei zu einer Zeit, als es in Westdeutschland im Sog der antiautoritären Studentenrevolte von 1967/68 als »chic« und »in« galt, links zu sein, kletterten viele Juso- und SHB-Jugendfunktionäre in der Parteihierarchie schon bald steil nach oben. Heute gehört die Mehrzahl dieser »Enkel« schon längst zum Establishment-fixierten Machtkartell im Bund, in den Ländern oder in den Kommunen. Brigitte Seebacher-Brandt oder Eckhard Fuhr irren übrigens, wenn sie die Juso-nach-68er-Generation mit der Generation der Revolte gleichsetzen.[274] Denn die Mehrheit der Aktivisten der Revolte wurde in den siebziger Jahren von der Helmut-Schmidt-SPD durch Berufsverbote aus der bundesrepublikanischen Gesellschaft vorerst ausgegrenzt. Das Denken der Juso-nach-68er-Generation wurde dagegen stärker durch die siebziger Jahre und das abrupte Ende der Helmut-Schmidt-Ära im Herbst 1982 geprägt als durch das, was man gemeinhin in der alten Bundesrepublik heute als den Geist der Achtundsechziger-Revolte bezeichnen würde.

Zwar hatte Willy Brandt sicherlich recht, wenn er darauf hinwies, daß ein Teil der von der APO politisierten Studenten später - freilich oft nur vorübergehend - in die SPD integriert worden sei. Doch dies galt nicht für das Gros der antistalinistisch eingestellten Revolte-Generation im SDS. Denn die meisten SDS-Aktivisten sind nach dem Zerfall ihres Studentenbundes im Frühjahr 1970 und seiner selbsternannten maoistischen und spontaneistischen Nachfolgeorganisationen so gut wie niemals anderen politischen Organisationen beigetreten, weder der SPD noch den diversen Alternativen und Bunten Listen oder der Partei Die Grünen. Das Engagement einiger Achtundsechziger wie Rudi Dutschke, Joschka Fischer, Hubert Kleinert, Daniel Cohn-Bendit, Rupert von Plottnitz, Udo Knapp (bis Frühjahr 1993 Querdenker unter den Grünen, jetzt SPD-Beigeordneter des Landrates auf Usedom) oder Antje Vollmer bei den Grünen blieb eher die Ausnahme. Denn die wenigen Jahre der studentischen Revolte stellten für die Mehrzahl der APO-Aktivisten eine so intensive Phase politisch-intellektueller Lernprozesse und individueller Entwicklung dar, daß ihnen der politische Alltag in der alten Bundesrepublik nur allzu oft schal und geistlos erschien. Sie gingen deshalb in eine Art innere Emigration gegenüber der Bundesrepublik und überließen der Juso-nach-68er-Generation das Feld. Die späte Liebe einiger Frankfurter Altspontis für Konrad Adenauer ist deshalb eher eine Kuriosität.[275]

Eine ähnliche Distanziertheit der Jugendlichen zur SPD läßt sich auch heute wieder feststellen. Der prozentuale Anteil der Jugendlichen im Alter von 16 bis 25 Jahren an der Gesamtbevölkerung beträgt rund 17 Prozent. Der Anteil dieser Altersgruppe in der Mitgliedschaft der SPD umfaßt jedoch nur 5 Prozent.[276] Auch im konservativen Parteienspektrum läßt sich eine solche Distanziertheit beobachten. Nicht wenige Jung- und Erstwähler meiden, so Horst Becker während einer internen Vorstellung seiner Studie im Erich-Ollenhauer-Haus, zunehmend eine Berührung mit der »SPD-Moral« beziehungsweise »C-Ideologie«

und suchen statt dessen in der Politik nach einer »neuen Sachlichkeit«. Kein Zweifel: Die beiden großen bundesrepublikanischen Volksparteien stecken in einer strukturellen Krise. Als beispielsweise die Jusos Ende April 1992 in Berlin eine »Jugendveranstaltung« zum Thema *Die andere Stadt - Jugend in der Metropole* in der *Kulturfabrik* auf dem Prenzlauer Berg durchführten, kamen - trotz Annoncen in mehreren Tageszeitungen und jeder Menge Plakate - nur rund 150 Jugendliche. Nur wenige Tage später scheiterte die christdemokratische Junge Union in Berlin mit einer groß angekündigten »Jugend-Fete«. Die beiden Volksparteien in der neuvereinigten Metropole Berlin ohne Jugend? Andererseits konnte die PDS zu ihren Kundgebungen im Ostteil der Stadt zu den ersten freien Gesamtberliner Kommunalwahlen (seit 1946) am 24. Mai 1992 und die sogenannten Republikaner bei ihren Wahlveranstaltungen in beiden Stadthälften eine beachtliche Anzahl junger Leute mobilisieren. Alles nur potentielle Protestwähler? Oder deutet sich hier (freilich ganz anders als 1967/68) eine Rebellion der Jugend gegen das politische Establishment der alten Bundesrepublik an?

Ein großer Teil der sozialdemokratischen Parteimitglieder unterschätzt zudem notorisch die gegnerische Volkspartei, die CDU/CSU.[277] In der Ost-SPD ist dieses Desinteresse an der Union mittlerweile sogar in eine völlige Ablehnung der CDU/CSU umgeschlagen. Die Kohl-Union wird dort längst für alle gesellschaftlichen Mißstände in den sechs neuen Bundesländern verantwortlich gemacht und hat bei weiten Teilen der dortigen Bevölkerung in und jenseits der SPD das Negativbild der untergegangenen SED-Staatspartei auf sich gezogen. Andererseits kommt auch aus der Bonner SPD-Vorstandsetage - so die durchaus selbstkritische SPD-Studie - »derzeit keine Faszination und Motivation« für die Mehrheit der Parteimitglieder. Es fehlen »Highlights« und Möglichkeiten zur durchaus gewünschten »Identifikation« mit der Politik der SPD. Die erwähnte Studie zeigt außerdem deutlich, daß rund 70 Prozent der

Mitglieder und fast 50 Prozent der Parteifunktionäre künftig mehr partei- und gesellschaftspolitische Transparenz und Partizipation wünschen. Außerdem soll das traditionelle Wohnortsprinzip endlich durch projektorientierte Arbeitsmöglichkeiten ergänzt werden. Neben der Belebung der traditionellen Arbeitsgemeinschaften (Jungsozialisten, Arbeitsgemeinschaft für Arbeitnehmer, Arbeitsgemeinschaft sozialdemokratischer Frauen) sollen in Zukunft »themenbezogene Projektgruppen« eingerichtet werden, die auch Delegierte zu den SPD-Unterbezirkskonferenzen entsenden können. Und schließlich: Bei Wahlen in die Parlamente sollen künftig auf den Listen der SPD auch Plätze für »Quereinsteiger« und »Nicht-Parteimitglieder« freigehalten werden. Dies ist, wie mir scheint, Zukunftsmusik.

Gerade deshalb fordert der SPD-Bundesgeschäftsführer Karlheinz Blessing, die Basis der Partei solle schon jetzt mehr mitbestimmen. Er regte daher die Einführung von Urabstimmungen bei der Aufstellung der Kandidaten für die Kommunalparlamente, die Landtage und den Bundestag an. Denn es sei ein Unding, daß in der Partei über plebiszitäre Elemente in der neuen deutsch-deutschen Verfassung nachgedacht werde, zugleich aber solche Möglichkeiten in den Statuten der SPD fehlten. Derzeit ist laut SPD-Statut eine Urabstimmung nur dann möglich, wenn ein Bundesparteitag einen entsprechenden Beschluß faßt und sowohl eine Formfestlegung des Verfahrens als auch eine satzungsmäßige Festlegung von Themen der Urabstimmung vornimmt. Vorstellbar sei dagegen – so ein noch parteiinternes Gutachten – eine durch »Mitgliederbegehren« herbeigeführte Urabstimmung. Die Regelung könnte so aussehen, daß eine Abstimmung über eindeutig mit »Ja« oder »Nein« beantwortbare Fragen von 10 Prozent der Mitglieder im Ortsverein, Unterbezirk oder Bezirk verlangt werden kann; auf Bundesebene könnte die Abstimmung an das Votum von 40 Prozent der Bezirksparteitage gebunden werden. Hätte eine solche Regelung bereits 1989 existiert, dann wäre es in der SPD eventuell zu einer Urabstimmung über die deutsche Einheit gekommen.

Im Verlauf einer solchen Urabstimmung wäre möglicherweise die Frage erörtert worden, weshalb die West-SPD kein alternatives Deutschland-Konzept besaß, als Gorbatschows Europa-Politik plötzlich Gestaltungschancen eröffnete.

In der aktuellen innerparteilichen Reformdiskussion der SPD bleibt oft ein wichtiger Faktor ausgeklammert: die unbequeme Tatsache, daß die Gesamtpartei längst einem Dach über zwei unterschiedlichen Parteien gleicht. Trotz des Berliner Einigungsvertrags der SPD Ende September 1990 sind die West-SPD und die Ost-SPD noch lange nicht zusammengewachsen. Statt dessen stülpten die Bonner Polit-Profis in den Jahren 1990 und 1991 eine bundesrepublikanische Organisationsform über die rund 20 000 Mitglieder der bürgerbewegten SPD in der DDR und zerstörten damit Engagement und Phantasie in der winzigen Schwesterpartei. In der zweiten Hälfte des Jahres 1990 wurde der Ost-Berliner SDP- beziehungsweise SPD-Parteivorstand in der Rungestraße mit etwa 50 Mitarbeiterinnen und Mitarbeitern durch die Bonner »abgewickelt«. Nur wenige Kolleginnen und Kollegen aus der Rungestraße wurden vom Bonner Parteivorstand übernommen. Über das Argument der Ost-Berliner SPD-Funktionäre, der Aufbau der Partei könne in der Ex-DDR nicht von Bonn aus erfolgen, setzte sich die organisationspolitische Spitze im Erich-Ollenhauer-Haus mit finanziellen Begründungen hinweg.[278] Die SPD im neuen Osten ist nicht zuletzt deshalb auch heute noch keine Mitgliederpartei. Um dies zu erreichen, ist noch viel Arbeit zu leisten.

Die tiefe Kluft innerhalb der Gesamtpartei wird in Westdeutschland noch immer ignoriert. Sie zeigt sich aber ständig, wenn man etwa an die Diskussionen in der SPD-Bundestagsfraktion über die gesamtdeutsche Stasi-Frage oder die drohende industrielle Sizilianisierung der Ex-DDR denkt. Hier hilft mittelfristig keine noch so meisterhafte Moderation der Fraktions- und Parteiführung; gefragt ist vielmehr eine neue gemeinsame Wirtschafts- und Industriepolitik. Die Initiative dazu müßte nach Lage der Dinge von der SPD-Bundestagsfraktion ausgehen und finanzpolitisch abgesichert werden. Die Gewerkschaften im DGB haben dies immer wieder gefordert. Bis jetzt sind jedoch alle parteiinternen Konzeptionen für eine aktive und konkrete Wirtschafts- und Industriepolitik in der Ex-DDR unter anderem am Widerstand der sozialdemokratischen Ministerpräsidenten und der Nur-Fiskalpolitiker in der SPD-Bundestagsfraktion gescheitert. Auch in der West-SPD geht es um die Jahrhundertfrage, ob die wirtschaftliche und politische Macht hauptsächlich im Bereich der Rhein-Schiene konzentriert bleiben soll. In dieser Frage gibt es indes längst eine heimliche parteiübergreifende Solidarität zwischen allen West-Ländern.

Wer diese Verweigerungsfront in der SPD aufbrechen will, muß dafür streiten, daß in Berlin endlich eine zweite und wirklich voll funktionsfähige »Kopfstelle« der Gesamtpartei ausgebaut wird. Das jetzige »Berlin-Büro des Parteivorstandes« kann und soll eine solche strategische Aufgabe nicht wahrnehmen. Eine gut funktionierende »Zweite Kopfstelle«, möglichst gut sichtbar Unter die Linden plaziert, könnte zumindest eines sicherstellen: die demonstrative Anwesenheit der Bundes-SPD im neuen Osten. Im Streit um die Grundstückskosten für die geplante neue SPD-Bundeszentrale in Berlin-Kreuzberg ist jedoch noch immer kein Ende abzusehen. Jetzt hat sogar der mitgliederstärkste SPD-Bezirk Mittelrhein gefordert, die Planungen für den Umzug bis auf weiteres auszusetzen. Die rheinischen Sozialdemokraten begründen ihren Wunsch, den sie wahrscheinlich als Antrag auf dem kommenden SPD-Bundesparteitag in Wiesbaden einbringen werden, mit den finanziellen Aufwendungen von schätzungsweise 150 Millionen D-Mark und einem Stimmungsumschwung in der Bevölkerung. Der Bonner Parteibeamten-Ungeist darf sich nicht erneut durchsetzen. Wer jedoch das Risiko in Kauf nehmen will, daß die Sozialdemokratische Partei Deutschlands mittelfristig zum Sozialdemokratischen Rheinbund degeneriert, der muß nur so weitermachen wie bisher.

Eine gesamtdeutsche SPD der Zukunft braucht also einerseits

eine moderne Organisation und andererseits ein langfristiges politisches Gesamtkonzept. Pädagogisch-politische Schlagwörter wie »handlungsorientierte Kommunikation«, »Kommunikationserwartungen« oder »überkommene Handlungserwartungen« und »tatsächliche Handlungserwartungen« dürfen nicht darüber hinwegtäuschen, daß die Sozialdemokratie im neuvereinigten Deutschland die »Arbeit der Zuspitzung«[279] noch leisten muß. Langsam dämmert es auch dem Unverständigsten in der reformistischen Linken: Ohne prognostische Kraft ist die Gefahr groß, daß die SPD scheitert. Neben einer Weiterentwicklung der Organisation braucht die Partei wieder einen prinzipiellen Konsens. Meine These ist, daß der traditionell gewerkschaftsnahe beziehungsweise kommunalpolitische Flügel der SPD, die postnationale »Enkel«-Generation und die teilweise noch immer bürgerbewegte SPD in den neuen Ländern nur dann zusammenwachsen können, wenn die SPD die Themen Freiheit, Demokratie, Nation, Wohlfahrtsstaat, Ökonomie, Ökologie und Internationalismus neu durchdenkt.

Bloße Güterabwägungen und Situationsbeschreibungen reichen schon längst nicht mehr aus. Die SPD benötigt vielmehr eine illusionslose neue Strategiediskussion über eine alternative staatliche Reformpolitik. Die SPD muß erproben, wie groß die Spielräume des politischen Handelns sind. Deshalb muß sich die reformistische Linke wandeln, wie schon so oft in ihrer nun rund 130jährigen Geschichte. Die liebgewordenen Vorstellungen der SPD der achtziger Jahre vom ewigen Frieden, vom unerschütterlichen, bürokratisch verwalteten Wohlfahrtsstaat oder vom scheinbar gefahrlosen Einstieg in die kleine, feine und reiche Europäische Marktwirtschaft sind an ihr Ende gekommen.

In einem *Spiegel*-Gespräch über die Zukunft der Französischen Sozialistischen Partei einige Tage nach ihrer schweren Niederlage bei den Parlamentswahlen im März 1993 in Frankreich erklärte der Pariser Star-Soziologe Alain Touraine essayistisch-zugespitzt, daß mit dem Fall der Berliner Mauer auch das

Modell der Sozialdemokratie nichtig geworden sei: »Die Linke muß jetzt erkennen, daß Erneuerung nur möglich ist, wenn man sich nicht auf den Sozialismus beruft. Das Wasser der Linken ist immer noch vorhanden, aber das sozialistische Auffangbecken ist zerstört, und es hat keinen Zweck, es zu reparieren.«[280] Davon abgesehen, daß man die linke Hälfte Frankreichs, die es trotz der schmachvollen Niederlage der »Generation Mitterrand« noch immer gibt, nicht einfach mit der Sozialdemokratie in Deutschland oder der Labourpartei in Großbritannien gleichsetzen kann, ist Touraines Frage an die politische Linke Europas absolut gerechtfertigt.

Doch angesichts des katastrophenartigen Endes des Poststalinismus und der unverkennbaren Erschöpfungsmerkmale eines eindimensionalen Industrialismus im kapitalistischen Westen wage ich die Gegenthese, daß noch in diesem Jahrtausend ein westeuropäisch geprägter Sozialismus zu einem zweiten Leben erwachen wird. Die demokratische Reformlinke Europas braucht deshalb möglichst bald eine neue Utopie für einen »europäischen Way of life«, der die Vielfalt der nationalen, ethnischen und regionalen Traditionen dieses Halbkontinents als Ausgangspunkt einer human und ökologisch gestalteten zweiten Moderne begreift. Die Risiken für dieses Projekt sind - so der Berliner Sozialwissenschaftler Hermann Schwengel - erheblich, denn eine nur »halbherzige Europäisierung«[281] könnte schlimmer sein als gar keine. Eine Europapolitik, die nur den Lebensstil aufgeklärter wie privilegierter Mittelschichten begünstigen würde, müßte unweigerlich zu einem populistischen Widerstand in großen Teilen der Arbeiter- und Angestelltenschaft führen.

Symbolische Politik, Bürgerdialoge oder Diskurse helfen hier nur noch bedingt weiter. Statt sich mit der Rolle einer medienwirksamen Maklerschaft in Konflikten zufriedenzugeben, muß die SPD daher erneut über die Zukunft des Wohlfahrtsstaates im neuvereinigten Deutschland beziehungsweise im sich vereinigenden Europa nachdenken. Der Sozialstaat und die in ihm notwendige gesamtgesellschaftliche Globalsteuerung hat bis heute nur im Rahmen des Nationalstaates funktioniert. Innerhalb der Europäischen Gemeinschaft müßten deshalb zunächst völlig neue gesamteuropäische und parlamentarisch kontrollierte Institutionen konzipiert beziehungsweise aufgebaut werden. Gleichzeitig zerstört momentan der krisengeschüttelte Kapitalismus mit seiner Deregulierungsgier immer mehr alte nationalstaatliche Institutionen. In diesem Kampf für neue und alte Institutionen wird sich schon bald herausstellen müssen, ob die Linke in Europa noch links ist und ob sie noch eine Zukunft hat. Ohne eine selbstbewußte und stabile Sozialdemokratie im neuvereinigten Deutschland dürfte das Projekt einer Europäisierung des Wohlfahrtsstaats jedoch wahrscheinlich scheitern. Der Maastricht-Vertrag gibt auf diese Fragen keine stimmigen Antworten.

Anmerkungen

1 Vgl. André Gorz, Das Subjekt steht links. Die Perspektive der Befreiung, in: *Frankfurter Allgemeine Zeitung* vom 17. März 1993.

2 Vgl. Stefan Geiger, Ohne Wille zur Macht, in: *Stuttgarter Zeitung* vom 8. Februar 1993.

3 Vgl. Peter Brandt, Die deutsche Linke und ihre nationale Frage, in: *Vorwärts. Sozialdemokratisches Magazin*, Januar 1990, Nr. 1, S. 8.

4 György Konrád, Der Feind feiert rauschende Feste, in: *Die Zeit*, Nr. 13 vom 26. März 1993, S. 63.

5 Vgl. Otto Bauer, Ein Nationalitätenprogramm der »Linken«, in: *Der Kampf. Sozialdemokratische Monatsschrift*, Bd. 11, Wien 1917, S. 269 ff.

6 Vgl. Franz Neumann, Demokratischer und autoritärer Staat, Frankfurt am Main 1967, S. 76 ff.

7 Von den ursprünglich 9,24 Millionen Erwerbstätigen in der DDR haben seit 1990 rund 3,3 Millionen Menschen ihre Arbeitsplätze verloren. Außerdem steigen die Lebenshaltungskosten schneller als die Einkommen. Rund 950 000 Menschen haben seit 1989 die Ex-DDR in Richtung Westen verlassen. Vgl. Erika Schulz, Auswirkung verstärkter Wanderungen auf die regionale Bevölkerungsentwicklung Deutschlands. Prognosen bis zum Jahr 2000, in: *Demographie aktuell*, hrsg. vom Lehrstuhl Bevölkerungswissenschaft, Institut für Soziologie, Humboldt-Universität zu Berlin, Berlin 1993, S. 1.

8 Durch den Bund-Länder-Solidarpakt wurde zumindest der fiskalische Rahmen für den Ost-Aufbau abgeklärt; welche Branchenschwerpunkte jedoch in den neuen Bundesländern modernisiert werden sollen, steht noch in den Sternen.

9 Das Thesen-Papier *Die Wiedervereinigung der Deutschen als Sicherheitskonzept* erschien am 31. Mai 1987 im *Deutschen Allgemeinen Sonntagsblatt*. Den offenen Antwortbrief an Helmut Kohl druckte

die *Welt* am 18. Februar 1988 unter dem Titel *Wiedervereinigung ist ein langfristiger Prozeß* ab. Vgl. außerdem *Der Spiegel* vom 8. Juli 1987 und den Artikel von Sten Martenson, Redmann setzt seinen Kreuzzug fort, in: *Stuttgarter Zeitung* vom 8. Dezember 1987. Vgl. auch Bernhard Friedmann, Einheit statt Raketen. Thesen zur Wiedervereinigung, Herford 1987.

10 Der kritische Artikel von Norbert Gansel über die damalige SPD-Deutschlandpolitik erschien in der *Frankfurter Rundschau* am 13. September 1989 unter dem Titel *Wenn alle gehen wollen, weil die Falschen bleiben.* Gansel forderte von der SPD-Führung ein Umdenken in der Deutschlandpolitik: Statt »Wandel durch Annäherung« stehe jetzt »Wandel durch Abstand« auf der Tagesordnung (ursprünglich eine Rede vor dem SPD-Landesverband Berlin). Den Kern seiner Ausführungen bildete die Forderung, daß die SPD künftig den »Prozeß zur freien Selbstbestimmung der Deutschen in der DDR« stärken solle. Gleichzeitig bekannte sich Gansel aber in diesem Text noch zur Zweistaatlichkeit Deutschlands und lehnte eine Volksabstimmung in der Bundesrepublik und in der DDR über eine »Neu-Vereinigung« als unrealistisch ab. Vgl. auch das Interview mit dem in Frankfurt am Main geborenen und in Paris lehrenden Politikwissenschaftler Alfred Grosser: »Fühlen Sie sich als Deutscher, Herr Grosser?«, in: *Buchjournal* 1/1993. Auf die Frage: »Wie denken Sie über Honecker?« erklärte Grosser: »Als Honecker 1988 auf Staatsbesuch in Paris war, sagte Mitterrand, daß man schätze, daß er unter Hitler Widerstand geleistet hätte, allerdings hätte man es lieber gehabt, wenn er nach dem Krieg der Freiheit gedient hätte, und er hoffe, daß eines Tages Europa in Freiheit vereinigt sein würde. Mitterrand hat das Wort Freiheit ausgesprochen. Wer von deutscher Seite hat eigentlich in den Jahren 85–89 das Wort Freiheit in der DDR erwähnt? Gewiß nicht Egon Bahr, Klaus Bölling, Günter Gaus ... Einem Mann wie Karsten Voigt beispielsweise, der außenpolitischer Sprecher der SPD war, werfe ich vor, daß er seine Ferien zusammen mit Machthabern der DDR freundschaftlich verbrachte. Das war nicht Sinn der Ostpolitik. Ostpolitik bedeutete, mit dem Herrscher zu verhandeln und Spielraum für die Beherrschten zu erobern und nicht, sich mit dem Herrscher zu verbrüdern.«

11 Eva Schweitzer, Streit um architektonische Symbolik und Termine.

Die Bonner Abrißpläne nähren den Verdacht, daß der Umzug der Regierung verzögert werden soll, in: *Der Tagesspiegel* vom 19. Dezember 1992. Vgl. auch Klaus J. Schwehn und Jürgen zur Heide, Ein Provisorium erhält den letzten Schliff. Der Bonner Bau-Boom ist ungebrochen, und der Umzug nach Berlin wird zweifelhaft, in: *Der Tagesspiegel* vom 30. Oktober 1992. Vgl. auch Klaus J. Schwehn, Vom Packen der Umzugskisten kann noch keine Rede sein. Statt die Übersiedlung von Bonn nach Berlin zu planen, suchen die Berlin-Gegner immer neue Argumente für ihren hinhaltenden Widerstand, in: *Der Tagesspiegel* vom 16. März 1993, S. 3. Vgl. auch Karl Feldmeyer, Großplaner als Verhinderer. Wie in Bonn der Umzug der Regierung verschleppt wird, in: *Frankfurter Allgemeine Zeitung* vom 3. März 1993.

12 Vgl. Mathias Zschaler, Der Sinn für das Angemessene, in: *Der Tagesspiegel* vom 19. März 1993, S. 1.

13 Leslie Collit, Der Bonner Berlin-Boykott, in: *Der Tagesspiegel* vom 28. Dezember 1992, S. 3. Der Vorschlag der CDU-Präsidentin des Berliner Abgeordnetenhauses, Hanna-Renate Laurien, der Bundestag könne bei einem raschen Umzug nach Berlin den ehemaligen, frisch renovierten Preußischen Landtag als Tagungsort nutzen, stößt natürlich beim interfraktionellen Bonn-Klientel auf Ablehnung. Schließlich könne man den Bundestag, so der entschiedene Bonn-Lobbyist und SPD-Haushaltsexperte Rudi Walter, nicht mit dem Berliner »Feierabendparlament« vergleichen. Zweifellos eine kühne Behauptung angesichts der tiefen Politikkrise in Ost und West. Vgl. auch: Keine Mehrheit für vorläufigen Umzug in Preußischen Landtag. SPD-, CSU- und F.D.P.-Politiker in Bonn reagieren zurückhaltend auf Berliner Angebot / Walter: Bundestag kein Feierabendparlament, in: *Der Tagesspiegel* vom 3. März 1993, S. 1.

14 Vgl. Karl Griewank, Der neuzeitliche Revolutionsbegriff, Frankfurt a. M. 1969, S. 17 ff.

15 Warum ist die Stimmung im Osten so schlecht, Herr Reich? Ein Interview mit Jürg Altwegg im *Frankfurter Allgemeine Magazin*, Heft 661, 30. Oktober 1992, S. 78 f.

16 Dieter Groh/Peter Brandt, Vaterlandslose Gesellen. Sozialdemokratie und Nation 1860–1990, München 1992, S. 11 f. und S. 313.

17 Vgl. Helmut Schmidt, Die nüchterne Leidenschaft zur praktischen Vernunft, Bonn 1986, S. 15.

18 Vgl. Egon Bahr, Wie einfach, Freiheit für die Polen zu fordern, in: *Vorwärts*, Nr. 4, 21. Januar 1982, S. 3. Im Vorspann zu diesem *Vorwärts*-Artikel hieß es damals: »Die Sozialdemokraten scheinen mit ihrer Haltung zur Polenkrise nicht nur altbekannte konservative Verdächtigungen zu bestätigen. Auch in bestimmten linken Kreisen artikuliert sich emotionales Unbehagen.« Der Artikel von Egon Bahr beginnt dann auch mit einer Gleichsetzung der Kritik von Helmut Kohl und der Berliner *taz*-Redaktion: »In einem Punkt sind sich Bahro und Weinberger einig: Polen markiert das Ende der Entspannung. Kohl und die *taz* mit denselben Argumenten gegen Schmidt und Brandt: Die elementaren Vorgänge in Polen verwirren und klären die Geister auch im Westen, obwohl das wirklich nicht die Absicht war.«

19 Vgl. Jürgen Altwegg, Abschied von der Arbeit: André Gorz, in: *Frankfurter Allgemeine Magazin*, Heft 517, 26. Januar 1990, S. 14.

20 Vgl. Harald Wieser, Ein Tempelschänder des Marxismus, in: *Der Spiegel*, 13. April 1981.

21 Vgl. »Respekt für ein solches Verhalten?« Ein *Spiegel*-Gespräch mit André Gorz, in: *Der Spiegel*, 25. 1. 1982, S. 43 ff.

22 Ebd.

23 Vgl. Wir dürfen an den Einflußsphären in Europa nicht rühren, in: *Die Neue Gesellschaft*, 29. Jg., August 1982, S. 712 ff.

24 Ebd., S. 720 f.

25 Vgl. Jens Hacker, Deutsche Irrtümer. Schönfärber und Helfershelfer der SED-Diktatur im Westen, Berlin 1992. Hacker dokumentiert u. a. akribisch das damalige statische Deutschland-Bild von Golo Mann (S. 285 f.), Karl Kaiser (S. 287 f.), Karl Dietrich Bracher (S. 292 ff.), Theo Sommer (S. 305 f.), Michael Stürmer (S. 371 ff.), Arnulf Baring (S. 391 f.) usw.

26 Vgl. Harald Hurwitz, Demokratie und Antikommunismus in Berlin nach 1945, Band 1 bis 4, Berlin 1990.

27 Vgl. auch Ute Schmidt/Tilman Fichter, Arbeiterklasse und Parteiensystem. Aspekte der Parteiengeschichte in den ersten Nachkriegsjahren (1945–1949); in: Die Linke im Rechtsstaat, Band 1, Berlin 1976, S. 17–71.

28 Vgl. Frank Moraw, Die Parole der »Einheit« und die Sozialdemokratie, Bonn-Bad Godesberg, 1973, S. 13 ff. Moraw wertete für sein Kapitel »Militante Sozialisten« unter anderem die Schriften von

Julius Leber und Theodor Haubach aus: vgl. Theodor Haubach, Die militante Partei, in: *Neue Blätter für den Sozialismus*, 1931, S. 208–213; Julius Leber, Ein Mann geht seinen Weg. Reden und Briefe, Berlin/Frankfurt a. M., 1952; vgl. außerdem: Julius Leber, Schriften, Reden, Briefe, hrsg. von Dorothea Beck und Wilfried F. Schöller, München, 1976. Julius Leber, 1891 im Elsaß geboren, aktiver Offizier im Ersten Weltkrieg und ab 1924 sozialdemokratischer Reichstagsabgeordneter, schrieb 1933 in der Gestapo-Haft eine selbstkritische Analyse mit dem provozierenden Titel »Die Todesursachen der deutschen Sozialdemokratie«. Dieser Text ist in der Ausgabe von 1976 im Gegensatz zu der von 1952 zum ersten Mal ungekürzt abgedruckt worden. Ein Textvergleich der beiden Ausgaben ist nicht uninteressant. Die Kürzungen und Streichungen zeigen uns heute, über welche personellen und inhaltlichen Fragen die Nachkriegs-Sozialdemokratie Anfang der fünfziger Jahre den Mantel des Schweigens breitete. – Vgl. auch Walter Hammer, Theodor Haubach zum Gedächtnis, Frankfurt a. M., 1955. In diesem Haubach-Gedenkbuch ist die Rede von Theodor Haubach dokumentiert, die er anläßlich der Beerdigung von Carlo Mierendorff am 22. Februar 1944 auf dem Waldfriedhof in Darmstadt gehalten hatte. Mierendorff war am 4. Dezember 1943 bei einem Bombenangriff auf Leipzig umgekommen.

29 Vgl. Arno Scholz, Turmwächter der Demokratie, Band 2, Berlin 1953, S. 30 f. und S. 559.

30 Kurt Schumacher, Rede vor Studenten 1946, in: *neue kritik*, Nr. 1, S. 15 ff. – Im Frühsommer 1960, nachdem der SPD-Parteivorstand die Beziehungen zum SDS abgebrochen hatte, veröffentlichte der damalige SDS-Bundesvorstand in seinem neugeschaffenen theoretischen Organ diese Rede unter anderem deshalb erneut, weil Schumacher 1946 den sozialistischen Studenten nicht nur eine Autonomie jenseits der SPD eingeräumt, sondern sich zugleich eindeutig für eine grundsätzliche Demokratisierung der Gesellschaft in Deutschland ausgesprochen hatte. Nach Ansicht des SDS-Bundesvorstandes verstieß aber die Ausgrenzung des SDS durch den SPD-Parteivorstand nicht nur gegen abstrakte Prinzipien von innerparteilicher Demokratie, sondern auch gegen alle Traditionen der deutschen Sozialdemokratie.

31 Vgl. Protokoll der Verhandlungen des Parteitages der Sozialdemo-

kratischen Partei Deutschlands vom 24.–28. September 1952 in Dortmund, Dortmund o. J., S. 237.

32 Vgl. Referat von Peter von Oertzen, Ein Vierteljahrhundert nach Godesberg, Erich-Ollenhauer-Haus, Mitteilungen für die Presse, Bonn, 12. November 1984, S. 17.

33 Vgl. das Dokument über den Berliner Jugendkonflikt vom April 1933, in: Das Ende der Parteien 1933, hrsg. von Erich Matthias und Rudolf Morsey, Düsseldorf 1960, S. 242 ff.

34 Vgl. Brigitte Seebacher-Brandt, Ollenhauer. Biedermann und Patriot, Berlin 1984, S. 23 ff. und S. 45 ff. Seebacher-Brandt schildert Ollenhauer als einen »Parteisozialisten«, der jedes »Autonomiestreben der Jugendbewegungen« als »sonderorganisatorische Bestrebungen« der SAJ abgelehnt habe. Darüber hinaus dürfe sich die sozialdemokratische Jugend - so Ollenhauers damalige Argumentation - auch nicht in politische Fragen der Partei hineinmischen, denn »die Beschlüsse der Parteiinstanzen sind ausreichend« (vgl. ebd., S. 36, 49, 53).

35 Vgl. von Oertzen (Anm. 32), S. 17 f.

36 Vgl. Berliner Jugendkonflikt (Anm. 33), Einleitung, S. 242. Zu einer ähnlich vernichtenden Einschätzung über die Aktivitäten des damaligen SPD-Parteivorstandes kam in der Gestapo-Haft auch Julius Leber in der bereits erwähnten Bestandsaufnahme über die »Todesursachen der deutschen Sozialdemokratie«.

37 Julius Lebers sarkastisches Urteil über die »Nachwuchsauslese in der SPD« lautete: »Nur wer Gewähr bot, daß er treu und brav Disziplin hielt, wer weder nach oben noch nach unten anstieß, der wurde hineingelassen. Mittelmäßigkeit und einexerzierte Routine beherrschten weit und breit das Feld, und die Macht der Instanzen sorgte dafür, daß der Weg nach oben sich nur auf diesem Felde öffnete.« Zit. nach Seebacher-Brandt, Ollenhauer (Anm. 34), S. 53.

38 Vgl. Referat von Peter von Oertzen (Anm. 32). In enger Anlehnung an die Ollenhauer-Biographie von Seebacher-Brandt vertritt von Oertzen die These, daß Erich Ollenhauer für jenen »einfachen, wackeren Sozialdemokraten« typisch gewesen sei, der die NS-Zeit in einer »Gemeinschaft von Gleichgesinnten« überstanden habe.

39 Ebd.

40 Vgl. Kurt Klotzbach, Der Weg zur Staatspartei, Berlin/Bonn 1982, S. 85. Klotzbach erklärt die Autorität des Parteiführers Schumacher

bei den meisten einfachen SPD-Funktionären mit deren schlechtem Gewissen gegenüber dem Widerstandskämpfer Schumacher: »Er hatte angesichts des aufkommenden Nationalsozialismus und unter der Hitler-Herrschaft das getan, was die meisten Deutschen, auch die meisten sozialdemokratischen, aus Unfähigkeit, Angst oder Bequemlichkeit unterlassen hatten, nämlich Widerstand geleistet und Verfolgungen auf sich genommen.« Diese Sozialdemokraten versuchten nun, ihre »Schuld- und Angstkomplexe« zu lösen, indem sie seinen »moralischen und politischen Überlegenheitsanspruch rückhaltlos anerkannten«.

41 Vgl. Hartmut Soell, Der junge Wehner. Zwischen revolutionärem Mythos und pragmatischer Vernunft, Stuttgart 1991.

42 Reinhard Müller, Die Akte Wehner. Moskau 1937 bis 1941, Berlin 1993. Vgl. auch Hartmut Soell, Gegen seinen Willen zum Mittäter geworden. »Die Akte Wehner«: Anmerkungen zu Reinhard Müllers Dokumentensammlung aus Moskauer Archiven, in: *Die Zeit* vom 2. April 1993, S. 24.

43 Vgl. Herbert Wehner, Graue Mappe, Seite 204–207. 1966 wurde dieses Tagebuch von Mitgliedern des Berliner SDS und SHB beziehungsweise der Falken unter dem Titel »Herbert Wehner 1933–45. Untergrundnotizen von KP zur SPD« ungekürzt und anonym veröffentlicht. Im Vorwort zu diesem Raubdruck hieß es: »Herbert Wehner hat also nicht gelernt, die materiellen Ursachen der Verselbständigung der KPD zu einem Instrument stalinistischer Bürokratie zu begreifen und daraus Konsequenzen im revolutionären Sinn zu ziehen; er ist selbst in seiner 4 Jahre nach dem Ausschluß aus der KPD verfaßten ›Selbstkritik‹ unfähig, über den Horizont einer verselbständigten und unbürokratisierten Parteistruktur hinauszugelangen.« Vgl. S. 5. Vgl. auch: Herbert Wehner, Zeugnisse. Persönliche Notizen 1929–1942, Köln 1982.

44 Vgl. Karl Mewis, Im Auftrag der Partei. Erlebnisse im Komplott gegen die Faschistische Diktatur, Berlin 1972, S. 282.

45 Vgl. Detlev Peukert, Die KPD im Widerstand, Verfolgung und Untergrundarbeit an Rhein und Ruhr 1933 bis 1945, Wuppertal 1980, S. 420 ff.

46 Vgl. Walter Henkels, Herbert Wehner. Versuch der Beschreibung eines bedeutenden Mannes, in: *Frankfurter Allgemeine Zeitung* vom 23. April 1977.

47 Vgl. *Der Spiegel* vom 12. Juni 1967.

48 Vgl. Peter Glotz, Herbert Wehner ist tot, in: *Die Neue Gesellschaft/ Frankfurter Hefte*, 37. Jg., Heft 2, Februar 1990, S. 101; vgl. auch: Herbert Wehners Pfeife raucht wieder, in: *Der Tagesspiegel* vom 26. August 1992, S. 18.

49 Harry Pross, Der zweifach gepaarte Wehner. Anmerkungen zur Authentizität des dokumentarischen Fernsehspiels, in: *Der Tagesspiegel* vom 6. April 1993, S. 17.

50 Vgl. Theo Pirker, Die SPD nach Hitler, München 1965, S. 276.

51 Vgl. Hartmut Soell, Fritz Erler, Bonn-Bad Godesberg 1976, Bd. 1, S. 362.

52 Wolf-Dieter Narr, CDU - SPD, Stuttgart 1966, S. 211.

53 Standort Zentralinstitut 6 der Freien Universität Berlin, Projekt II, »Politische Karrieren«, Nr. 98, Bearbeiter Alf Mintzel, Bd. 34, erstes Interview mit Helmut Schmidt. Schmidts Antwort im Wortlaut (1968): »Für mich war, und das halte ich heute noch für richtig, einer der wenigen, wirklich erlebten Werte des Krieges und des Dritten Reiches - trotz der Phrasendrescherei, die auf diesem Gebiet besonders eifrig betrieben worden war - einer der erlebten Werte war der sittliche, aber auch die existentielle Notwendigkeit, daß einer für den anderen einstehen muß. Ich würde heute noch sagen, daß viele Soldaten im Grunde aus dem spezifischen Kameradschaftserlebnis des Krieges und der Kriegsgefangenschaft oder wo immer eigentlich prädisponiert waren für den Sozialismus, wenn dessen Träger das bloß richtig begriffen und ausgenutzt hätten. Da steckt dasselbe Solidaritätsprinzip darin. Das war für mich eine ganz natürliche Entwicklung, die keinerlei große Nachdenkensarbeit erfordert hat.« - Vgl. auch Dietrich Herzog, Politische Karrieren, Opladen 1975. Für diese Elite-Studie wurden die Interviews Anfang der siebziger Jahre ausgewertet. Herzog interessierte besonders das Strukturmuster der politischen Karriereverläufe und die Zusammenhänge zwischen Berufslaufbahn und politischer Karriere. Vgl. auch Helmut Schmidt, Politischer Rückblick auf eine unpolitische Jugend, in: Kindheit und Jugend unter Hitler, Helmut Schmidt und Willi und Wilfriede Berkhan, Ruth Loah, Ursula Philipp, Dietrich Strothmann, Hannelore Schmidt. Mit einer Einführung von Wolf Jobst Siedler, Berlin 1992, S. 188 ff.

54 Vgl. Friedrich Karl Fromme, Geprüft, geplant und doch ein Begün-

stigter. Ein Rückblick auf die Kanzlerschaft des Helmut Schmidt, in: *Frankfurter Allgemeine Zeitung* vom 9. Oktober 1982. Fromme stellt die These auf, nur ein bestimmter Typus Nachkriegsstudent habe sich in den politischen Studentenorganisationen organisiert: »Die Frage berührt ein interessantes Kapitel der Nachkriegs-Sozialgeschichte - welche Studenten wandten sich, und aus welchen Motiven taten sie es, in den ersten Nachkriegsjahren einer politischen Partei zu? Der ›normale‹, aus bürgerlichen Verhältnissen kommende Student tat es nicht. Die Regel war, die Parteien ganz beiseite zu lassen. Es waren Minderheiten an den Universitäten jener Jahre, die sich für Parteien interessierten, und es ist den Angehörigen dieser Minderheiten in der Karriere gelohnt worden (was aber damals durchaus nicht sicher vorausberechenbar war). Es ging einfach darum, daß ›Führernaturen‹ sich den neuen Weg suchten, also Lust daran hatten, als Vorsitzende von Versammlungen zu kommandieren: ›Wer ist dafür, dagegen, Enthaltung?‹ - Selbst wenn solche Beschlüsse für die Hochschulen von damals ganz ohne Belang waren?« Man merkt deutlich, daß Fromme hier über seine eigene Jugend an der Universität berichtet. Ob Helmut Schmidt dies auch so sieht?

55 Vgl. Terence Prittie, Willy Brandt. Biographie, Frankfurt am Main 1973, S. 77.

56 Vgl. Eckhard Fuhr, Vorwärts - doch nichts vergessen. Der politische Lebensweg Willy Brandts, in: *Frankfurter Allgemeine Zeitung* vom 30. Mai 1987.

57 Ebd.

58 Vgl. Peter Glotz, Der lange Heimweg. Zum Tode von Willy Brandt, in: *Die Neue Gesellschaft/Frankfurter Hefte*, Jg. 39, Heft 11, November 1992, S. 965.

59 Ebd.

60 Am Herzen der Partei vorbei, in: *Der Spiegel*, 41. Jg., Nr. 13, 23. März 1987, S. 22 ff.

61 Vgl. Ulrich Hermann, Völkische Erziehung ist wesentlich nichts anderes denn Bindung; in: Ulrich Hermann (Hrsg.), Die Formierung des Volksgenossen, Weilheim/Basel 1985, S. 67 ff.

62 Vgl. Peter Schneider, »Im Todeskreis der Schuld«, in: *Die Zeit*, Nr. 14, 27. 3. 1987, S. 65 f.

63 Vgl. 1945. Ein Lesebuch, hrsg. von V. Klaus Bergmann/Gerhard

Schneider, Hannover 1985, S. 41. Vgl. auch Lutz Niethammer (Hrsg.), »Die Jahre weiß man nicht, wo man die heute hinsetzen soll«, Faschismuserfahrungen im Ruhrgebiet, Bd. 1, Berlin/Bonn 1983, S. 7 ff.

64 Viel Gefühl, wenig Bewußtsein. Ein *Spiegel*-Gespräch mit Günter Grass, geführt von Willi Winkler, in: *Der Spiegel*, 20. November 1989.

65 Günter Grass, Schreiben nach Auschwitz, in: Nachdenken über Deutschland, Vorträge, 5 Bde., hrsg. von Dietmar Keller, Bd. 1, Berlin 1990.

66 Vgl. Horst Ehmke, Deutsche »Identität« und politische Tradition, in: *Die Neue Gesellschaft/Frankfurter Hefte*, Jg. 35, Heft 4, April 1988, S. 362.

67 Jürgen Habermas, Die nachholende Revolution, Frankfurt a. M. 1990, S. 205 und S. 216.

68 Vgl. die Linke und die Nationale Frage. Dokumente zur deutschen Einheit seit 1945, hrsg. von Peter Brandt und Herbert Ammon, Reinbek b. Hamburg, im Januar 1981.

69 Vgl. Arno Klönne, Vorsicht, nationale Sozialisten, in: Ebd., S. 352 f.

70 Vgl. Rudi Dutschke, Die Deutschen und der Sozialismus, in: Ebd., S. 334 f.

71 Bernd Rabehl, Dutschke, Springer und die taz, in: *die tageszeitung* vom 10. April 1993, S. 41.

72 Wolfgang Kraushaar, Rudi Dutschke und die Wiedervereinigung. Zur heimlichen Dialektik von Internationalismus und Nationalismus, in: *Mittelweg 36*, Heft 2, Juni/Juli 1992, S. 12 ff.

73 Vgl. Klaus Schroeder/Jochen Staadt, Der diskrete Charme des Status-quo. DDR-Forschung in der Ära der Entspannungspolitik. Berlin 1992, S. 36. Vgl. auch Eckhard Jesse, Der Zusammenbruch der DDR und die Wiedervereinigung aus der Sicht der früheren Machthaber, in: *Politische Vierteljahresschrift*, 33. Jg., Dezember 1992, S. 677 ff. Jesse untersucht in seiner Sammelbesprechung u. a. auch die Frage, warum die westdeutsche DDR-Forschung mit ihrer Einschätzung über die DDR oft so »schief« gelegen hat. So vertrat etwa Dietrich Staritz noch im Frühjahr 1987 die These, die »Mehrheit der DDR-Deutschen« habe mittlerweile »gelernt«, sich mit dem »Status quo zu arrangieren«. Vgl. Dietrich Staritz, Von der »Befreiung« zur »Verantwortungsgemeinschaft«. Die Deutsch-

landpolitik der Bundesrepublik und die DDR, in: *Aus Politik und Zeitgeschichte. Beilage zur Wochenzeitung Das Parlament*, B 14/87, 4. April 1987, S. 37 ff. Vgl. auch den selbstkritischen Artikel von Walter Süß in der *taz* über die bundesrepublikanische DDR-Forschung: Walter Süß, Die DDR-Forschung wird ihren Gegenstand überleben, in: *die tageszeitung* vom 12. Juni 1990, S. 7.

74 Harun Farucki, in: *die tageszeitung* vom 19. Mai 1990.

75 Matthias Geis, Übernahmestrategien. Die Destabilisierungskampagne aus dem Kanzleramt, in: *die tageszeitung* vom 12. Februar 1990.

76 Leonie Ossowski, in: *die tageszeitung* vom 19. Mai 1990.

77 Elmar Altvater, Das D-Mark-Milliardending, in: *die tageszeitung* vom 26. Mai 1990. Altvater rechnete damals damit, daß die Währungsunion in der Noch-DDR wie eine »Abrißbirne an einem Altbau« wirken werde. Er kritisierte im Mai 1990 bereits die »Planlosigkeit und Unüberlegtheit« in Bonn und West-Berlin, auch wenn er selbst kein alternatives Übergangsmodell für die wirtschaftliche Einheit vorstellen konnte. Vgl. auch Elmar Altvater, DDR: Keine Krise, aber »Schlamassel«, in: *die tageszeitung* vom 23. November 1989. In diesem Artikel berichtete Altvater von einem Traum, in dem er sich plötzlich in der Rolle eines »Vordenkers in Sachen Wirtschaftsreform« in Ost-Berlin erlebte. Angesichts der offensichtlichen Staatskrise sollte er – wahrscheinlich vor dem Zentralkomitee der SED – eine Rede halten. In dieser Adhoc-Analyse ging Altvater von folgender Einschätzung der ökonomischen Bedingungen aus: »In einer besonders schwierigen, aber auch herausfordernden Zeit der Wende hat man mich mit der Aufgabe betraut, über den Kurs der Wirtschaft unserer DDR zu sprechen ... Unsere Bürger sind hochqualifiziert und wir verfügen in der DDR über einen modernen Produktionsapparat – und ein gehöriges Devisenpolster (die Kehrseite der Verschuldung), mit dem die Westreisen unserer Bürger eine geraume Zeit finanziert werden können und das uns gestattet, zu guten Konditionen Kredite auf den Euromärkten aufzunehmen – so lange unsere Kreditwürdigkeit nicht durch Bonner Kanzlerworte kaputtgeredet wird.« Diese Fehleinschätzung über das wirtschaftliche Potential der DDR teilte Altvater damals übrigens mit zahlreichen westdeutschen Politikern. Die Realität riß Altvater später dann ja aus

seinen Träumen. Damals glaubte Altvater jedoch noch an eine Binnenlösung und schlug deshalb eine Dezentralisierung der DDR-Ökonomie, eine vorsichtige Einführung von Marktelementen und eine Motivation der Bevölkerung durch mehr Glasnost vor. Darüber hinaus sollte die DDR zur Not auch dem Internationalen Währungsfonds oder dem Europäischen Währungsfonds beitreten: »Ich sehe keine andere Möglichkeit für uns in der DDR, als unsere Währung zu ihrer Stabilisierung in einen supranationalen Fonds einzubringen. Dies ist der Preis für die Öffnung, den wir zahlen müssen. Die Frage ist, ob dies durch einen Beitritt zum IWF geschehen sollte oder durch die Bildung einer von beiden deutschen Staaten getragenen Bank, die auch kursstützende Aufgaben übernehmen könnte.« Ähnliche Konzeptionen vertrat damals übrigens auch Oskar Lafontaine.

78 Monika Maron, Das neue Elend der Intellektuellen, in: *die tageszeitung* vom 6. Februar 1990.

79 Vgl. Rolf Stolz, Der deutsche Komplex. Alternativen zur Selbstverleugnung, Erlangen/Bonn/Wien 1990.

80 Vgl. Harold James, A German Identity 1770–1990, London 1989. Vgl. auch die ausführliche Buchbesprechung von Hagen Schulze in der *Frankfurter Allgemeinen Zeitung* vom 8. Juli 1989, S. 9.

81 Vgl. Walter Grab, Ein Volk muß seine Freiheit selbst erobern. Zur Geschichte der deutschen Jakobiner, Frankfurt a. M./Olten/Wien 1984, S. 497 ff.

82 Ebd., S. 42.

83 Vgl. Hans Mayer, Georg Büchner und seine Zeit, Berlin 1960, S. 112 ff. Vgl. auch Walter Grab (Anm. 81), S. 19.

84 Ebd.

85 Vgl. Artur Rosenberg, Entstehung der Weimarer Republik, Frankfurt a. M. 1961, S. 15.

86 So wurde die SPD-Reichstagsfraktion während der beiden Marokkokrisen 1904/1905 und 1911 beziehungsweise dem Balkankrieg 1912 von der Reichsregierung nie offiziell informiert. Nicht zuletzt deshalb pflegte August Bebel private Kontakte zum britischen Generalkonsul in der Schweiz, Heinrich Angst, um sich so außenpolitische Informationen zu verschaffen. Angesichts des drohenden europäischen Krieges unterstützte die Reichsregierung (wahrscheinlich ungewollt) durch diese Informationsblockade den

vorherrschenden außenpolitischen Fatalismus in großen Teilen der SPD-Reichstagsfraktion. Vgl. auch Groh/Brandt (Anm. 16), S. 355.

87 Vgl. Schulze (Anm. 80).

88 Vgl. Hans Mommsen, Beamtentum im Dritten Reich, mit ausgewählten Quellen zur nationalsozialistischen Beamtenpolitik, Stuttgart 1966, S. 14 f.

89 Vgl. Fritz Fischer, Bündnis der Eliten. Zur Kontinuität der Machtstrukturen in Deutschland 1871–1945, Düsseldorf 1979.

90 Vgl. Hermann Lübbe, Der Nationalsozialismus im politischen Bewußtsein der Gegenwart, in: Martin Broszat u. a. (Hrsg.), Deutschlandwege in die Diktatur, Internationale Konferenz zur nationalsozialistischen Machtübernahme im Reichstagsgebäude zu Berlin, Berlin 1983. Es sei politisch weniger wichtig, woher einer kommt, als wohin er zu gehen willens ist. Diese auf das Jahr 1945 gemünzte Formel Lübbes wird heute zunehmend von Ex-DDR-Staatsfunktionären als vorbildhaft zitiert.

91 Vgl. Groh/Brand (Anm. 16).

92 Ebd., S. 78.

93 Ebd., S. 145 f.

94 Ebd., S. 148 f.

95 Ebd., S. 158 ff.

96 Gespräch des Autors mit Peter von Oertzen im Frühjahr 1993.

97 Zitiert nach Groh/Brandt (Anm. 16), S. 94.

98 Vgl. Ute Schmidt, Zentrum oder CDU. Politischer Katholizismus zwischen Tradition und Anpassung, Opladen 1987, S. 84 f.

99 Vgl. Schmidt/Fichter (Anm. 27), S. 59.

100 Vgl. Groh/Brandt (Anm. 16), S. 180 ff.

101 Ebd.

102 Vgl. Hans-Jochen Vogel, »Bemerkungen zur deutschen Identität«, in: *Die Neue Gesellschaft/Frankfurter Hefte*, 33. Jg., Nr. 10, Oktober 1986, S. 879.

103 Vgl. Die deutsche Jugendbewegung 1920–1933, Die bündische Zeit. Quellenschrift, hrsg. im Auftrag des Gemeinschaftswerkes Archiv und Dokumentation der Jugendbewegung von Werner Kindt, Köln 1974, S. 1027.

104 Vgl. Michael Scholing/Franz Walter, Klassenkampf und Lebensreform, in: *Die Neue Gesellschaft*, 31. Jg., Nr. 6, Juni 1984, S. 548 f.

105 Vgl. Franz Walter, Jungsozialisten in der Weimarer Republik, Kassel 1983, S. 35.

106 Ebd.

107 Ebd., S. 45, vgl. auch Brigitte Seebacher-Brandt, Ollenhauer, Berlin 1984, S. 310, Anmerkung 1. Seebacher-Brandt zitiert in ihrer Ollenhauer-Biographie eine Darstellung von Maria Hodann über den Verlauf des Ausschlußverfahrens am 2. November 1925: »Es war eine denkwürdige Sitzung, besonders wegen ihres unerwarteten abrupten Endes. (Leonard) Nelson erhielt zuerst das Wort. Er erklärte die Haltung des IJB. Als er erwähnte, daß er wie andere Mitglieder zunächst in der USPD war und dann in die SPD eintrat, unterbrach ihn (Artur) Crispien, ein ehemaliger Vorsitzender der USPD, und schrie aufgeregt: ›Das ist nicht wahr. - Sie waren nie in der USPD, dann würde ich das wissen!‹ Nelson bat den Vorsitzenden, Otto Wels, ganz ruhig, ihn gegen die Unterstellung, er sei ein Lügner, in Schutz zu nehmen; sonst hätte eine Fortsetzung des Gesprächs keinen Sinn. Der Vorsitzende rief aber seinen Vorstandskollegen nicht zur Ordnung, sondern forderte nur Nelson ziemlich ungeduldig auf, fortzufahren. Nelson wiederholte seine Bitte, vergeblich. So stand er wortlos auf, zog seinen Mantel an und verließ das Zimmer. Wir vier (Minna Specht, Willi Eichler, Max und Maria Hodann) folgten ihm. Als Ausdruck seiner Entrüstung warf Willi Eichler die Tür so heftig zu, daß das Gebäude zitterte. Nachdem sich der Parteivorstand von seinem Staunen erholt hatte, beschloß er den Ausschluß der IJB-Mitglieder.«

108 Vgl. Werner Link, Die Geschichte des Internationalen Jugend-Bundes (IJB) und des Internationalen Sozialistischen Kampf-Bundes (ISK), Meisenheim am Glen 1964, S. 48 ff., 79 ff., 91 ff. Vgl. auch Helga Grebing, Geschichte der deutschen Arbeiterbewegung. Ein Überblick, München 1970, S. 172, S. 217, S. 223.

109 Vgl. Erich Eberts, Arbeiterjugend 1904–1945, Frankfurt a. M. 1980, S. 110.

110 Vgl. Tilman Fichter, SDS und SPD. Parteilichkeit jenseits der Partei, Opladen 1988, S. 310 ff.

111 Vgl. Paul Tillich, Die sozialistische Entscheidung, Berlin 1980, S. 11 ff.

112 Dem Redaktionsbeirat der *Neuen Blätter für den Sozialismus* gehörten unter anderem Adolf Reichwein, Carlo Mierendorff, Hen-

drik de Man, Wilhelm Sollmann, Fritz Borinski und Emil Lederer an. Zum Umkreis der Zeitschrift zählten außerdem - laut August Rathmann - unter anderem die späteren Widerstandskämpfer Theodor Haubach, Lothar Erdmann, Ernst von Harnack, Hermann Maaß und Adam von Trott zu Solz. Mierendorff fiel am 4. Dezember 1943 einem Bombenangriff zum Opfer; Erdmann wurde im KZ Sachsenhausen ermordet. Haubach, Reichwein, von Harnack, Maaß und Trott wurden als »Verschwörer« des 20. Juli 1944 hingerichtet. In der Emigration verstarben die beiden Beiratsmitglieder der Redaktion Emil Lederer und Hugo Sinzheimer. Der Mitbegründer und mehrjährige Mitherausgeber der *Neuen Blätter für den Sozialismus* Fritz Klatt erlag - durch Gestapo-Haft geschwächt - nach Kriegsende einer schweren Erkrankung.
Vgl. auch Klaus Heinrich, Vorbemerkung zur Neuauflage, in: Tillich, Entscheidung (Anm. 111), S. 7. Vgl. auch Walter G. Oschilewski, Politisches Gewissen der Zeit, in: Walter Hammer, Theodor Haubach zum Gedächtnis, Frankfurt a. M. 1955, S. 40 ff.

113 Vgl. Groh/Brandt (Anm. 16), S. 187.

114 Ebd.

115 Ebd., S. 189.

116 Ebd., S. 195.

117 Vgl. Artur Rosenberg, Geschichte der Weimarer Republik, Frankfurt a. M. 1974, S. 211.

118 Vgl. Karl Dietrich Bracher, Die Auflösung der Weimarer Republik. Eine Studie zum Machtzerfall in der Demokratie, Villingen/Schwarzwald 1955, S. 533 ff.

119 Ebd., S. 564 ff.

120 Vgl. Groh/Brandt (Anm. 16), S. 211 ff.

121 Vgl. Julius Leber, Schriften, Reden, Briefe, hrsg. von Dorothea Beck und Wilfried F. Schoeller (Anm. 28), S. 181 f.

122 Vgl. Willy Brandt, Links und frei. Mein Weg 1930–1950, Hamburg 1982, S. 66.

123 Vgl. Ute Schmidt, Schwarze und Rote »Reichsfeinde«, in: »Die Menschen machen ihre Geschichte nicht aus freien Stücken, aber sie machen sie selbst«. Einladung zu einer Geschichte des Volkes in NRW, hrsg. von Lutz Niethammer, Bodo Hombach, Tilman Fichter, Ulrich Borsdorf, Berlin/Bonn 1984, S. 39.

124 Vgl. Ute Schmidt/Tilman Fichter, Kontinuität oder Bruch?, in:

Grauzonen, Farbwelten, hrsg. von Bernd Schulz, Berlin 1983, S. 13 ff. Der Text in den letzten beiden Abschnitten stützt sich weitgehend auf unsere damaligen Ausführungen.

125 Vgl. die Entschließung des SPD-Parteivorstandes vom 6. Mai 1948: SPD und Londoner Empfehlungen, in: *Sopade, Querschnitt durch Politik und Wirtschaft*, Juni 1948, o. O., S. 41.

126 Vgl. Kurt Schumacher, Volk in Not, Rede am 12. Januar 1947 in München, in: Kurt Schumacher, Kampfjahre 1949, in: *Sopade*, a.a.O., Januar 1949, S. 38.

127 »Aufbruchstimmung«, in: *Der Tagesspiegel*, 19. November 1989, S. 17.

128 Vgl. Schumacher (Anm. 126).

129 Vgl. *The Cleveland Dealer* vom 3. Dezember 1949.

130 Vgl. Umfragen des Instituts für Demoskopie, Allensbach, vom April bzw. Mai 1950, in: Elisabeth Noelle/Erich Peter Neumann (Hrsg.), Jahrbuch der öffentlichen Meinung 1947–1955, Allensbach 1956, S. 374.

131 Ebd., S. 355.

132 Vgl. Willi Eichler am 28. Januar 1952, in: *Neue Zeitung*; vgl. auch Klaus von Schubert, Wiederbewaffnung und Westintegration, Stuttgart 1970, S. 68.

133 In der »kleinen Revision« vom 6. März 1951 wurde das Besatzungsstatut nicht aufgehoben. Andererseits erhielt die westdeutsche Bundesregierung die Vollmacht, einen »auswärtigen Dienst« zu unterhalten. Als Gegenleistung erkannte die Regierung Adenauer die deutschen Auslandsschulden an. Wortlaut der Dokumente und Schriftwechsel zur Revision des Besatzungsstatutes: Gustav von Schmoller, Die Revision des Besatzungsstatuts, in: Europa-Archiv 1951, S. 3919 ff.

134 Vgl. von Schubert (Anm. 132), S. 69.

135 Zitiert nach Pirker (Anm. 50), S. 124 ff.

136 Ebd.

137 Ebd.

138 Zitiert nach Theo Pirker, Die blinde Macht, Teil I, München 1960, S. 195.

139 Ebd., S. 235 f.

140 Ebd., Teil II, S. 68 ff.

141 Vgl. Ute Schmidt, Katholische Arbeiterbewegung zwischen Inte-

gralismus und Interkonfessionalismus: Wandlung eines Milieus, in: Rolf Ebbighausen/Friedrich Tiemann, Das Ende der Arbeiterbewegung in Deutschland?, Berlin 1984, S. 232 ff., Anmerkung 52.

142 Arnulf Baring, Außenpolitik in Adenauers Kanzler-Demokratie, München/Wien 1969, S. 138 f.

143 Vgl. Paul Sethe, Zwischen Bonn und Moskau, Frankfurt a. M. 1956, S. 36 ff. Vgl. auch Rolf Steiniger, Eine Chance zur Wiedervereinigung? Die Stalin-Note vom 10. März 1972. Darstellung und Dokumentation auf der Grundlage unveröffentlichter britischer und amerikanischer Akten, Bonn 1985, S. 46 ff., S. 56 ff., S. 73 ff., S. 85 ff.

144 Ebd., S. 39.

145 Vgl. von Schubert (Anm. 132), S. 168.

146 Ebd.

147 Adenauer, Rhöndorfer Ausgabe, Teegespräche 1950–1954, bearb. v. Hanns-Jürgen Küsters, Berlin 1984, S. 226 ff.

148 Vgl. Diether Koch, Heinemann und die Deutschlandfrage, München 1972, S. 307 f. Koch bezieht sich in seinen Ausführungen über die Antwortnoten der drei Westalliierten vom 25. 3. auf die Dokumentensammlung von Eberhard Jäckel, Die deutsche Frage 1952–1956, Frankfurt a. M./Berlin 1957, S. 23 ff.

149 Vgl. Sethe (Anm. 143), S. 50.

150 Vgl. Ute Schmidt, Die Christlich-Demokratische Union Deutschlands, in: Richard Stöss (Hrsg.), Parteien-Handbuch, Bd. I, S. 506.

151 Vgl. Baring (Anm. 142), S. 151.

152 Vgl. Schmidt (Anm. 150), S. 506 ff.

153 Vgl. Koch (Anm. 148), S. 168 ff.

154 Ebd.

155 Ebd., vgl. das Vorwort von Eugen Kogon, Zwei Arten realistischer Politik, S. 5 ff.

156 Vgl. Horst Teltschik, Das Wunder vom Kaukasus hat nur gemeinsam Zukunft, in: *Die Welt* vom 22. September 1990, S. 17. Dort schrieb Teltschik u. a.: »Konrad Adenauers Konzept, das Bundeskanzler Helmut Kohl kompromißlos weiterverfolgt hat, geht jetzt auf: Die Vereinigung Deutschlands vollendet sich innerhalb der Gemeinschaft des Westens. Die deutsche Einheit bedingte die Zugehörigkeit zur Atlantischen Allianz wie auch zur Europäischen Gemeinschaft«. Zur Kritik dieser Adenauer-Apologie vgl.

auch: Rainer Zitelmann, Demokraten für Deutschland. Adenauers Gegner - Streiter für Deutschland. Mit einem Vorwort von Erhard Eppler, Frankfurt/M.-Berlin 1993.

157 Erhard Eppler, Vorwort, in: Zitelmann (Anm. 156). Als Streiter für die deutsche Einheit stellt Zitelmann Jakob Kaiser (CDU), Kurt Schumacher (SPD), Gustav Heinemann (GVP), Thomas Dehler (F.D.P.) und Paul Sethe vor. Ihr Ziel war, die Diktatur der SED und die CDU-Politik des Zuwartens zu beenden. Zitelmanns neuaufgelegtes und preiswertes Taschenbuch ist ein Beitrag zur Entmythologisierung Adenauers.

158 Vgl. von Schubert (Anm. 132), S. 170 f.

159 Vgl. Koch (Anm. 148), S. 319.

160 Vgl. Fünfzehn Thesen einer Gruppe Berliner SPD- und SDS-Mitglieder zur Erneuerung der Sozialdemokratischen Partei Deutschlands, 1953, in: Dokumente zur innerparteilichen Entwicklung in Deutschland seit 1945, bearb. u. hrsg. v. Ossip K. Flechtheim, unter Mitarbeit von Siegfried Kupper, Dietrich Staritz, Wolfgang Steiner und Bodo Zeuner, 7. Bd.: Innerparteiliche Auseinandersetzungen, 2. Teil, Berlin 1969, S. 22 ff.

161 Vgl. Dieter Claessens, Arno Klönne, Armin Tschoepe, Sozialkunde der Bundesrepublik Deutschland, Düsseldorf/Köln 1968, S. 174 ff.

162 Vgl. Fünfzehn Thesen (Anm. 160).

163 Am 13. Februar 1960 wurde Max Köhler mit sofortiger Wirkung aus der SPD ausgeschlossen. Er hatte im Mitteilungsblatt des »Freidenker-Verbandes« die Judenverfolgung im Dritten Reich mit den Maßnahmen der Bundesregierung gegen die KPD verglichen.

164 Vgl. Hans-Jürgen Heß, Innerparteiliche Gruppenbildung, Macht- und Demokratieverlust einer politischen Partei am Beispiel der Berliner SPD in den Jahren von 1963 bis 1981, Bonn 1984, S. 48 ff.

165 Vgl. Joachim Raschke, Innerparteiliche Opposition, Hamburg 1974, S. 68 f., 100 ff. und 319 ff. Raschke kommt aufgrund einer innerparteilichen Mitgliedererhebung für die fünfziger Jahre zu folgender Einschätzung (ebd., S. 101): »Der Anteil der Arbeiter an der Mitgliedschaft der Berliner SPD ist geringer und der Anteil der Angestellten und Beamten größer als im Vergleich zur Berliner Bevölkerung, zur Wählerschaft der Berliner SPD und auch im

Vergleich zur Mitgliederschaft der westdeutschen SPD ... Im Vergleich von Mitgliedern und Funktionären geht der Arbeiteranteil zurück, die Angestellten/Beamten dagegen sind wesentlich stärker vertreten. Für Berlin besonders charakteristisch ist der außerordentlich starke Anteil der öffentlich Bediensteten an den Funktionärspositionen ... Die Arbeiter, die die Masse der SPD-Wähler bilden, werden in der SPD vor allem durch die privilegierten Schichten der Lohnabhängigen, in Berlin in ganz besonders starkem Maße durch die öffentlich Bediensteten, vertreten.«

166 Vgl. Brigitte Seebacher-Brandt, Lauter letzte Gefechte. Wege und Irrwege der »Lehre« in der Nachkriegszeit, in: *Frankfurter Allgemeine Zeitung* vom 7. März 1990. Für Brigitte Seebacher-Brandt beginnt der Generationsbruch mit »der Trennung vom SDS und dem Rausschmiß Wolfgang Abendroths« im Herbst 1961.

167 Vgl. Tilman Fichter/Siegward Lönnendonker, Kleine Geschichte des SDS. Der Sozialistische Deutsche Studentenbund von 1946 bis zur Selbstauflösung, Berlin 1959, S. 42.

168 Jahrbuch der Sozialdemokratischen Partei Deutschlands 1954/55, hrsg. v. Vorstand der SPD, Hannover/Bonn o. J., S. 354.

169 Vgl. Fichter/Lönnendonker, Kleine Geschichte (Anm. 167), S. 42 f.

170 Vgl. Hans Karl Rupp, Außerparlamentarische Opposition in der Ära Adenauer, Köln 1970, S. 50 f.

171 Ebd., S. 37.

172 Ebd., S. 74 f., S. 81 ff.

173 Ebd., S. 82.

174 Ebd., S. 84 f.

175 Vgl. Pirker (Anm. 50), S. 252 ff.

176 Vgl. Rupp (Anm. 170), S. 137 ff.

177 Vgl. Pirker, Teil II (Anm. 138), S. 252 f.

178 Ebd. Vgl. auch Rupp (Anm. 170), S. 140 ff.

179 Ebd.

180 Ebd.

181 Ebd., S. 143 ff.

182 Ebd., S. 149 ff.

183 Ebd., S. 150.

184 Vgl. Karl A. Otto, Vom Ostermarsch zur APO, Frankfurt a. M./New York 1977, S. 55. Erich Ollenhauer hatte bereits auf dem Berliner SPD-Parteitag im Juli 1954 erklärt, daß im Falle einer Ratifi-

zierung der Pariser Verträge »Aufbau und Gestaltung einer neuen deutschen Militärorganisation nicht die Aufgabe der Regierung und ihrer Koalition allein seien. Die Sozialdemokratie erhebt schon jetzt für den Zeitpunkt, an dem diese Frage akut werden sollte, den Anspruch der Beteiligung an dem Aufbau dieser demokratischen Organisation und Kontrolle . . .« Der Parteitag schloß sich damals diesem Votum in einer Entschließung gegen nur 20 Stimmen an.

185 Vgl. Rupp (Anm. 170), S. 151 ff.

186 Die Meldungen über die Reden von Erich Ollenhauer, Willi Richter, Professor D. Heinrich Vogel, Professor Eugen Kogon, Helene Wessel, Stefan Andres und Robert Jungk in Frankfurt erschienen zumeist auf Seite 2 oder 3. Daß die Debatte über die atomare Aufrüstung der Bundeswehr die Arbeiter zunehmend interessierte, dokumentierte beispielsweise eine spontane Streikaktion von zirka 1000 Arbeitern in den Kasseler Henschel-Werken am 25. März 1958. Obwohl sich der dortige IG-Metall-Ortsverband von diesem »wilden Streik« distanzierte, zogen die Streikenden anschließend durch Kassel. Als sich unter den Demonstranten kein Redner fand, entschloß sich nach einem kurzen Zögern der SPD-Betriebssekretär von Nordhessen, Bernhard Ahrens, eine kurze Ansprache zu halten. Vgl. Rupp, Außerparlamentarische Opposition (Anm. 170), S. 165 f.

187 Ebd., S. 161 f.

188 Ebd., S. 163 f.

189 Ebd., S. 164 ff.

190 Ebd., S. 180.

191 Vorläufer der Zeitschrift *konkret* war der seit April 1955 von Claus (heute Klaus) Rainer Röhl herausgegebene *Studenten-Kurier.* Im Herbst 1957 änderte die Redaktion den Namen in *konkret - Die unabhängige deutsche Studentenzeitschrift.* Ab 1958 erschien die Zeitung im Großformat unter dem Namen *konkret - die unabhängige Zeitschrift für Kultur und Politik.* Ihr Layout war für damalige Verhältnisse avantgardistisch. Besonders die Titelfotos und Nonsens-Zeichnungen von Zie Tzaro fanden unter den Studenten großen Anklang. Ende 1958 las ungefähr ein Drittel der westdeutschen Studenten diese Zeitschrift. Laut Röhl wurde ein Teil der Kosten mit SED-Geldern finanziert. Vgl. auch Klaus Rainer Röhl, Fünf Finger sind keine Faust, Köln 1974, S. 90 ff. Im Unterschied

zu den späteren Jahrgängen waren bis 1965 in *konkret* ausschließlich politische Fotos, Collagen und Karikaturen zu finden.

192 *colloquium*, 13. Jg., 1959, Heft 2, S. 7.

193 Vgl. Seebacher-Brandt (Anm. 166).

194 Vgl. Detlev Clausen, »Im Feuilleton erwacht die Geschichte«, in: *Neue Gesellschaft/Frankfurter Hefte*, 38. Jg., Heft 8, August 1991, S. 712. Vgl. auch Ansgar Skriver, Der Studentenkongreß gegen Atomrüstung 1959, Leserbrief in der *Frankfurter Allgemeinen Zeitung* vom 14. Mai 1990, S. 10.

195 Vgl. Groh/Brandt (Anm. 16), S. 271.

196 Gegen das Godesberger Programm stimmten damals unter anderem Peter Blachstein (SPD-MdB aus Hamburg); der Persönliche Referent des IG-Metall-Vorsitzenden Otto Brenner und spätere Hamburger Innensenator Heinz Ruhnau; der von den Godesbergern in Berlin entmachtete ehemalige Landesvorsitzende Franz Neumann; der Vorsitzende der Gewerkschaft der Polizei, Werner Kuhlmann (Gelsenkirchen); der spätere Frankfurter Oberbürgermeister Walter Möller; die Leiterin des Frauengefängnisses in Frankfurt-Praunheim, Helga Einsele; der spätere niedersächsische Kultusminister Professor Peter von Oertzen (damals noch Göttingen) und der spätere Berliner Senator für Wissenschaft und Kunst, Professor Werner Stein.

197 Vgl. von Oertzen (Anm. 32), S. 20 ff.

198 Vgl. Groh/Brandt, (Anm. 16), S. 274, 403. Laut Peter Brandt bestand die eine Hälfte des Deutschlandplans aus den bekannten Disengagement-Ideen von Fritz Erler mit dem Truppenabzug als Kernstück, während die zweite Hälfte des Plans die Handschrift Herbert Wehners trug und in der SPD im Jahr 1959 nicht zuletzt deshalb umstritten war, weil Wehner der DDR sehr viel weiter entgegenkam, als die Mehrheit der SPD-Mitglieder es damals für richtig gehalten hat. Wehner sah in der ersten Phase eine »paritätisch besetzte gesamtdeutsche Konferenz« vor, die dann die verschiedenen wirtschaftlichen und judikativen Einheitsbehörden errichten sollte; erst danach sollten die beiden Parlamente in den Gesetzgebungsprozeß einbezogen werden. Ein »Gesamtdeutscher Parlamentarischer Rat« sollte in einer zweiten Phase Schritt für Schritt Gesetzeskompetenzen erlangen. Am Schluß sollte die Wahl einer verfassunggebenden Nationalversammlung erfolgen,

die den eigentlichen Prozeß der Wiedervereinigung einleiten sollte. Vgl. ebd., S. 265 f. Mit diesem »Stufenplan« reagierte die SPD auf den ostdeutschen Konföderationsvorschlag, den das Zentralkomitee der SED am 17. April 1960 im *Neuen Deutschland* veröffentlicht hatte. Vgl. auch Die Linke und die nationale Frage (Anm. 68), S. 182 ff.

199 Ebd., S. 274.

200 Jahrbuch der SPD 1978/79, S. 7. Zitiert nach Groh/Brandt (Anm. 16), S. 403.

201 Ebd., S. 273.

202 Ebd., S. 275 f.

203 Vgl. SDS und SPD. Parteilichkeit jenseits der Partei, Opladen 1988, S. 294 ff., 317 ff., 336 ff. In dieser Arbeit habe ich 1988 die Anatomie dieser Ausgrenzung der sozialistischen Studenten dokumentiert und kommentiert.

204 Vgl. Die Linke und die nationale Frage (Anm. 68), S. 199.

205 Vgl. Arnulf Baring, Machtwechsel. Die Ära Brandt-Scheel, Stuttgart 1982, S. 206.

206 Vgl. Die Linke und die nationale Frage (Anm. 68), S. 235.

207 Ebd., S. 263 ff.

208 Vgl. Groh/Brandt (Anm. 16), S. 283.

209 Vgl. Brigitte Seebacher-Brandt, Die Linke und die Einheit, Berlin 1991, S. 61. Die Tradition des sozialdemokratischen Antikommunismus reicht übrigens bis in die Zeit nach dem Ersten Weltkrieg zurück und wurde in Godesberg nur reaktiviert.

210 Vgl. Klaus Hartung, Im Spiegelkabinett der Vereinigung. Die neue deutsche Täter-Opfer-Ordnung und die alten Fluchten aus der Realität; in: Cora Stephan (Hrsg.), Wir Kollaborateure. Der Westen und die deutschen Vergangenheiten, Reinbek b. Hamburg 1992, S. 131 ff.

211 SPD-Jahrbuch 1968/69, S. 426 ff.

212 Vgl. Groh/Brandt (Anm. 16), S. 300.

213 Ebd.

214 Vgl. Detlev Lehnert, Die sozial-liberale Koalition: Vom »historischen Bündnis« zum wahltaktischen Bruch?, in: Die Bundesrepublik in den siebziger Jahren. Versuch einer Bilanz, Gerd-Joachim Glaeßner/Jürgen Holz/Thomas Schlüter (Hrsg.), Leverkusen 1984, S. 15 ff.

215 Vgl. Horst W. Schmollinger, Veränderung und Entwicklung des Parteiensystems, in: Die Bundesrepublik in den siebziger Jahren, S. 32 ff.

216 Vgl. *Die Zeit*, Nr. 40, 28. September 1990, S. 3 ff.

217 Ebd.

218 Vgl. Rudi Schmiede, Das deutsche »Wirtschaftswunder« 1945–1965, in: Die Linke im Rechtsstaat, Bd. 1, Redaktion: Bernhard Blanke, F. C. Delius, Tilman Fichter, Nils Kadritzke, Bernd Rabehl, Ute Schmidt, Georgia Tornow, Berlin 1976, S. 107 ff.

219 Walter Jakobs in einer informativen Analyse der Beschäftigungsverhältnisse in der Ex-DDR, in: *die tageszeitung*, 26. März 1991.

220 Vgl. Groh/Brandt (Anm. 16), S. 328.

221 Vgl. die Presseerklärung des stellvertretenden Bundesgeschäftsführers der SPD Erik Bettermann und des politischen Wahlkampfleiters (von Oskar Lafontaine) Reinhard Klimmt vom 27. September 1990, in: Jahrbuch der SPD 1988–1990, Bonn 1991, S. B 49 (vgl. Fußnote 220).

222 Vgl. Groh/Brandt (Anm. 16), S. 329, 419 (Anm. 97).

223 Vgl. Steffen Reiche, Motivation der Gründergeneration, in: Von der Bürgerbewegung zur Partei. Die Gründung der Sozialdemokratie in der DDR, Bonn 1993, S. 25.

224 Vgl. Groh/Brandt (Anm. 16), S. 420. Vgl. auch die Februar-Ausgabe 1990 des *Vorwärts*.

225 Vgl. Peter Glotz, Hat Ludwig Erhard Karl Marx besiegt?, in: *Der Vorwärts. Sozialdemokratisches Magazin*, Juni 1990, Nr. 6, S. 12.

226 Vgl. Willy Brandt, Eröffnung, in: Protokoll vom Außerordentlichen Parteitag in Berlin 1990, hrsg. vom SPD-Parteivorstand, Bonn 1990, S. 6 ff. Vgl. auch Anm. 52.

227 Vgl. Eckhard Fuhr, Lafontaines Rezepte nicht gefragt, in: *Frankfurter Allgemeine Zeitung* vom 20. März 1990.

228 *Vorwärts*-Gespräch mit Oskar Lafontaine, viel Porzellan zerdeppert, in: *Vorwärts. Sozialdemokratisches Magazin*, April 1990, Nr. 4, S. 8 f.

229 Vgl. Fuhr (Anm. 227).

230 Vgl. Vogel (Anm. 102), S. 879 ff.

231 »Streit der Ideologien und die gemeinsame Sicherheit«, in: *Politik, Informationsdienst der SPD*, Nr. 3, August 1987, S. 6.

232 Vgl. Egon Bahr, Rede über das eigene Land, in: Egon Bahr,

Sicherheit für und vor Deutschland. Vom Wandel durch Annäherung zur Europäischen Sicherheitsgemeinschaft, München/Wien 1991, S. 139 ff.

233 Vgl. Groh/Brandt (Anm. 16), S. 320.

234 Vgl. Michael Möbius, Deutschlandpolitik der SPD von 1986 bis 1991, o. O., o. J., S. 52.

235 Ebd., S. 53.

236 Vgl. Anke Fuchs, Wahlkampf '90: Offensive für ein modernes Deutschland, in: *Vorwärts. Sozialdemokratisches Magazin*, August 1990, Nr. 8, S. 6 f.

237 Vgl. Oskar Lafontaine, Probleme und Perspektiven der Deutschlandpolitik, Rede anläßlich einer Veranstaltung der Friedrich-Ebert-Stiftung am 17. September 1990, Bonn 1990, S. 2.

238 Vgl. Seebacher-Brandt (Anm. 209), S. 23 f.

239 Vgl. Michael Möbius (Anm. 234), S. 99.

240 Ebd., S. 100.

241 *Westfälische Rundschau*, 24. Oktober 1989. Vgl. auch: Die SED in der Opposition. *Spiegel*-Interview mit dem SPD-Vorstandsmitglied Steffen Reiche über die Chancen seiner Partei, in: *Der Spiegel*, 30. Oktober 1989. Vgl. Groh/Brandt (Anm. 16), S. 332.

242 Protokoll der Parteitage der SPD (Ost) und der SPD (West), Berlin, 26. September 1990, hrsg. vom Vorstand der SPD, o. O., o. J., S. 132, 136.

243 Vgl. Karl Feldmeyer, Ein Handreichen statt eines Händedrucks der Umklammerung. SPD-Gründer Reiche in Bonn, in: *Frankfurter Allgemeine Zeitung* vom 28. Oktober 1989.

244 Vgl. Erhard Eppler; deutscher Politiker; Dr. phil., in: Munzinger-Archiv/Internat. Biograph. Archiv 40/91, P 012072-13 En-ME 1; vgl. auch Sten Martenson, Ein Sozialdemokrat von unverwechselbarem Zuschnitt. Stets sachbesessen, nie machtbesessen, in: *Stuttgarter Zeitung*, 9. Dezember 1991; vgl. auch Jochen Loreck, Erhard Eppler wird 65: Immer glaubwürdig, eigenwillig und schwierig, in: *Das Parlament*, 6. Dezember 1991.

245 Vgl. Egon Bahr; deutscher Politiker; SPD; fr. Bundesminister, in: Munzinger-Archiv/Internat. Biograph. Archiv 5/91, P 010340-12 Ba-ME 1; vgl. auch Dieter S. Lutz, Egon Bahr zum siebzigsten Geburtstag, in: IFSH aktuell, Nr. 5/Juli 1992; vgl. auch Hermann Scheer, Genialer Agitator für ein strategisches Ziel. Egon Bahr,

der Architekt der Ostpolitik, hat mit provozierenden Begriffen Bewußtsein verändert, in: *Frankfurter Rundschau* vom 18. März 1992.

246 Vgl. Erhard Eppler (Anm. 244).

247 Vgl. Karsten Plog, Der Architekt der Ostpolitik. Ein Gespräch mit Egon Bahr, der heute 70 Jahre alt wird, in: *Frankfurter Rundschau* vom 18. März 1992. In diesem Artikel geht Plog auch auf die Kritik an der sozialdemokratischen Koexistenzpolitik ein: »Die Hauptvorwürfe: Bahr und die Sozialdemokraten hätten die Regimes im Osten durch ihre Politik stabilisiert, deren Brüchigkeit nicht erkannt. Egon Bahr sagt, er habe sich zur Zeit der Ostverträge von der polemischen Kritik verletzt gefühlt. Doch als er erkannt habe, daß es der richtige Weg war, ›traf das schon nicht mehr so‹. Jetzt, nachdem Helmut Kohl als Kanzler diese Politik erfolgreich fortgesetzt habe, ›perlt das alles an mir ab‹.« Durch diese Gleichsetzung der CDU-Kritik an der Ostpolitik in den siebziger Jahren und der Kritik von links an der Status-quo-Politik in den achtziger Jahren geht Egon Bahr einer differenzierten Antwort aus dem Wege. Manchmal hat man heute leider den Eindruck, daß Egon Bahr sich mittlerweile in eine Art von friedenspolitischem Festungsdenken eingeigelt hat. Vgl. auch Charlotte Wiedemann, »Ich würde es wieder so machen«, in: STERN, Heft 12, 12. März 1992, S. 44 ff. In diesem Geburtstagsartikel beschreibt Charlotte Wiedemann indirekt auch die Auseinandersetzung zwischen Bärbel Bohley und Egon Bahr: »Wenn die Bürgerrechtlerin Bärbel Bohley behauptet, in der DDR habe sich nie eine ernstzunehmende Opposition entwickelt, weil ›die Opposition scheibchenweise in den Westen verkauft wurde‹, schießt Egon Bahr zurück gegen diesen ›abgrundtief ungerechten‹ Vorwurf: ›Eine Bärbel Bohley‹, sagt er mit der Schärfe seiner wohlüberlegten Diktion, ›konnte von der Entspannung wie von der Stabilisierung profitieren. Wenn sie jetzt die Stabilisierung angreift, will sie eine Wurzel nicht wahrhaben, ohne die sie nicht geworden wäre, was sie wurde.‹ Und wäre Bahr nicht immer noch ein Diplomat, würde er über die Bohley noch ganz anders reden. In so viel Zorn schwingt noch anderes mit: seine tiefsitzende Abneigung gegen Bewegungen, die sich dem Kalkül geordneter Prozesse entziehen. Bahr verhandelte immer mit den östlichen Regierungskommunisten, griff aber – als SPD-Bundes-

geschäftsführer - mit Parteiausschlüssen durch, wenn die Jusos in der westdeutschen Friedensbewegung mit heimischen DKP-Kommunisten kooperieren wollten. Daß die deutsche Einheit letztlich ›nicht durch Abrüstung, sondern durch Wut im Bauch‹ herbeigeführt wurde, ist ihm immer noch ›ein wirkliches Wunder‹ - und irgendwie unbehaglich.« Obwohl Charlotte Wiedemanns respektvoll-sympathisierende Schreibweise ihre Nähe zu Egon Bahr signalisiert, trifft die *Stern*-Journalistin mit dieser Charakterisierung direkt ins Schwarze. Das Bahrsche Gedankenamalgam aus Status-quo-Vorstellungen, europäischer Gleichgewichts- und Friedenspolitik und innenpolitischem Strukturkonservatismus hat das Denken von mindestens zwei SPD-Generationen stark geprägt. Man könnte mit Fug und Recht heute sogar von einer »Egon-Bahr-Schule« in der sozialdemokratischen Außenpolitik sprechen.

248 Vgl. Thomas Meyer/Johano Strasser, Der Streit um das Streitpapier, in: *Die Neue Gesellschaft/Frankfurter Hefte*, 39. Jg., Heft 6, Juni 1992, S. 552 ff.

249 Vgl. Der Streit der Ideologien und die gemeinsame Sicherheit (Anm. 231).

250 Vgl. »17. Juni«, Stenographischer Bericht der Sitzung des Deutschen Bundestages am 17. Juni 1989 zum Gedenken an den 17. Juni 1953, Bonn 1989, S. 22.

251 Vgl. Egon Bahr, Reden über das eigene Land, in: Deutschland, Bd. 6, München 1988, S. 119 ff.

252 Ebd.

253 Vgl. zum Beispiel Klaus Moseleit, Die »Zweite« Phase der Entspannungspolitik der SPD 1983-1989. Eine Analyse ihrer Entstehungsgeschichte, Entwicklung und der konzeptionellen Ansätze. Mit einem Vorwort von Willy Brandt, Frankfurt a. M. 1991, S. 90 ff.

254 Vgl. Interview mit Björn Engholm im WDR-»Morgenmagazin«, in: *Presseservice der SPD*, Bonn, 19. August 1941, 312/91.

255 Vgl. Mitteilung des Präsidiums der SPD für die Presse, in: *Presseservice der SPD*, Bonn, 19. August 1991, 313/91.

256 Vgl. Telegramm des Vorsitzenden der CDU/CSU-Bundestagsfraktion Dr. Alfred Dregger an den Vizepräsidenten der UdSSR, Herrn Gennadi Janajew, in: *Pressedienst der CDU/CSU-Fraktion im Deutschen Bundestag* vom 21. August 1991, Nr. 1951.

257 Vgl.: Interview mit Erhard Eppler, »Es wurde gestritten, und wie!«, in: »Deutsche Einheit. Deutsche Linke«. Reflexionen der politischen und gesellschaftlichen Entwicklung, hrsg. von Martin Gorholt und Norbert Kunz, Köln 1991, S. 192.

258 Vgl. »17. Juni« (Anm. 250), S. 15.

259 Ebd., S. 13.

260 Vgl. Vorstand der SPD (Hrsg.), *Presseservice der SPD*, Nr. 617, Bonn, vom 29. September 1989.

261 Vgl. Möbius (Anm. 234), S. 66, Anmerkung 259. Möbius hat in seiner Arbeit die Auseinandersetzung zwischen den beiden SPD-Deutschlandpolitikern Bahr und Eppler akribisch aufgearbeitet.

262 Vgl. Susi Möbbeck, Oskar ist erfrischend nüchtern, in: *Service für Presse, Funk und TV*, Hrsg. Bundessekretariat der Jungsozialisten, 5. Dezember 1989.

263 Vgl. Wolfgang Herles, Nationalrausch, Szenen aus dem gesamtdeutschen Machtkampf, München 1990. Vgl. auch Norbert Seitz, Ein Fernsehmann räumt auf, in: *Die Neue Gesellschaft/Frankfurter Hefte*, 38. Jg., Heft 2, Februar 1991, S. 18 ff.

264 Vgl. Brandt (Anm. 3).

265 Vgl. Günter Roski/Peter Förster, Leipziger Demoskopie, in: *Leipziger Demontagebuch*, zusammengestellt von und mit einer Chronik von Wolfgang Schneider, Leipzig/Weimar 1990, S. 173 ff.

266 Vgl. Statut der Sozialdemokratischen Partei in der DDR-SDP, in: Jahrbuch der SPD 1988–1990, hrsg. vom Parteivorstand der SPD, Bonn 1991, S. B 19.

267 Vgl. Dieter Roth, Die Wahl zur Volkskammer in der DDR. Der Versuch einer Erklärung. In: *Politische Vierteljahresschrift*, 31. Jg., Heft 3, September 1990, S. 369.

268 Vgl. Matthias Jung, Parteiensystem und Wahlen in der DDR. Eine Analyse der Volkskammerwahl vom 18. März 1990 und der Kommunalwahlen vom 6. Mai 1990, in: *Aus Politik und Zeitgeschichte, Beilage zur Wochenzeitung Das Parlament*, B27/90, 29. Juni 1990, S. 3 ff.

269 Vgl. Peter Jochen Winters, Zum ersten Mal frei. Die Wahlen zur Volkskammer, in: *Deutschland-Archiv*, Heft 4, April 1990, S. 497 ff.

270 Vgl. Wahlanalyse vom 4. Dezember 1990, Institut für angewandte Sozialwissenschaft Bad Godesberg, *Report für die Presse*, Nr. 17 (0019, 2967.0/17683).

271 Ebd.
272 Vgl. »In der SPD wird offen gestritten«, Parteivize Wolfgang Thierse beklagt: Koalition gegen ostdeutsche Interessen, in: *Neue Zeit* vom 6. Februar 1993, S. 2.
273 Vgl. polis-Studie *Aus Erfahrung lernen*, Horst Becker/Susanne Koch, o. J./o. O.
274 Vgl. Seebacher-Brandt (Anm. 209), S. 59 ff. Vgl. auch Eckhard Fuhr, Alles Achtundsechziger, in: *Frankfurter Allgemeine Zeitung* vom 27. März 1993, S. 1.
275 Vgl. das Streitgespräch zwischen Micha Brumlik und Hermann Lübbe zum Themenkomplex »Patriotismus, Verfassung und verdrängte Geschichte« vor dem Frankfurter »Salon für politische Kultur«, in: *Die Neue Gesellschaft/Frankfurter Hefte*, 36. Jg., Mai 1989, Heft 5, S. 408 ff. Vgl. auch das harte Streitgespräch zwischen Brigitte Seebacher-Brandt und Thomas Schmid vor demselben Frankfurter Salon im März 1991: *Die Neue Gesellschaft/Frankfurter Hefte*, 38. Jg., Juni 1991, Heft 6, S. 497 ff.
276 Vgl. polis-Studie (Anm. 279).
277 Ebd.
278 Ähnlich hart wickelte übrigens auch die CDU-Parteispitze im Konrad-Adenauer-Haus die rund 150 Mitarbeiterinnen und Mitarbeiter im Berliner Jakob-Kaiser-Haus ab. Der Unterschied ist nur, daß die übergroße Mehrheit der Ost-Berliner CDU-Funktionäre bereits in der Blockpartei tätig gewesen war, während die ostdeutschen SPD-Funktionäre aus der Anti-SED-Bürgerbewegung kamen.
279 Vgl. Peter Glotz, Die Arbeit der Zuspitzung. Über die Organisation einer regierungsfähigen Linken, Berlin 1984.
280 Politik ohne Bürger. Der Soziologe Alain Touraine über den Regierungswechsel in Frankreich, in: *Der Spiegel*, 47. Jg., Nr. 14, 5. April 1993, S. 169 ff.
281 Hermann Schwengel, Freunde und Feinde, in: *Die Neue Gesellschaft/Frankfurter Hefte*, 39. Jg., Heft 2, Februar 1992, S. 162 ff.

DOKUMENTE

Bernd Faulenbach

Zur Beurteilung der Bonner Deutschlandpolitik in den 80er Jahren

Der Umbruch 1989/90 und die deutsche Vereinigung haben zu einer Vielzahl von Fragen zur allerjüngsten Vergangenheit geführt. Diese beziehen sich nicht nur auf die Deutsche Demokratische Republik, sondern auch auf die alte Bundesrepublik. Zu den in der öffentlichen Diskussion strittigen Fragen gehört die Beurteilung der Bonner Deutschlandpolitik vor 1989 - die der Regierung wie die der Opposition. Genannt seien hier die Stichworte: der von Franz Josef Strauß zusammen mit Schalck-Golodkowski eingefädelte Milliardenkredit, der Staatsbesuch des DDR-Staatsratsvorsitzenden Honecker in Bonn, die sicherheitspolitischen Vorschläge von SED und SPD oder das SED/SPD-Papier »Der Streit der Ideologien und die gemeinsame Sicherheit«.

Naturgemäß unterscheidet sich die heutige Perspektivik von der der Handelnden in den 80er Jahren, was eine faire Beurteilung nicht außer acht lassen sollte. Auch hat jede historische Betrachtung die situativen Kontexte auszuleuchten. Und dennoch ist an verschiedenen Fragen, wie etwa den folgenden, schwerlich vorbeizukommen:

- Inwieweit hat die bundesdeutsche Politik den Wandel in der DDR gefördert bzw. behindert?
- Welche Rolle spielte die Frage der Menschenrechte in der DDR, welche die Idee der nationalen Einheit für die bundesdeutsche Politik?
- Lag der westdeutschen Politik ein realistisches Bild der inneren Zustände und Entwicklungstendenzen der DDR zugrunde?
- Inwieweit hatte die Deutschlandpolitik ein Eigengewicht gegenüber der europäischen Integrationspolitik, der übrigen Ostpolitik, der Sicherheitspolitik?

Die Beantwortung dieser Fragen kann dazu beitragen, Grundorientierungen der bundesdeutschen Politik zu überprüfen.

Zum Grundansatz der »neuen Ostpolitik«

Die seit den frühen 60er Jahren von Willy Brandt und Egon Bahr entwickelte, seit 1969 die Deutschlandpolitik der Bundesrepublik prägende »neue Ostpolitik« ging von der Einsicht aus, daß die zwischen Ost und West strittige deutsche Frage auf absehbare Zeit nicht lösbar sei. Zugleich aber erschien die Aufgabe unabweisbar, nicht nur die bundesdeutsche Politik dem internationalen Entspannungsprozeß, der sich zunehmend abzeichnete, anzupassen und eine außenpolitische Isolierung der Bundesrepublik zu vermeiden, sondern vor allem menschliche Erleichterungen - Besuche, Familienzusammenführungen etc. - im Verhältnis der beiden deutschen Staaten durchzusetzen und das Bewußtsein nationaler Zusammengehörigkeit trotz der Zweistaatlichkeit zu erhalten. Die Politik schloß mithin die - zumindest zeitweilige - Anerkennung des politischen Status quo, d. h. der durch den Zweiten Weltkrieg geschaffenen Ordnung und Grenzen ein, und zwar mit dem Ziel, diesen Status quo zu verändern, d. h. die Grenzen durchlässig zu machen, zu einem geregelten Nebeneinander der Staaten des Westens und des Ostens zu kommen und langfristig diese Nachkriegsordnung zu überwinden.

Es kann keine Frage sein, daß diese Politik, die u. a. zum Moskauer Vertrag, dem Warschauer Vertrag, dem Berlin-Abkommen und zum Grundlagenvertrag zwischen den beiden deutschen Staaten führte, die Verhältnisse in Europa verändert hat, wesentliche menschliche Erleichterungen bewirkte, geregelte Beziehungen zwischen den Staaten anbahnte und den nationalen Kommunikationszusammenhang und damit letztlich auch das nationale Zusammengehörigkeitsgefühl stärkte.

Die DDR galt weiterhin nicht als Ausland wie auch der Anspruch auf Wiederherstellung der deutschen Einheit - etwa im »Brief zur deutschen Einheit« beim Moskauer Vertrag - nicht aufgegeben wurde. Voraussetzung dieser Politik waren jedoch funktionierende Beziehungen zwischen den Regierungen in Bonn und Ost-Berlin bei fortdauernden tiefgreifenden politischen, gesellschaftlichen und ideologischen Gegensätzen.

Die insgesamt sehr erfolgreiche »neue Ostpolitik« wurde - trotz des erbitterten Kampfes der Union gegen diese Politik in den 70er Jahren - nach dem Ende der sozialliberalen Koalition 1982 von der konservativliberalen Regierung unter Kohl fortgesetzt. Die Regierungskontakte wurden tendenziell sogar noch intensiviert, mit dem Milliardenkredit wurde der maroden DDR-Wirtschaft geholfen. Ohne Zweifel war der Besuch Erich Honeckers in Bonn vom 7. bis 11. September 1987 Ausdruck der in den 80er Jahren erreichten Beziehungen zwischen den beiden deutschen Staaten, die sich als geregeltes Nebeneinander und partielles Miteinander der beiden deutschen Staaten beschreiben ließen. Die Wiederherstellung der staatlichen Einheit war kein Nahziel der bundesdeutschen Politik mehr, sondern schien allenfalls im Rahmen langfristiger Veränderungen in Europa denkbar.

Dominanz des sicherheitspolitischen Denkens

Die Deutschlandpolitik und die Ostpolitik der 80er Jahre waren eng mit sicherheitspolitischen Fragen verwoben. In den 70er Jahren war deutlich geworden, daß die Entspannungspolitik den Rüstungsbereich nicht aussparen dürfe, vielmehr sich gerade in der Abrüstung manifestieren müsse, was um so zwingender erschien, als die Eigendynamik des Rüstungswettlaufs ungebremst war und beachtliche Ressourcen band. Neue Waffensysteme schienen die Gefahr eines atomaren Krieges in Europa bedrohlich zu erhöhen. Seit den 70er Jahren überschatteten deshalb zunehmend sicherheitspolitische Fragen - insbesondere die Fragen der Mittelstreckenwaffen - die Ost-West-Beziehungen und auch das Verhältnis zwischen den beiden deutschen Staaten.

Bemerkenswerterweise trafen sich die Bundesregierung unter Helmut Schmidt und die Führung der DDR unter Erich Honecker bereits im Kontext der Afghanistan-Krise in dem Bemühen, die Ost-West-Spannungen - wo möglich - zu dämpfen. Beide Staaten wollten offenbar nicht mehr als Speerspitzen in ihren Bündnissystemen fungieren. Auch die Bundesregierung Kohl-Genscher war nach 1982 bemüht, die besonderen Beziehungen zur DDR weiter zu pflegen, und zwar trotz der beginnenden Raketenstationierung, in deren »Windschatten« - so hat der Politikwissenschaftler Gert-Joachim Glaeßner formuliert - sie an der Entspannungs-, Ost- und Deutschlandpolitik festhielt, »ohne sich dem Verdacht mangelnder Bündnistreue und geheimer Neutralitätsneigungen auszusetzen«.

Auch der sicherheitspolitische Dialog zwischen SED und SPD, mit dem die SPD nach dem Verlust der Regierungsbeteiligung die Fortführung der Entspannungspolitik zu fördern suchte, lief faktisch auf eine Betonung der besonderen deutschen Interessenlage hinaus. Die Vorschläge zur Schaffung einer chemiewaffenfreien Zone, eines atomwaffenfreien Korridors und der Bildung einer »Zone des Vertrauens und der Sicherheit in Zentraleuropa« zielten darauf ab, die gewaltige Massierung von Waffen in Mitteleuropa zu reduzieren und die zahlreiche Menschen in Deutschland Ost und Deutschland West beunruhigende Gefahr eines Krieges mit verheerendsten Folgen für die Deutschen zurückzuschrauben. Willy Brandt konstatierte 1989: »Hier (im Sicherheitsdialog) ist, bei Weiterbestehen der Systemunterschiede, ein Stück objektiver Gemeinsamkeit deutlich geworden, das über Wirtschaft und Kultur hinausreicht.«

Fragen der Sicherheitspolitik, das Bemühen um Abrüstung und die Entwicklung eines Konzeptes »gemeinsamer Sicherheit« waren in der SPD und in großen Teilen der Öffentlichkeit in den 80er Jahren derart zentral, daß das Verhältnis zwischen Ost und West im allgemeinen und zwischen der Bundesrepublik und der DDR im besonderen über weite Strecken fast ausschließlich in sicherheitspolitischen Kategorien diskutiert wurde. Dies gilt selbst für Egon Bahr, für den freilich Fortschritte in der Sicherheitspolitik Voraussetzungen waren, um zu einer Überwindung der Nachkriegsordnung mit ihrem Blockdenken durch den Aufbau einer neuen europäischen Ordnung zu gelangen, in deren Rahmen auch die deutsche Frage lösbar zu sein schien.

Insgesamt waren, insbesondere in der jüngeren Politikergeneration, die sicherheitspolitischen Fragen absolut dominant und wurden - so ist trotz Anerkennung der Notwendigkeit einer aktiven Sicherheitspolitik kritisch festzustellen - eher selten mit anderen Fragen verknüpft gedacht. Für manche war die Deutschlandpolitik in den 80er Jahren geradezu eine Funktion der Sicherheitspolitik.

Die Wirkung des KSZE-Prozesses

Die von Egon Bahr in seiner Tutzinger Rede im Juli 1963 auf die Formel »Wandel durch Annäherung« gebrachte Ostpolitik zielte zunächst auf das zwischenstaatliche Verhältnis, wollte aber dazu beitragen, Veränderungen in der DDR und in den osteuropäischen Staaten zu ermöglichen. Zweifellos hat der Abbau von Feindbildern durch die Ostverträge auch in diese Richtung gewirkt.

Darüber hinaus operierte die »neue Ostpolitik« im Hinblick auf die Öffnung und Liberalisierung der kommunistischen Systeme sehr vorsichtig, um evolutionäre Veränderungen, die von den dortigen Führungsgruppen initiiert oder mitgetragen wurden, nicht zu gefährden. Bewußt wurde deshalb darauf verzichtet, die Existenz der - durch sowjetische Macht garantierten - Systeme in Frage zu stellen oder zu destabilisieren.

Immerhin setzte der Westen in dem - von der neuen Ostpolitik geradezu seinen Ausgang nehmenden - KSZE-Prozeß, im sogenannten »Korb 3« der Schlußakte von Helsinki, die Anerkennung der Menschen- und Bürgerrechte durch die kommunistischen Systeme durch, was für Oppositionsgruppen in Osteuropa gewisse - wenn auch vielfach gefährdete und unterlaufene - Rechtstitel schuf und ihnen internationale Publizität verschaffte. Der Prozeß der Konferenz für Sicherheit und Zusammenarbeit in Europa hat ganz entscheidend zur Veränderung der Verhältnisse in Osteuropa beigetragen, indem er die Voraussetzungen oppositionellen Handelns in den politisch und ökonomisch stagnierenden Systemen verbesserte.

Auch das SPD-SED-Papier hatte ein wesentliches Motiv auf seiten der Sozialdemokraten in dem Versuch, Freiräume für abweichendes politisches Denken in der DDR zu schaffen, indem es die SED verpflichtete, derartiges Denken zuzulassen. In der Tat wurde das Papier als Ermöglichung offener Diskussion aufgefaßt und gerade deshalb nach kurzer Zeit von der verunsicherten SED-Führung faktisch verworfen, was die im Papier der DDR attestierte Reformfähigkeit dementierte und zu Recht auf Kritik von Sozialdemokraten stieß.

In der Unterstützung oppositioneller Gruppen hielten sich die westlichen Regierungen in den 70er und 80er Jahren freilich zurück, zum einen, weil man die Oppositionellen nicht gefährden, nicht auf deren Kosten Politik treiben wollte, zum anderen, weil man die Politik des Aufbaus von Vertrauen und Partnerschaft, die sicherheitspolitisch geboten schien und langfristig evolutionären Wandel durch Reform von oben ermöglichen sollte, nicht aufs Spiel setzen wollte.

Im Hinblick auf die DDR kam hinzu, daß die Opposition zersplittert und diffus, nicht vergleichbar mit der polnischen Solidarność, wirkte. Immerhin war aber das Bemühen, etwa bei sozialdemokratischen Politikern, unverkennbar, die Kirchen, namentlich die evangelische Kirche - den einzigen relativ unabhängigen Faktor im SED-System - wo möglich zu unterstützen und auf diese Weise in einem engen Kommunikationszusammenhang mit dem systemfernen Teil der DDR-Gesellschaft zu bleiben. Offen unterstützt wurden die Bürgerrechtler in der DDR von einigen Politikern der Grünen und der SPD. Es ist nicht zu verkennen, daß ein eher etatistischer Politikbegriff in der Bonner Politik auf der einen Seite und basisdemokratische Orientierungen bei den Friedens- und Umweltgruppen der DDR auf der anderen Seite Bonner Politik und DDR-Oppositionelle teilweise trennten.

Die Forderung nach Menschen- und Bürgerrechten in der DDR wurde in den 80er Jahren mehr oder weniger von allen Bonner Politikern erhoben. Wie deren Durchsetzung freilich zu realisieren sei, blieb eine schwierige Frage. Man wird von heute her fragen, ob die Spielräume westlicher Politik, zumal nach dem Beginn der Reformpolitik Gorbatschows tatsächlich in der Menschenrechtsfrage ausgeschöpft wurden und ob nicht die politische Bedeutung der Opposition in der DDR partiell unterschätzt worden ist. Für die Beibehaltung der gewohnten Politik war ein ganzes Bündel von Ursachen verantwortlich: die Furcht vor der Wiederholung von Ereignissen wie 1953, 1956, 1968, die Hoffnung auf evolutionäre Veränderung durch Reformen von oben, die Bedeutung sicherheitspolitischer Erwägungen, doch auch die Grenzen des vorherrschenden Politikbegriffs.

Insgesamt gesehen - so wird man sagen können - ist die Lage in der DDR und in Osteuropa vielfach falsch eingeschätzt worden. Ob eine frühere Überwindung der kommunistischen Systeme in der DDR und in den osteuropäischen Ländern möglich gewesen wäre, ist freilich zweifelhaft; entscheidend waren die Veränderungen in der Sowjetunion. Im einzelnen jedoch ist die bundesdeutsche Politik sicherlich kritikbedürftig.

Die Realität der DDR aus westdeutscher Sicht

Die als Entspannungspolitik konzipierte »neue Ostpolitik« hatte faktisch ein Zurückstufen der ideologischen Auseinandersetzung zur Konsequenz. Mit ihr verbunden war eine gewisse Abschwächung ideologisch begründeter Feindbilder. Mit dem geregelten Nebeneinander schien ein Krieg der Ideologien unvereinbar zu sein.

Allerdings kam in der Bundesrepublik noch etwas anderes hinzu. In den 60er Jahren, insbesondere im Kontext der Studentenbewegung, wuchs in der kritischen Öffentlichkeit das Bestreben, den traditionellen Antikommunismus zu überwinden, der sowohl eine wirkliche Aufarbeitung des Nationalsozialismus als auch eine umfassende Demokratisierung der westdeutschen Gesellschaft blockiert zu haben schien. Verbunden damit war Kritik an der Totalitarismustheorie und eine Aufwertung von Faschismustheorien. Auch wenn die auf eine grundlegende Veränderung der Gesellschaft zielende Bewegung an den Universitäten und in ihrem Umfeld sich rasch abschwächte, so wurde doch von nun an der Antikommunismus der 50er Jahre als obsolet betrachtet. Der dialektische Gegenschlag zum Antikommunismus der 50er Jahre, der nun als eine Fortsetzung des nationalsozialistischen Antibolschewismus interpretiert wurde, war in der intellektuellen Szene so stark, daß als Antikommunist zu gelten vielfach einer Disqualifizierung gleichkam. Auch anspruchsvolle kritische Auseinandersetzungen mit dem Kommunismus und den Verhältnissen in den kommunistischen Systemen wurden in wichtigen Teilen der Publizistik als unzeitgemäße Fortführung des Kalten Krieges betrachtet. Nur wenige Linke - etwa Rudi Dutschke oder Peter von Oertzen - setzten sich kritisch mit der DDR auseinander.

Die Tendenz zu einer gewissen Tabuisierung der Auseinandersetzung mit den kommunistischen Systemen, d. h. der Verzicht auf ansonsten auf der Linken selbstverständlich kritische Auseinandersetzung mit gesellschaftlicher Wirklichkeit, stimulierte auf der politischen Rechten eine Beschäftigung mit Osteuropa, der es nicht selten vorrangig um den Kampf gegen die Linke im Westen ging.

Zusammen mit der Tatsache, daß die DDR in den 80er Jahren durchweg wenig attraktiv war und für große Teile der westdeutschen Öffentlichkeit uninteressant wurde, führten die skizzierten Mechanismen dazu, daß es über das ganze Ausmaß an Repression und über den Charakter des SED-Systems Illusionen gab, die auch durch den Eindruck gefördert wurden, daß sich die spätstalinistische DDR Honeckers vom Stalinismus Ulbrichts erkennbar unterschied. Es ist nicht zu übersehen, daß selbst im wissenschaftlichen Raum die Realität der DDR vielfach unzureichend erfaßt worden ist.

Die Frage der nationalen Einheit

Das Ziel, die Einheit der Nation zu erhalten, wurde von der »neuen Ostpolitik« in den 60er und 70er Jahren keinesfalls aufgegeben, im Gegenteil: Die Anerkennung der Realitäten sollte dem weiteren Auseinanderleben der beiden Teile Deutschlands entgegenwirken.

Dennoch ist nicht zu verkennen, daß im Hinblick auf die zunächst in der Nachkriegszeit weithin abgelehnte Zweistaatlichkeit auf lange Sicht die normative Kraft des Faktischen wirksam wurde. So wurde die »neue Ostpolitik« in den 70er und 80er Jahren in der deutschen und in der internationalen Öffentlichkeit vielfach als eine Politik verstanden, die sich mit zwei Staaten in Deutschland abgefunden hatte, die im wesentlichen eigene Wege gingen, freilich einen Rest besonderer Beziehungen wahrten. Die »neue Ostpolitik« wurde dabei tendenziell um ihre Dialektik verkürzt: durch Anerkennung der Realitäten diese zu verändern.

Im öffentlichen Bewußtsein Westdeutschlands trug die »neue Ostpolitik« faktisch zur »Selbstanerkennung« der Bundesrepublik bei. Die Bundesrepublik erschien nun nicht mehr als Provisorium, als Stellvertreter des Nationalstaats, sondern als ein Staat mit eigener postnationaler Identität, für die ein »Verfassungspatriotismus« zentral war, der auch aus heutiger Sicht keineswegs nur als intellektuelles Konstrukt zu werten ist. Während im internationalen Vergleich das Nationalgefühl bei den Bundesbürgern schwach ausgeprägt war, war die Identifikation mit der Verfassung und ihren Grundwerten hoch.

Zugleich meinte man vielfach, ein ähnliches Identitätsbewußtsein wie in der Bundesrepublik müsse sich in der DDR entwickelt haben, womit man gleichsam die eigene Vorstellungswelt in die DDR hineinprojizierte und dabei völlig die Legitimationsschwäche des SED-Systems und die Orientierung großer Teile der DDR-Bevölkerung am »Westen« verkannte.

Auch ist nicht zu übersehen, daß in Teilen der westdeutschen Öffentlichkeit seit den 70er Jahren ein – die jüngste deutsche Geschichte in spezifischer Form verarbeitender – »negativer Nationalismus« vorherrschend wurde, der sich nicht nur mit der deutschen Zweistaatlichkeit abfand, sondern diese als historische Konsequenz des Dritten Reiches bzw. als Strafe für die Verbrechen des Nationalsozialismus begriff. Nicht selten war damit ein Ernstnehmen des DDR-Antifaschismus verbunden: Die DDR schien mit ungleich größerem Nachdruck Folgerungen aus dem Dritten Reich gezogen zu haben als die Bundesrepublik und schon dadurch legitimiert zu sein. Im übrigen aber glaubte man, sich aus der deutschen Geschichte verabschieden zu können.

Gegen diesen »negativen Nationalismus« wandte sich ein Revisionismus, der nicht nur die Rekonstruktion eines positiven Nationalbewußtseins anstrebte, sondern seinerseits den Konsequenzen der NS-Zeit für die deutsche Identität und die deutsche Politik auszuweichen suchte, was einer der Anlässe für den sogenannten Historikerstreit war. Beide Varianten waren Ausdruck der - insbesondere in der jüngeren Generation vorherrschenden - Tendenz, den nationalen Haftungszusammenhang zu unterschätzen, wie sich 1989/90 zeigte. Unterschätzt wurde der Faktor »Nation« nicht zuletzt im Hinblick auf die DDR-Bevölkerung, in der ein deutsches Zusammengehörigkeitsbewußtsein virulent geblieben war.

Zwischen CDU-FDP-Koalition, SPD-Opposition und Grünen differierten die politischen Einschätzungen der deutschen Frage in den 80er Jahren keineswegs diametral. Allerdings beharrten CDU/CSU stärker auf Rechtsstandpunkten und hielten die Forderung nach Wiedervereinigung - trotz auch hier, etwa bei Heiner Geißler, erkennbarer »realistischer« Tendenzen - aufrecht, doch war dies weithin Rhetorik für den innenpolitischen Hausgebrauch, der kein operationalisierbares deutschlandpolitisches Konzept entsprach. Für das Unionslager ist eine Diskrepanz zwischen Rhetorik und praktischer Politik zu konstatieren, die 1989/90 hinsichtlich der Anerkennung der Oder-Neiße Grenze zu Schwierigkeiten führen sollte.

Insgesamt gesehen konnten sich alle Parteien eine grundlegende Veränderung der Verhältnisse in Mitteleuropa nur im Rahmen einer langfristig zu realisierenden europäischen Friedensordnung vorstellen, wobei offenblieb, ob es zu einer Wiederherstellung der deutschen Einheit oder zum Obsoletwerden der nationalen Frage für die Deutschen kommen würde. Kennzeichnend für die bundesdeutschen Einschätzungen war, daß über das Verhältnis von europäischer Union und nationaler Einheit der Deutschen - sieht man von einzelnen Stimmen ab, zu denen Egon Bahr gehörte - kaum mehr diskutiert wurde.

Insgesamt ist also festzustellen, daß sich praktisch in der Einschätzung der deutschen Frage fast alle maßgeblichen Kräfte in der Bundesrepublik irrten, indem sie annahmen, daß eine neue gesamteuropäische Ordnung, d. h. die Überwindung der europäischen Spaltung, die Voraussetzung der Wiederherstellung der deutschen Einheit sein müsse. Die deutsche Vereinigung war vielmehr Derivat der nicht erwarteten Implosion der kommunistischen Welt, zu der die Oppositionsbewegungen beigetragen, die sie aber nicht verursacht hatten.

Schlußfolgerungen

Keine Frage: Alle maßgeblichen politischen Kräfte in der Bundesrepublik haben sich in der Einschätzung der Entwicklungen in der DDR und in Osteuropa in den 80er Jahren mehr oder weniger getäuscht. Gleichwohl hat die »neue Ostpolitik« - aufs Ganze gesehen - den Wandel in der DDR und in Osteuropa gefördert. Im Hinblick auf Gegenwart und Zukunft legt die Betrachtung der Deutschlandpolitik dieser Zeit einige Folgerungen nahe:

- Problematisch war das weithin statische Politikverständnis, das politische und gesellschaftliche Veränderungsprozesse in der DDR und in Osteuropa zu spät und nur unzureichend in den Blick bekam. Politik gilt es stärker in Prozessen zu denken.
- Unübersehbar war die Neigung, eigene Vorstellungen in andere Gesellschaften hineinzuprojizieren und sich Illusionen über die politische Realität zu machen. Das Prinzip kritischer Betrachtung darf an Grenzen nicht Halt machen.
- Bei aller Notwendigkeit, realpolitisch zu handeln, gilt es doch, die Durchsetzung von Menschen- und Bürgerrechten als wichtiges Ziel auswärtiger, zumal europäischer Politik zu begreifen. Im Hinblick auf die dabei anzuwendenden Mittel wird man flexibel sein müssen. Allgemeine Deklamationen reichen ebensowenig aus wie die Lösung lediglich von einzelnen Problemfällen.
- Die Bedeutung des Faktors Nation ist in der gegenwärtigen Welt realistisch einzuschätzen. In Deutschland kommt es darauf an, die Idee der Nation in einen unlösbaren Zusammenhang mit der Idee der auf Menschen-, Bürger- und Sozialrechten gründenden Demokratie zu bringen. Gegenwärtig hat sich die Nation im Hinblick auf die neuen Länder als Solidargemeinschaft zu bewähren.

Die kritische Auseinandersetzung mit der allerneuesten Geschichte eignet sich schwerlich für parteipolitische Instrumentalisierung, wie sie anscheinend von Teilen der CDU/CSU und ihres publizistischen Umfeldes angezielt wird. Selbstkritische Reflexion ist geboten.

Aus: Rück-Sicht auf Deutschland. Beiträge zur Geschichte der DDR und zur Deutschlandpolitik der SPD, in: argumente, SPD-Bundestagsfraktion, Bonn 1993, S. 18 ff.

DOKUMENT 2

Tilman Fichter

Westeuropäische Linke und deutsche Frage

Dr. Tilman Fichter, Jahrgang 1937, 1963–70 Mitglied des Berliner Landesverbandes des SDS, ist Referent für politische Bildung beim SPD-Parteivorstand.

»Die Voraussetzungen zur Wiedervereinigung (Deutschlands) sind nur mit der Sowjetunion zu schaffen. Sie sind nicht in Ost-Berlin zu bekommen, nicht gegen die Sowjetunion, nicht ohne sie.«

(Egon Bahr, Vortrag in der Evangelischen Akademie Tutzing am 15. Juni 1963)

»Wir sind Patrioten und Internationalisten zugleich. Denn, ob man es wahrhaben will oder nicht, die Nation ist eine Wirklichkeit, die in absehbarer Zeit nicht verschwinden wird.«

(Willy Brandt am 28. Januar 1971 vor dem Deutschen Bundestag)

I.

Vierzig Jahre nach dem Ende des Zweiten Weltkrieges wächst in Ost- und Mitteleuropa der Widerstand in der Bevölkerung gegen die Status-quo-Politik. Trotz des Einmarsches der Warschauer-Pakt-Staaten in die Tschechoslowakei im August 1968 entstand in Polen Anfang der achtziger Jahre zunächst das »Komitee zur gesellschaftlichen Selbstverteidigung« (KOR) und danach die freie Gewerkschaftsbewegung »Solidarność«. Auch nachdem am 13. Dezember 1981 über das Land das Kriegsrecht verhängt wurde, verweigerte sich nach wie vor ein großer Teil der polnischen Bevölkerung und findet sich mit der trügerischen Friedhofsruhe nicht ab. Die prinzipielle Opposition in Polen lebt und lehnt noch immer so gut wie jede Zusammenarbeit mit der dortigen Militärregierung ab.

Auch in der DDR probte jüngst ein Teil der jungen Generation den antiautoritären Protest gegen den SED-Staatsapparat. Der unbequeme linke Liedermacher Wolf Biermann hatte bereits, ehe er vor elf Jahren ausgebürgert worden war, gesungen: »Die DDR braucht, endlich, und wie, Rosas rote Demokratie.« Statt dessen triumphierte jedoch in der

DDR in den letzten zehn Jahren der Obrigkeitsstaat, und dann und wann gab es auch ein bißchen realsozialistischen Konsum. Noch immer können die SED-Funktionäre und der Staatssicherheitsdienst ihrem Volk nicht trauen. In ihren Augen gelten die Aktivitäten der autonomen Gruppen der evangelischen »Kirche von unten«, der »Unabhängigen Initiative Friedens- und Menschenrechte«, der diversen Ökologiegruppen und des nichtstaatlichen Kunstbetriebs am Prenzlauer Berg, in Leipzig, Dresden und Karl-Marx-Stadt als nachhaltige Störung. Rund 100 DDR-Bürgerrechtler wurden Ende Januar 1988 verhaftet und teilweise des Landes verwiesen, nachdem sie sich an einer SED-Kampfdemonstration für Rosa Luxemburg und Karl Liebknecht mit eigenen Parolen beteiligt hatten. Ihr Verbrechen: Sie erinnerten an Rosa Luxemburgs Satz: »Freiheit ist immer nur Freiheit des anders Denkenden.«

Auch in Prag und anderswo, im Land des braven Soldaten Schwejk, lebt das Volk noch immer zwischen Bevormundung, Konsum-Mentalität und »Charta 77«. Ein alternatives Jugendmilieu existiert jenseits des offiziellen Jugendverbandes, und neue Pop- und Rockmusik-Gruppen singen in Kellerlokalen verbotene Lieder von Josef Šimon. Der Staatsapparat weiß oft selbst nicht mehr, welche Verse er bereits verboten hat und welche er erst noch verbieten muß. In Šimons Gedicht mit dem Titel: »Zwanzigjährigen Vögeln der Hoffnungslosigkeit gewidmet« heißt es u. a.: »Wir sind bloß Asphalt für die Rennbahn der anderen.« Und ähnlich skeptisch reimte auch der DDR-Agitprop-Sänger der Friedensbewegung Stephan Krawczyk: »Es gibt so viele, die ihre Segel streichen, mit einer Farbe, die nach Abfall stinkt, wem wurden schon die Flügel abgebrochen, daß er sich treiben lassen muß vom Wind.« Trauer und Wut also bei immer mehr jungen Menschen in Berlin, Prag, Budapest oder Warschau, die auch für ihre Völker endlich Offenheit (Glasnost) und Umgestaltung (Perestrojka) fordern. Verhält sich der DDR-Staatssicherheitsdienst weiter so wie bisher, so wird er sich früher oder später mit einer DDR-weiten Jugendrevolte konfrontiert sehen. Rudi Dutschke aus Luckenwalde läßt grüßen.

II.

Die sozialdemokratischen und sozialistischen Parteien in Westeuropa reagieren auf diese Proteste in Ost- und Mitteleuropa mehr oder weniger abwartend – oft sogar abwiegelnd. Man fürchtet in den Parteizentralen um die langfristige Koexistenz- und Abrüstungspolitik. (Die offene Sympathie in der französischen Linken für die polnische Gewerkschaft »Solidarność« war eher die Ausnahme von der Regel. Aber auch in Paris ist es längst still geworden um »Solidarność«, Adam Michnik oder Lech Walesa). Andererseits hat besonders die SPD mit ihrer Dialogpolitik in den vergangenen Jahren viel für die internationale Aufwertung der DDR getan. Hieraus erwächst für die deutsche Sozialdemokratie eine besondere Verantwortung gegenüber der Bevölkerung in der DDR. Zwischenstaatliche Friedens- und Koexistenzpolitik und parteiliche Solidarität gegenüber den Bürgerrechtsbewegungen in Ost- und Mitteleuropa dürften eigentlich einander nicht ausschließen. Im politischen Alltag nehmen jedoch westeuropäische Sozialdemokraten und Sozialisten viel zu oft Rücksicht auf die dort herrschenden Partei- und Staatsapparate, um das Gesprächsklima nicht zu beeinträchtigen.

III.

In Westeuropa geht ein Gespenst um: der Alptraum von einem neuen »Rapallo« zwischen den beiden deutschen Teilstaaten und der Sowjetunion. Davor warnen die beiden ungarischen Intellektuellen Ferenc Fehér und Agnes Heller. In ihrem Forschungsbericht zum Thema »Krisen in den Systemen sowjetischen Typs« (1985) befürchten sie: »Der Hauptnutznießer eines neuen Rapallo könnte nur die konservative sowjetische Nomenklatur sein, die das gegenwärtige Unterdrükkungssystem ohne auch die bescheidensten inneren Reformen aufrechterhalten will. »Für sie käme die eventuelle Herausbildung einer deutschen Konföderation einem »cordon sanitaire« rund um das widerspenstige Osteuropa gleich. Andererseits bedeute jedoch eine Neuvereinigung der Deutschen – so Fehér und Heller – auch das Ende des »Jalta-Potsdam-Systems der Aufteilung der Welt unter die Supermächte in vereinbarte Einflußzonen«. Auf diesen Zusammenhang wies auch bereits 1979 Horst Ehmke, Mitglied des SPD-Parteivorstands, hin, als er schrieb: »Die deutsche Teilung hat ihre eigene europäische Dialektik: sie wird von den Nachbarvölkern als in ihrem Interesse liegend angesehen. Sie wird von ihnen aber, insbesondere von den osteuropäischen Völkern, mit dem hohen Preis der Teilung Europas bezahlt.« Andererseits wird der rechtsstehende Politikwissenschaftler und außenpolitische Berater Chiracs, Pierre Lellouche, von der – so Horst

Ehmke jüngst vor der Ecole Centrale – »Schreckensvision« eines denuklearisierten Europas verfolgt, das »als riesiges Österreich« von einem »wirtschaftlich übermächtigen, aber sowjethörigen Deutschland« dominiert wird.

Auf die historisch berechtigten Ängste und Fragen in Osteuropa versuchten Peter Brandt und Günter Minnerup in der »Neuen Gesellschaft/Frankfurter Hefte« im August 1987 eine Antwort zu finden: »Die Angst vor der deutschen Wiedervereinigung hat auch in Osteuropa lange Zeit ihre disziplinierende Wirkung nicht verfehlt. Nun hatten besonders die Polen angesichts der zeitweise vehement vorgetragenen Ansprüche Westdeutschlands auf die ehemaligen deutschen Ostgebiete allen Grund, einen deutschen ›Revanchismus‹ zu fürchten. Die historischen Erfahrungen saßen tief... Erst die Erfahrung mit der wiederholten Blockierung innerer Reformen durch die Sowjetunion, kombiniert mit dem generationsbedingten Verblassen der Kriegserinnerungen und die friedlicheren Töne und konstruktiven Angebote aus Bonn seit der Neuen Ostpolitik haben eine größere Bereitschaft in Osteuropa hervorgebracht, radikal über den Status quo hinauszudenken – wenn auch oft mit nationalistisch(en) ... und schon daher der westlichen Linken unheimlichen Anklängen. Aber welche Perspektiven verbleiben der osteuropäischen Opposition, solange jede innere Erschütterung in Polen, der CSSR, Ungarn oder der DDR die sowjetische Intervention mit sich zu bringen droht?« Da es nach wie vor umstritten sei, inwieweit Gorbatschow überhaupt darauf abziele, seine Perestrojka und Glasnost nach Ost- und Mitteleuropa zu exportieren, könne langfristig eventuell nur eine »Finnlandisierung« Ost- und Mitteleuropas im Vorfeld einer blockübergreifenden deutschen Konföderation die machbare Alternative zum Status quo sein. Diesen innenpolitischen Spielraum für die osteuropäischen Länder wird die Sowjetunion jedoch nur dann zulassen, wenn die beiden deutschen Staaten bzw. eine deutsche Konföderation die Sicherheitsinteressen der UdSSR langfristig garantieren. In ein derartiges blockübergreifendes Konzept für Deutschland müßten andererseits allerdings auch die wirtschaftlichen und sicherheitspolitischen Interessen der Vereinigten Staaten und Westeuropas einbezogen werden.

Neben dem offensichtlichen Wunsch der Bevölkerung in Polen, in der Tschechoslowakei und in Ungarn nach mehr Unabhängigkeit und langfristig garantierten Grenzen gibt es jedoch noch ein weiteres, wirtschaftspolitisches Argument für eine Überwindung von Jalta und Potsdam. Es gibt meines Wissens keine realistischen Zahlen über die materiellen Kriegsschäden in Osteuropa und der Sowjetunion. Der DDR-Geschichtsschreibung zufolge kann man davon ausgehen, daß von der Deutschen Wehrmacht und der Waffen-SS rund 1700 Städte, über 70 000 Dörfer, ca. 32 000 Industriebetriebe sowie 127 000 Schulen, Universitäten und öffentliche Bibliotheken zerstört worden sind. Ähnlich schwere materielle Verluste beklagen auch die Polen. Auf der Konferenz von Jalta forderte deshalb die Regierung der UdSSR jährlich 10 Mrd. Dollar an Reparation von Deutschland. Tatsächlich hat die Bevölkerung in der SBZ bzw. der DDR die Last der bisher gezahlten Reparationen an die UdSSR weitgehend allein getragen. Nach Angaben der Bundesregierung waren das bis 1953 – legt man einen Dollarkurs von DM 4,20 zugrunde – rund 16 Mrd. Dollar. Bei einem eventuellen Friedensvertrag zwischen den beiden deutschen Staaten bzw. einer deutschen Konföderation und der UdSSR bzw. den kriegsgeschädigten osteuropäischen Nachbarstaaten müßten sowohl die gezahlten als auch die noch offenen Kriegsschulden ermittelt und anerkannt und ein gemeinsames langfristiges Schuldentilgungsprogramm vereinbart werden. Auf dieser Grundlage könnte dann eine sozial und ökologisch verträgliche Modernisierung der sowjetischen und osteuropäischen Industrie, Landwirtschaft und Infrastruktur in Angriff genommen werden. Die Kosten für ein solches – historisch längst überfälliges – Schuldentilgungs- bzw. Hilfsprogramm für die Völker der Sowjetunion und Ost- und Südosteuropas würde m. E. sogar eine zeitlich begrenzte Steuererhöhung in der Bundesrepublik Deutschland rechtfertigen. Zu den erwünschten Nebeneffekten gehörten sicherlich auch ein spürbarer Rückgang der Arbeitslosigkeit in der Bundesrepublik und eine schrittweise Modernisierung der DDR-Industrie.

IV.

Wie könnte nun eine deutsche Konföderation konkret aussehen? Beide deutsche Teilstaaten verdanken ihre Entstehung dem Macht- und Systemkonflikt der Siegermächte, die sich mit der Teilung über das Potsdamer Abkommen hinwegsetzten. Beide Teilstaaten wurden mit dem Verfassungsanspruch ausgestattet, ganz Deutschland zu repräsentieren. (Im Grundgesetz der Bundesrepublik sowie in einschlägigen Entscheidungen des Bundesverfassungsgerichtes – vor allem im Urteil zum Grundlagenvertrag vom 31. 7. 1973 - wird das Verfassungsgebot der nationalen Einheit aufrechterhalten. In der DDR existierte der Einheitsanspruch in den Verfassungen von 1949 und 1968 bis zur Verfassungsrevision im Jahre 1974.) Die sozialliberale Ostpolitik der frühen 70er Jahre trug diesen politischen Fakten erstmals Rechnung. Es ging um den Zusammenhalt der Nation im Zustand der staatlichen Teilung und um die Vertiefung der Gemeinsamkeiten in der derzeitigen machtpolitischen Konstellation. Das Vier-Mächte-Abkommen über Berlin von 1971 dokumentiert den Übergangscharakter dieser Konstellation, während der innerdeutsche Grundlagenvertrag von 1972 die Voraussetzungen für eine Normalisierung der Beziehungen eröffnete. Dieser Vertrag basiert auf der wechselseitigen Anerkennung der Selbständigkeit der beiden deutschen Teilstaaten, anerkennt jedoch die unterschiedlichen Auffassungen der Bundesrepublik Deutschland und der Deutschen Demokratischen Republik zur nationalen Frage und fixiert die Bereiche politischer Zusammenarbeit im Interesse des Friedens und der Entwicklung gutnachbarlicher Beziehungen.

Ziel einer möglichen deutschen Konföderation müßte es also sein, unter Berücksichtigung der unterschiedlichen gesellschaftlichen, wirtschaftlichen und politischen Strukturen in beiden deutschen Staaten ein Maximum der Verständigung auf allen Gebieten der Politik zu erreichen. Die Organe der Konföderation müßten paritätisch besetzt werden, und alle Mitglieder müßten in beiden deutschen Teilstaaten Immunität genießen. Dies würde bedeuten, daß die Existenz der beiden unterschiedlichen politischen Klassen in Bonn und Ost-Berlin für eine zeitlich begrenzte Übergangsperiode faktisch gewährleistet würde. Darüber hinaus müßte für die Arbeit in den Organen der Konföderation ein gewisser verfassungsrechtlicher Zwang zur Einigung auf dem Verhandlungswege bestehen. Das Prinzip dieser Politik wäre also: Einigung statt Polarisierung. Als Sitz der Organe der Föderation könnte man sich die Vier-Sektoren-Stadt Berlin denken. Es gäbe nur eine deutsche Konföderations-Staatsangehörigkeit. (Denkbar wären auch zwei einzelstaatliche Staatsangehörigkeiten, denen die Konföderations-Staatsangehörigkeit übergeordnet wäre.) Wie eine solche Verfassung im einzelnen aussehen könnte, haben im Frühjahr 1985 u. a. Ingeborg Drewitz, Herbert Ammon, Peter Brandt und Theodor Schweisfurth skizziert. Es versteht sich von selbst, daß ein eventueller deutscher Friedensvertrag als Element einer realen neuen europäischen Friedensordnung gedacht ist.

V.

Nicht zuletzt aufgrund des Hitlerschen Angriffskriegs gegen Frankreich existiert bei unseren Nachbarn jenseits des Rheins seit 1940 ein kollektives nationales Trauma von einem wiedererstarkten Deutschland. Diese historisch verständlichen Gefühle stehen im Widerspruch zu dem immer wieder bekundeten Standpunkt Frankreichs, alles sei gut, was Jalta überwinde. So verwundert es nicht, daß Präsident Mitterrand in seiner Rede am 20. Januar 1983 zum Jahrestag des Vertrages über deutsch-französische Zusammenarbeit vor dem Deutschen Bundestag die Nicht-Existenz eines Systems kollektiver Sicherheit für Europa bedauerte. Im Interesse eines europäischen Friedens sollten sich deshalb die französische und die deutsche Linke offen über ihre jeweiligen, durchaus unterschiedlichen nationalen Erfahrungen, Denkweisen und Interessen auseinandersetzen.

Zum schwierigen Verhältnis der Deutschen und Franzosen gehört übrigens auch das Paradoxon, daß Angehörige der politischen Klasse in Paris das besiegte Nazi-Deutschland zwar zutiefst verabscheuen, einzelne NS-Intellektuelle jedoch verklären. So wurde z. B. Martin Heidegger, Vor-Denker völkischer Utopien, dort noch von seiner französischen Gemeinde gefeiert, als bei uns längst laut über die Rektoratsrede des Freiburger Philosophie-Professors von 1933 nachgedacht wurde. Heidegger wurde nach 1945 – so Christian Jambet – ein »französischer Philosoph«. Zu seinen Schülern gehörten u. a. Jean-Paul Sartre, Maurice Merleau-Ponty, Jean Beaufret, Henri Birault, René Char, Jaques Derrida, Jean-Pierre Faye, Pierre Bourdieu und Michel Foucault. Heideggers Einfluß reichte von den undogmatischen Marxisten um Lucien Goldmann bis zu liberal-konservativen à la Joseph Rovan. Daß dieses Techtelmechtel mit dem Freiburger Seins-Hüter kein Ausrutscher war, zeigt die Popularität von Arno Breker und Ernst Jünger im Umfeld des Eiffelturms.

VI.

Vierzig Jahre nach dem Ende des Zweiten Weltkrieges deutet sich im Verhältnis zwischen den Vereinigten Staaten und Europa eine Veränderung an. Der sogenannte Pentagon-Bericht amerikanischer Fachleute (unter ihnen Fred C. Iklé, Staatssekretär im Pentagon, die früheren Sicherheitsberater Kissinger und Brzezinski sowie Albert Wohlstetter) hat dies jüngst wieder verdeutlicht. Teile der amerikanischen Administration treten heute offen für eine atomare Abkopplung von Westeuropa ein. Bei einem örtlichen Konflikt soll ein umfassender atomarer Nuklearkrieg vermieden werden.

Andererseits mobilisiert Gorbatschow alle gesellschaftlichen Kraftreserven für eine Revolution von oben. 400 000 Rotarmisten auf dem Territorium der DDR sind mittelfristig für die Sowjetunion viel zu teuer. Wie sein Vorbild Lenin wird Gorbatschow deshalb früher oder später wohl einen deutsch-sowjetischen bzw. westeuropäisch-sowjetischen Ausgleich suchen. Es ist allerdings anzunehmen, daß Gorbatschow in erster Linie an einer industriellen Kooperation mit einem »florierenden kapitalistischen Europa« - so Peter Brandt und Günter Minnerup - interessiert ist. Ihre Schlußfolgerung: »Die sozialistische Transformation Westeuropas bleibt so oder so die Aufgabe der westeuropäischen Linken und würde - um das mindeste zu sagen - nicht unbedingt auf Unterstützung einer Kreml-Führung rechnen können, die aus wirtschaftlichen und politischen Eigeninteressen vermutlich lieber kooperative kapitalistische Regimes vor der Haustür hätte.«

VII.

Die Mehrheit der Deutschen hat sich nach 1945 strikt geweigert, die Ursachen des Nationalsozialismus zu ergründen bzw. zu überwinden. Statt dessen haben sich nach und nach immer mehr Bundesdeutsche mit der Spaltung ihres Landes abgefunden. Das zynische Konzept Konrad Adenauers hieß letztlich: Spaltung statt gesellschaftliche Neuordnung. Der SPD-Vorsitzende Kurt Schumacher beharrte dagegen auf direkten gesamtdeutschen Wahlen und wollte mit Hilfe der Stimmen der Industriearbeiterschaft in den traditionellen sozialdemokratischen Hochburgen in Sachsen, Thüringen und Berlin bzw. Brandenburg die absolute Mehrheit in der verfassunggebenden ersten Nachkriegsvolksvertretung gewinnen, um so sein Konzept einer Umgestaltung der privatkapitalistischen Wirtschafts- und Gesellschaftsordnung durchzusetzen. Die Christdemokraten verdrängten statt dessen die jüngste braune Vorvergangenheit und setzten auf Westorientierung, Wiederbewaffnung und Kapitalismus.

Die SPD wurde von dieser Entwicklung geradezu überrollt und verlor eine Bundestagswahl nach der anderen. Das Gros der Westdeutschen wollte Auschwitz und Stalingrad vergessen, die Spuren des Krieges tilgen, ihre Häuser - als sei nichts gewesen - wieder aufbauen und konsumieren. Und so bemühte sich nach der erneuten schweren Niederlage der SPD bei der Bundestagswahl im September 1957 nun auch die Parteiführung - wie der undogmatische Soziologe Theo Pirker schreibt - um eine »programmatische Eingliederung« der Sozialdemokratie in die »herrschende Ideologie der Bundesregierung«.

Seitdem ist die Last der jüngsten deutschen Geschichte zu ungunsten der Bevölkerung der DDR verteilt. Die Bundesrepublikaner traten - so Heinrich August Winkler - mittlerweile aus »Bismarcks Schatten« und richteten sich jenseits von Bebel und Schumacher in ihrer erweiterten Rheinprovinz ein. Eine Friedens- und Koexistenzpolitik, die das Selbstbestimmungsrecht in Mittel- und Osteuropa als gegenwärtig nicht zu realisierendes Ziel ausblendet, läuft jedoch Gefahr, nur noch vom geopolitisch-strategischen Denken bestimmt zu werden.

VIII.

Seit 1967/68 bildete sich in der Bundesrepublik eine vielfältige antiautoritäre Protestkultur heraus: Studentenbewegung, Frauenbewegung, Friedens- und Anti-Kernkraft-Bewegung, diverse Bürgerinitiativen, Dritte-Welt-Gruppen, alternative Szene, Hausbesetzerbewegung usw. usf. Das Auf und Ab dieser massenwirksamen Bewegungen hat die politische Kultur der Bundesrepublik stark verändert. Aber auch in der DDR entstand seit 1976 eine lebendige Protestkultur. Ihr Motto drückte Stephan Krawczyk folgendermaßen aus: »Leben ist von kurzer Dauer / Keine Zeit mehr für Verzicht.« Dieses Credo gilt für die Protestbewegungen im Osten wie im Westen: gesellschaftliche Reformen, persönliche Freiheit und expressive Sinnlichkeit hier und jetzt. Die gibt zur Hoffnung Anlaß, daß das antiautoritäre Denken in Ost und West sich so verbreitet, daß die autoritären Traditionen in Deutschland schließlich nicht mehr ein dominierendes Merkmal der politischen Kultur darstellen. Dann würden sich sicher Wege finden, die deutsche Frage zu überdenken.

Aus: Die Neue Gesellschaft/Frankfurter Hefte, 35. Jg., Heft 4, April 1988, Seite 366 ff.

Information über Gespräche von Bischof Schönherr/ Berlin mit dem Bundeskanzler der BRD, Schmidt, und dem Außenminister der BRD, Genscher

Inoffiziell wurde bekannt, daß Bischof *Schönherr* am 16. 7. 1981 in der BRD mit dem Bundeskanzler der BRD, *Schmidt*, und mit dem Außenminister der BRD, *Genscher*, zu Gesprächen zusammentraf.

Das Gespräch mit Bundeskanzler *Schmidt* fand am 16. 7. 81 in der Zeit von 11.00-12.30 Uhr im Bundeskanzleramt in Bonn statt.

An dem Gespräch nahmen außerdem von seiten der BRD teil:
- der Staatsminister im Bundeskanzleramt *Huonker*
- der Leiter für sog. Deutschlandpolitik im Bundeskanzleramt *von Richthofen*
- der Beauftragte der »Evangelischen Kirche Deutschlands« (BRD) bei der Bonner Regierung Prälat *Binder*

sowie Bischof *Schönherr* und Oberkonsistorialrat *Stolpe*.

Nach einer kurzen Einleitung durch *Schmidt*, daß es für ihn sehr wichtig sei, immer wieder mit den verschiedensten Persönlichkeiten das Gespräch zu suchen, äußerte er sich zur Entwicklung in der VRP.

Er vertrat die Auffassung, daß die Ursachen der jetzigen Situation darin liegen, daß durch die Parteiführung der VRP eine unvernünftige Wirtschaftspolitik gemacht wurde. Diese würde die Bundesrepublik und auch England, vor allen Dingen deren Großbanken, in erhebliche Schwierigkeiten bringen. Die Großbanken der Bundesrepublik und auch Englands seien durch die Regierungschefs zu enormen Krediten für die VRP angeregt worden, jetzt könnten jedoch durch die VRP nicht einmal die Zinsen bezahlt werden. Dies brächte die Banken in echte Schwierigkeiten und durch sie wiederum rückwirkend politischer Druck auf die Regierungen in Bonn und London.

Für *Schmidt* sei verblüffend, wie wenig die Politiker in Polen von Ökonomie verstehen. Sie seien trotzdem so unverschämt, ständig neue Kuriere und Experten in die BRD zu schicken und weitere Geldforderungen zu erheben, ohne zu überlegen, wie sie die Rückzahlungen realisieren können.

Schmidt brachte sein Unverständnis darüber zum Ausdruck, daß jetzt alles auf die Person *Gierek* geschoben würde. Das sei ehrlos. Er kenne *Gierek* als einen honorigen Mann, der allerdings nichts von Ökonomie verstünde. *Gierek* habe in einem Gespräch vor 2 Jahren voller Stolz von neuen Werken berichtet, die in der VRP mit Investitionen aus Westeuropa und den USA errichtet wurden.

Schmidt habe *Gierek* gefragt, ob er denn für diese neuen großen Betriebe auch Aufträge besitze. *Gierek* habe dargelegt, daß er Aufträge vor allem von Bulgarien und Rumänien besitze. Darauf *Schmidt*: Ob *Gierek* denn Aufträge besitze, die Devisen bringen? Warum Devisen, habe *Gierek* geantwortet, Hauptsache, wir produzieren. Daraus habe *Schmidt* die Erkenntnis gewinnen können, daß *Gierek* keine Ahnung von ökonomischen Problemen habe und daß seine Naivität beängstigend war. Das liege jedoch nicht an *Gierek* allein, sondern am System, und dieses System funktioniert eben bisher nur bei den Preußen und Sachsen.

Unter der jetzigen Führung schafft es die VRP nicht so schnell, aus dieser Krise herauszukommen. Auch *Kania* könne das nicht. Allerdings wüßte er im Moment keinen Besseren als *Kania*.

Schmidt brachte weiter zum Ausdruck, daß er es richtig findet, was *Felfe* in Warschau auf dem Parteitag gesagt hat.

Schmidt wörtlich: »Ihr habt allen Grund Eure Politik zu loben, sie funktioniert bei Euch und wenn das so ist, muß man das auch voller Stolz dem anderen sagen.«

Schmidt äußerte sich weiterhin, daß er die sachliche Haltung der SED zur VRP, die durchgängig von den Äußerungen des Genossen *Honecker* auf dem X. Parteitag bis hin zu dem jetzigen Auftreten von *Felfe* in der VRP zu erkennen ist, gut findet.

Für ihn sei erstaunlich, was die kleine und an Rohstoffen arme DDR an Geld zusammenkriegt, um Polen zu helfen. (In diesem Zusammenhang wurde er von Bischof *Schönherr* über in der Presse der DDR veröffentlichte Einzelheiten über Hilfsmaßnahmen der Regierung der DDR informiert, die er nicht so im Detail kannte).

Schmidt sagte weiter, daß er in Sorge darüber sei, was passiere, wenn in der VRP Ruhe und Ordnung doch nicht eingehalten werden können und »marschiert werden muß«. Das sei für Europa ganz schlimm, denn die Stimmung in Europa, besonders aber in den skandinavischen Ländern, in England, Frankreich sei sehr propolnisch, entsprechend den sich dort abzeichnenden demokratischen Veränderungen. Und sollten alle Töpfe aus dem Schrank fallen, muß die Frage der Vertragspolitik gestellt werden. Das sei eine Frage, ob es politisch weitergehen kann, obwohl es weitergehen muß.

Schmidt wollte wissen, ob sich die DDR dabei raushalten könne. *Schönherr* vertrat die Auffassung, daß das nicht geht, denn die DDR sei wie die anderen sozialistischen Länder im Warschauer Pakt fest integriert.

Schmidt äußerte weiter, daß er es verstehen könne, wenn sich die Sowjetunion engagiert, denn sie muß als Führungsmacht ihren Laden reinhalten. Aber wenn sich die DDR einmischt, wenn sich »Deutsche« einmischen, dann gäbe es absolutes Unverständnis. Bischof *Schönherr* vertrat in diesem Zusammenhang die Auffassung, daß er einen solchen Umstand des »Einmischens« nicht sieht und daß er der Meinung ist, daß sich die Polen selbst aus dieser Misere heraushelfen.

Schmidt vertrat zu diesem Komplex der Aussprache abschließend den Standpunkt, daß er überzeugt davon sei, daß der Spielraum der Führung der DDR gegenüber der Sowjetunion und dem Lager der sozialistischen Staaten stärker sei, als allgemein angenommen wird. Das hänge zusammen mit der Einheitlichkeit und Geschlossenheit des Politbüros, damit stehe und falle alles.

Zum nächsten Gesprächskomplex, dem Besuch von Bundeskanzler *Schmidt* in der DDR, sagte *Schmidt*, daß er bereit ist zu Protokoll zu geben, daß er an einem Besuch in der DDR ernsthaft interessiert ist und dafür keine Vorbedingungen stellt. Seine Auffassung widerspräche der der CDU, die darauf bestünde, Vorbedingungen zu stellen und Regelungen vorher zu treffen.

Schmidt bestünde nicht mehr auf Rostock und wäre bereit, Modalitäten vorher vernünftig zu klären und die Presse weitestgehendst bei den Vorbesprechungen herauszulassen.

1980 sei er durch die Presse in Zugzwang gekommen, und die Absage des Besuchs täte ihm heute noch leid. Das sei aber im Vorfeld der Wahlen nicht anders machbar gewesen, und er habe sich nicht mehr revidieren können.

Für *Schmidt* sei ein Besuch der DDR nicht vor dem Besuch des Genossen *Breschnew* in der BRD denkbar, danach allerdings machbar. Wichtig wäre zur Vorbereitung seines Besuches in der DDR, daß humanitäre Maßnahmen gut und vernünftig weitergehen (Familienzusammenführungen, Haftentlassungen in die BRD), daß Reiseerleichterung für DDR-Bürger in das westliche Ausland ins Auge gefaßt werden und daß der Mindestumtausch verändert wird, keine Veränderungen des Satzes an sich, aber Veränderungen bei Härtefällen, für Kinder und Rentner. Es müßte eine modifizierbare Regelung gefunden werden.

Im Verlaufe des Gesprächs, das im wesentlichen von *Schmidt* bestritten wurde, wollte *Schmidt* lediglich zwischendurch immer eine kurze Meinungsäußerung zu den aufgeworfenen Fragen und Problemen von *Schönherr* hören.

Schönherr trat sachlich und korrekt auf.

Von den anwesenden Gesprächsteilnehmern wurden außer allgemeinen kurzen Zwischenbemerkungen keine bemerkenswerten Äußerungen gemacht.

Das Gespräch mit Außenminister *Genscher* fand am 16. 7. 81 in der Zeit von 16.15–17.30 Uhr in der Wohnung von *Genscher* in dem Dorf Pech bei Bonn (Einfamilienhaus) statt.

An dem Gespräch nahm außer *Genscher* teil,

- der Mitarbeiter im Außenministerium der BRD, von BRD *von Braun*
- der Beauftragte der »Evangelischen Kirche Deutschlands« bei der Bonner Regierung, Prälat *Binder*, sowie
- Bischof *Schönherr* und Oberkonsistorialrat *Stolpe*.

Das Gespräch war nicht so flüssig wie bei *Schmidt*, und anfangs wurde ein allgemeiner Dialog zwischen *Genscher* und *Schönherr* geführt über die Stadt Halle, die Lutherstätten im Bezirk Halle, die Einreisen von *Genscher* in die DDR, wobei er stets korrekt behandelt worden sei, seine verwandtschaftlichen Beziehungen in den Bezirk Halle, seine persönlichen Beziehungen zum Konsistorialpräsidenten *Krause*/Magdeburg, mit dem er gemeinsam studiert hat, und seine persönlichen Beziehungen zum alten Oberkonsistorialrat *Grünbaum*/Brandenburg, den er von früher her kennt.

Danach ging *Genscher* ein auf die Situation in der VRP. Er berichtete über eine Episode, die er beim letzten Zusammentreffen mit dem Staatsoberhaupt der VRP, *Jabłoński*, hatte.

Jabłoński habe sich *Genscher* gegenüber über die Preußenrenaissance beklagte. *Genscher* habe darauf geantwortet, daß er diese Preußenrenaissance positiv sehe. Darauf *Jabłoński*: »Ich meine ja gar nicht die BRD.«

Genscher vertrat den Standpunkt, daß sich der Weltwirtschaftsgipfel in Ottawa auch mit der Situation in der VRP beschäftigen müsse. Er sei nicht der Auffassung, daß die Sowjetunion gegenwärtig beabsichtige, gewaltsam in der VRP einzugreifen, die DDR sowieso nicht.

Seine Auffassung bestünde darin, daß man, was die VRP angehe, in den nächsten Jahren mit Unruhen leben müsse. An eine Regelung sei vorher nicht zu denken. Sein Standpunkt sei, daß es für Europa erforderlich sei, die in Helsinki festgelegten Konzeptionen unter den komplizierter gewordenen Bedingungen fortzusetzen. Dazu müssen erneut klare Aussagen getroffen werden. Diese klaren Aussagen solle man aber nicht gegenseitig verlangen, ohne miteinander zu reden. Das habe ihm sein Besuch 1980 in Moskau verdeutlicht. Es sei für ihn gut gewesen, das gesamte Politbüro der KPdSU kennenzulernen und einzelne Gespräche zu führen. Diese Gespräche müßten unter allen Ländern und auf allen Ebenen stattfinden. Es sei gut, wenn verschiedenste Leute miteinander reden. Er würde sich z. B. sehr gern mit *Axen* unterhalten wollen, den er ob seiner unbefangenen und sachlichen Aufgeschlossenheit lobte. Er möchte gern einmal mit ihm streiten. Es sei schade, daß dies nicht machbar wäre.

Seine Gespräche mit dem Außenminister der DDR, *Fischer*, beurteilte er positiv, auch wenn es nur gelegentliche Wortwechsel bei der UNO seien, wäre das nützlich.

Genscher sei nicht für die Politik gegenüber der DDR zuständig, das sei Aufgabe des Bundeskanzlers. Aber auf Grund seiner Tätigkeit als Außenminister sei er immer wieder nach seiner Meinung befragt worden, das vor allem in der letzten Zeit in den Gesprächen mit England und Frankreich. Beide Länder würden sehr abhängig sein von der Meinung der BRD und in ihren Beziehungen zur DDR sich von *Genschers* Meinung leiten lassen.

Er vertritt den Standpunkt, daß die deutsch-deutsche Politik der Instrumentenkasten sei, mit dem in Europa die Sicherung des Friedens möglich gemacht und noch mehr dazu getan werden könne. Vor allem die DDR müsse Signale setzen. Er denke an die deutliche Herabsetzung des Reisealters (evtl. bis zu 40 Jahren), was für die westeuropäischen Länder eine unerhörte Geste sei und erhebliche Bewegungen in Gang setzen würde.

Genscher sprach sich für einen Besuch in der DDR aus, ohne darüber Einzelheiten anzuführen.

Genscher hatte die Absicht, durch Bischof *Schönherr* die Meinung zu seinen Äußerungen zu hören, und er wollte mit dem Gespräch einen Kontakt zur größten DDR-Kirche herstellen, den er in der Zukunft weiter zu nutzen beabsichtigt.

Nach diesen beiden Gesprächen kam es, zeitlich bedingt, zu einer kurzen Einschätzung der Gespräche durch den Beauftragten der EKD bei der Bonner Regierung, Prälat *Binder*, Bischof *Schönherr* gegenüber.

Binder schätzte ein, daß sowohl Schmidt als auch *Genscher* interessiert waren an Informationen aus erster Hand, an Informationen, die ihren Auffassungen zufolge ungeschminkt, sachlich und korrekt sind.

Die Situation in den USA, das Verhältnis zum Präsidenten der USA, *Reagan,* und die Nachrüstungspolitik seien absichtlich nicht angesprochen worden, weil sie weh tun. Die Situation dazu würde eher schlimmer als besser.

Binder schätzte ein, daß *Schmidt* nach wie vor von sich sehr eingenommen sei, der beherrsche, könne und wisse alles, sei allerdings in der letzten Zeit etwas amtsmüde.

Genscher dagegen will mehr, sei auch bereit, mit der CDU/CSU eine Koalition einzugehen. *Genscher* wäre sehr konzentriert und trotzdem gelassen. Er würde sich weiter aufbauen und ist an seinem Image interessiert.

Die knappen und kurzen Darlegungen von Bischof *Schönherr* seien für *Schmidt* und *Genscher* Bestätigung der richtigen Auffassungen in ihren Positionen zur DDR gewesen.

Bemerkung:
Bundeskanzler *Schmidt* hat Bischof *Schönherr* aufgefordert, über den allgemeinen Gesprächsinhalt die staatlichen Stellen der DDR zu informieren, ohne daraus eine Verhandlungslinie zu machen. Verhandlungen mit der DDR würden andere Stellen und Einrichtungen führen. Bischof *Schönherr* hat Oberkonsistorialrat *Stolpe* beauftragt, am 20. 7. 81 den Staatssekretär für Kirchenfragen, Genossen Gysi, zu informieren, da er selbst bereits am 20. 7. 81 zu einer Dienstreise in die Sowjetunion fährt.

Die Information kann wegen Quellengefährdung offiziell nicht ausgewertet werden.

Aus: Ralf Georg Reuth, IM »Sekretär«. Die »Gauck-Recherche« und die Dokumente zum »Fall Stolpe«, Berlin 1992 (2. Aufl.), S. 227 ff.

DOKUMENT 4

Gespräch mit Dieter Klein und Michael Brie

Das Scheitern des humanistischen Sozialismus

Das Gespräch führten Peter Glotz und Tilman Fichter im Februar 1992 in Berlin.

Peter Glotz: Sagen Sie doch bitte in ein paar Sätzen Ihre Biographie.

Michael Brie: Ich bin 1954 in Schwerin geboren, mein Vater war in der jüdisch-kommunistischen Emigration in England, meine Mutter aus einer bürgerlichen Familie, sie war nach 1945 in der FDJ in Westdeutschland in Schleswig-Holstein aktiv gewesen, hat dann 1949 geheiratet. Mein Vater war danach im diplomatischen Dienst. Ich selber war eineinhalb Jahre bei der Armee. Von 1974 bis 1976 habe ich in Leningrad studiert, danach an der Humboldt-Universität promoviert und habilitiert und mich dann mit der Geschichte der sozialistischen Ideen und reformsozialistischen Gedanken aus Ungarn, der Tschechoslowakei, aber auch - aus den sechziger Jahren und dann siebziger, achtziger Jahren - in der Sowjetunion beschäftigt und zur Gesellschaftsreform gearbeitet.

Peter Glotz: Sie haben einen Lehrstuhl . . .

Michael Brie: . . . für Sozialphilosophie.

Dieter Klein: Geboren 1931, Großvater Jude, die sozialen Verhältnisse nicht sonderlich komfortabel in der Kindheit. 1945 daher relativ bewußt schon erlebt und wahrgenommen als Neubeginn einer demokratischen und antifaschistischen Entwicklung. Studium an der Humboldt-Universität 1951 bis 1955, u. a. bei solchen Lehrern wie Johannes-Lorenz Schmidt, dem Mann von Anna Seghers, der in Spanien gekämpft hatte, dann im Lager LeVerné interniert war und später nach Mexiko emigrieren konnte, Jürgen Kuczynski, der aus der englischen Emigration zurückkam, usw. Relativ früh promoviert und habilitiert, Direktor des Instituts für politische Ökonomie, mehr als zehn Jahre. Das Institut wurde zur Keimzelle der Demographie in der DDR zu einer Zeit, da diese Disziplin als ausgemacht biologistische Abirrung galt, dann auch zu einem Ausgangspunkt der DDR-Soziologie, die damals ebenfalls als bürgerlich und also als bedenklich galt. So wurde ich selbst nach der Durchsetzung solcher Wissenschaftsentwicklungen verdächtig, mit verschiedenen Disziplinen umgehen zu können, ein Hintergrund für die spätere Funktion als Prorektor für Gesellschaftswissenschaften der Humboldt-Universität.

Ich denke, außer dem erstarrten Verhalten derer im Zentrum der Macht gab es *drei* Möglichkeiten des Verhaltens in der DDR: Rückzug in die berühmten Nischen, frontale Systemopposition derer, vor denen ich großen Respekt habe, und das Verhalten einer weiteren Spezies, zu der ich mich rechne. Ich meine jene, die in der Absicht, eine humanistische Gesellschaft mitzugestalten, in diese hineingewachsen waren, Verantwortung übernahmen, dann mehr und mehr erkannten, wie kritikbedürftig diese Gesellschaft war, selbst eine reformkritische Position einnahmen, dabei aber die Tiefe der strukturellen Grunddefizite lange Zeit verkannten. Solche Haltung hat Ambivalenzen. Wenn man dazu neigt, in einem System reformorientiert zu operieren, heißt das ja immer, auch an seiner Reproduktion beteiligt zu sein, eben nicht den totalen Bruch zu vollziehen, wenn man es so ausdrücken will: Kompromisse mit der Macht einzugehen. Gegenwärtig Hochschullehrer im Fachbereich Sozialwissenschaften für ökonomische Grundlagen der Politik.

Glotz: Sie gelten beide als enge Berater der jetzigen Führung der PDS. Ist das richtig?

Klein: Nein, das trifft nicht zu. Richtig ist, daß wir im Herbst 1989 – wenn auch mit Zweifeln – hofften, daß der Umbruchprozeß eine Chance sein könnte, zu einem wirklich humanistischen, demokratischen Sozialismus zu kommen, eine Chance, unsere reformkritischen Positionen doch noch zur Geltung zu bringen. Dies stellte sich dann schnell als illusionär heraus. Aber zunächst führte diese Hoffnung zu programmatischen Vorstellungen für die PDS.

Glotz: Sie waren aber eher für eine Neugründung der Partei, wenn ich das richtig verstanden habe . . .

Klein: Ja, zu dieser Auffassung kam ich innerhalb weniger Wochen. Nachdem ich wie andere in meiner Umgebung zu den Organisatoren der Demonstration vor dem Gebäude des damaligen Zentralkomitees der SED gegen ihre Führung und gegen deren nicht einmal halbherzige Anpassungsversuche gehört hatte, führte dies dazu, daß ich nach dem Rücktritt des Zentralkomitees für 14 Tage in den Ausschuß geriet, der einen außerordentlichen Parteitag vorzubereiten hatte. Wir kamen in die entfremdete, gespenstisch anmutende, unwirkliche Atmosphäre dieses riesigen Hauses, in bewußter Distanz zu dem noch präsenten gelähmten Apparat, besorgt um einen weiter friedlichen Verlauf des Umbruchs in der kurzen Phase eines Machtvakuums und in einer absolut chaotischen Situation suchend nach alternativen programmatischen Positionen in Abgrenzung von der Dogmatik der SED - dies innerhalb von zwei Wochen. Die SPD hat ja etwas länger gebraucht für ihr Grundsatzprogramm. - Etwa im Januar dann wußten wir definitiv, daß die grundsätzlich innovationsfeindlichen, individualitätszerstörenden und ineffizienten Strukturen des Staatssozialismus und die Erbitterung der Menschen über seine Resultate die von uns seit Jahren angestrebte demokratische Erneuerung von Partei und Staat ausschlossen.

Fichter: Aber Sie haben doch einen Vorschlag gemacht. Der Vorschlag lief darauf hinaus, die SED aufzulösen und eine ganz neue Partei aufzubauen. Und dieser Vorschlag ist doch nicht angenommen worden. Ist das richtig?

Brie: Ende Januar, um den 20. Januar 1990, fand eine zentrale Diskussion dazu statt im Vorstand, dem ich damals angehörte und an der Dieter Klein als Gast teilnahm. Wir haben den Vorschlag eingebracht einer Auflösung und damit generellen Übereignung des Vermögens der SED-PDS in Staatseigentum und einer Neugründung, die von Gysi und anderen Leuten ausgehen sollte. Das wurde mit Mehrheit, mit 90 %, abgelehnt. Damals bin ich aus dem Vorstand ausgetreten. Was die Beziehungen zur PDS betrifft, haben wir uns bewußt nicht für den politischen Weg entschieden. Natürlich bin ich persönlich an den programmatischen Diskussionen in der PDS beteiligt, aber nicht mit der unmittelbaren Politikberatung der PDS befaßt.

Glotz: Eine Reformposition, wie Sie sie einzunehmen versucht haben über eine ganze Reihe von Jahren, hatte ja nur Zweck, wenn man davon ausging, dieser Staat wird nicht kaputtgehen. Von welchem Zeitpunkt ab hatten Sie denn den Eindruck, daß die Weiterexistenz der DDR als Staat - beispielsweise auf Grund der ökonomischen Probleme - gefährdet war?

Klein: Das war ein längerer Prozeß. 1970 begann ich mit dieser Frage ernsthaft umzugehen; im Zusammenhang mit der Vorbereitung des VIII. Parteitags. Ich kam damals in einer Arbeitsgruppe zu der Auffassung, daß die technokratische Strategie, zentralistisch gelenkt durch technische Entwicklungen, das Produktivitätsniveau der westlichen

Industrieländer und ähnliche Konsummuster zu erreichen, nicht funktionieren würde. Gemeinsam mit anderen entwickelte ich den Standpunkt, daß die einzige - wenn auch kleine - Chance in dem Versuch einer demokratischen, humanistisch-sozialistischen Kulturgesellschaft liegen könnte. Entsprechende Entwürfe existieren noch.

Produktivitätssteigerung also durch starke Orientierung auf Bedingungen kreativer Persönlichkeitsentwicklung, durch eine entsprechende politische Kultur in der Kombination mit der Einlösung sozialer Grundbedürfnisse. Sicherlich war auch das damals illusionär, besonders mit Blick auf die Bindung an die Sowjetunion und deren Verfaßtheit. Aber zu diesem Zeitpunkt begannen bei mir Distanzen zu den üblichen Vorstellungen.

Wirklichen Zweifel, ob der Sozialismus überhaupt weiter existieren würde, hatte ich erst spät, insbesondere als sich ab 1986/87 abzeichnete, daß die ökonomischen Reformen in der Sowjetunion überhaupt nicht in Gang gerieten. Ich begann dann auch, in großen Vorlesungen an der Humboldt-Universität öffentlich und mit detailliertem Zahlenmaterial auf die Niedergangsprozesse in der DDR-Wirtschaft hinzuweisen.

Aber ich muß sagen, auch in dieser Zeit noch mit der Hoffnung - nicht mehr Überzeugung -, daß doch noch eine Aufnahme von Impulsen der Perestroika trotz aller unübersehbaren Verkrustungen der Führung durchsetzbar sein könnte.

Fichter: Aber Sie müssen doch als Ökonom darüber nachgedacht haben, was politisch passiert, wenn die Produktivkräfte nicht modernisiert werden.

Klein: Natürlich habe ich darüber nachgedacht, kritische Projekte gefördert und mich selbst daran beteiligt. Doch ich gebe ja freimütig zu, daß in diesem Beharren auf der Möglichkeit einer humanistisch-sozialistischen Alternative auch dieses, wie Ulrich Beck schrieb, »allgemeingültigste Denkgesetz der Geschichte« drinsteckt, ein Geist der Beharrung und der Neigung, sich grundsätzlichen Brüchen mit bisherigen Verläufen, Tendenzen oder eigenen Anschauungen nur schwer zu öffnen. Dies wurde dadurch noch bestärkt, daß eine radikale Alternative stets gleich zum Verschwinden der DDR als Staat und zu einem vollständigen Aufgehen in der kapitalistischen Moderne tendierte. Und ich sehe auch dort gravierende Menschheitsprobleme als ungelöst an.

Glotz: Sie meinen jetzt, was den Westen betrifft, z. B. die ökologische Gefährdung und ...

Klein: Ja, zum Beispiel. Und ich beobachte - durchgerüttelt und sensibilisiert durch die elementare Erfahrung des trotz aller im Lauf der Jahre entstandenen kritischen Distanz doch nicht erwarteten politischen Untergangs eines ehedem mächtigen Gesellschaftssystems - auch im Westen vielfach die Mentalität des »Weiter so«, die Unfähigkeit zu erfassen, daß globale Gefährdungen und innere Defizite selbst in den westlichen Zentren des Weltsystems tiefgreifende Brüche zu einer anderen Moderne herausfordern.

Glotz: Michael Brie, wann haben Sie diese Implosion, die da stattgefunden hat, wahrgenommen?

Brie: Erstens gab es das Trauma von 1953, d. h. die Befürchtung, daß, wenn es zu einer ernsthaften politischen Krise in diesem Lande kommt, die die Massen auf die Straße bringt, dann dieser Staat als Staat gefährdet sei. Das hat jeder gewußt, und daher ja auch die zwei berühmten Fragen: die erste - welches ist die Legitimationsgrundlage dieses Staates, und zweitens, war dieser Staat nicht in hohem Maße angewiesen darauf, daß er von seiner Bevölkerung in bestimmtem Maße toleriert wurde? Insofern gab es ja auch die Frage nach einem anderen Sozialismus, die Frage nach einer *nicht* ökonomischen Legitimationsgrundlage und Bindung der Bevölkerung.

Glotz: ... kann man die Menschen binden - unabhängig von ökonomischen Strukturen?

Brie: Nein. Seit Ende der siebziger Jahre gab es Versuche, auf die Mikroelektronik umzusteigen, also eine bestimmte Modernisierung. Diesen Versuch habe ich damals mit der Hoffnung verbunden, daß politische und geistige Reformen damit verbunden werden. Das wurde auch ernsthaft diskutiert - in bestimmten Kreisen -, aber schnell wurde klar, daß diese Modernisierung rein technokratisch-herrschaftssichernd gemeint war und auch so durchgesetzt wurde. Und '83, '84, '85 spätestens, würde ich sagen, war offensichtlich, daß diese einseitige Strategie gescheitert war.

Klein: Es gab dann so bestimmte Schnittpunkte. Da war z. B. die Reaktion der Führung auf den Widerstand der Jugend, der Studenten, gegen das Pfingsttreffen; da war das Verbot der Zeitschrift SPUTNIK - Phänomene, die die extreme Erstarrung besonders deutlich machten.

Fichter: Das war die eine Seite. Die andere Seite ist, daß ab Frühjahr 1988 klar ist, daß ein Teil der jungen Generation keine Angst mehr hat in der DDR und sich nicht mehr einfach nach Hause schicken läßt. Haben Sie das überhaupt zur Kenntnis genommen?

Klein: Ich habe Einladungen kritischer Gruppen im Kirchenraum, z. B. in Köpenick, zu Gesprächen wahrgenommen, in denen es sehr hart zuging. Und da war z. B. etwa drei Wochen nach der bekannten Gewaltanwendung gegen Teilnehmer der Liebknecht-Luxemburg-Demonstration ein ökumenisches Symposium der Theologen an der Humboldt-Universität mit Erhard Eppler als Redner zum Thema »Kultur des Dialogs« vorgesehen. Die Öffentlichkeit aus dem kirchlichen Bereich war eingeladen. Die oberen Leitungen empfanden irgendwie die Brisanz des Widerspruchs zwischen dem Thema des Symposiums und der praktizierten Staatsgewalt. Es kostete schon einige Standfestigkeit der Veranstalter und auch Mühen, um ihnen den Rücken für die Durchführung dieser Veranstaltung gegen obrigkeitlichen Druck freizuhalten.

Brie: Aber ich würde sagen, das Problem ist nicht so sehr die Angst gewesen. Es wurde völlig offen über die Ablösung von Honecker in breitesten Kreisen diskutiert. Die Legitimation der Honecker-Regierung war seit '86 untergraben, '87, '88 war sie endgültig weg.

Glotz: Für wie groß haben Sie die Strömungen in der SED gehalten, die eine derartige Politik tragen würden? Ich verbinde das jetzt mal mit dem . . .

Brie: Ich nehme an, daß eine breitere Elite - in dem Bereich, in dem ich zu tun hatte, - also in der Wirtschaft, in der Kultur und Wissenschaft, im Staatsapparat, aus sehr unterschiedlichen Erwägungen, seit '86/'87 für einen Führungswechsel und für sehr unterschiedliche Reformen gewesen ist.

Fichter: Warum ist dann Honecker nicht von den Reformkommunisten abgesetzt worden? Die Frage ergibt sich doch, wenn das eine so breite Strömung in der Partei war, Gorbatschow hätte sympathisiert mit einem Machtwechsel. Warum haben die Reformkommunisten dann bis 5 nach 12 gewartet?

Brie: Gorbatschow war nicht bereit, auch nicht fähig, sozusagen selber in die SED einzugreifen. Das hat er nicht gemacht.

Fichter: Warum habt ihr es nicht gemacht?

Glotz: Gorbatschow wollte doch wohl eine Veränderung der Führungsstruktur, also sozusagen, Illiescu und nicht mehr Ceauçescu, Modrow und nicht mehr Honecker.

Brie: Das war vielleicht seit '88, frühestens seit '88.

Fichter: Aber da hätte es doch jetzt genug Zeit gegeben zu handeln.

Klein: Ich denke mir, daß da ein Unterschied ist. Immerhin war Gorbatschow aus der Führung selbst hervorgegangen und konnte die zentralistischen Strukturen von der Zentrale ausgehend für die Einleitung einer Reform von oben nutzen. Dies war in der DDR überhaupt nicht so. Es gab im Politbüro, dem eigentlichen Machtzentrum, nicht eine einzige Figur, die in der Lage gewesen wäre, diese Gedanken aufzunehmen. Die Führungsschicht darunter war ohne entschlossene charismatische Gestalten. Man fand zwar Abteilungsleiter, die sich dessen bewußt waren, daß Wandel kategorisch notwendig war, aber sie hielten ihn nur für möglich »nach biologischen Ereignissen« in der obersten Führungsschicht. Aus der etwas unterhalb der Führungsschicht befindlichen Ebene des Apparates konnte der Wandel auch nicht kommen. Die Intellektuellen waren reduziert durch Abwanderungen in den Westen und z. T. blockiert dadurch, daß sie die Option auf etwas anderes als die Bundesrepublik nicht aufgeben wollten. Und sie waren auch nicht derartig etabliert in der Politik, daß sie sich realistisch hätten zutrauen können, eine Politik zu machen, die ohne das Risiko des totalen Chaos würde ablaufen können. Jedenfalls schätzten wir dies so ein. Und vermutlich fehlte auch das Format, daß muß ich auch dazu sagen.

Glotz: Wie groß war der Einfluß der schwachen, um die protestantische Kirche herum organisierten Oppositionsbewegungen, wie schätzen Sie den ein?

Brie: Noch mal eine Bemerkung, wieso es nicht gelungen ist. *Erstens:* Es ist ein Grundmerkmal der kommunistischen Bewegung, keine Oppositionsbildung in den eigenen Reihen zuzulassen. Man konnte ein kritisches Individuum sein, aber man durfte sich nicht gemeinsam mit anderen als Gruppe formieren. Das hat jede Fähigkeit zu einer Oppositionsbildung immer wieder blockiert. Man konnte über vieles reden, aber man durfte sich nicht mit anderen dazu vereinen. Wir haben das ja noch im August/September 1989 versucht, selbst da war es nicht möglich, mit ZK-Mitgliedern eine Opposition, eine Fraktion zu bilden. Irgend eine selbst zaghafte Gruppenbildung war ausgeschlossen. *Zweitens:* Der Versuch, in irgendeiner Weise von unten die

Führung zu stürzen, war nach dem Trauma '53 mit dem Problem behaftet: Wer in der DDR die Zentralstruktur zerstört, der führt ein machtpolitisches Vakuum herauf, das durch die DDR von innen heraus wahrscheinlich nicht zu füllen ist. Der riskiert die Existenz der DDR.

Fichter: D. h. aber doch, daß die Angst vor dem eigenen Volk so groß war, daß ein Sturz von Honecker vom Reformflügel ausgeschlossen wurde?

Brie: Vor einem Sturz, der eine offene Opposition verlangt hätte, gab es Angst, nicht vor einer Ablösung. Was heißt Angst vor dem Volk, also zumindest ...

Fichter: Der 17. Juni ist die Angst vor dem Volk ...

Brie: ... Es gab die Angst, daß man selber so schwach ist, daß es keine Kräfte gibt, die eine Hegemonie aus der DDR selber herstellen. Ein System, das die Herausbildung autonomer aktionsfähiger Kräfte blockiert, hinterläßt bei seinem Zusammenbruch eine Leere.

Glotz: Ich sage es jetzt einmal zugespitzt: Die SED, genauer: eine Reformgruppe in der SED hat das Volk der DDR realistischer eingeschätzt als die Oppositionellen. Denn die Oppositionellen haben ja geglaubt, für eine bestimmte Form von demokratischem Sozialismus eine Mehrheit im Volk zu haben, in Wirklichkeit hatte Helmut Kohl eine Mehrheit. Dies haben Sie auch so eingeschätzt?

Klein: Wir haben geglaubt, daß, wenn es einen abrupten Bruch gäbe, der alle Machtverhältnisse schlagartig in Frage stellt, dies zugleich jeglichen Sozialismus selber liquidieren würde. Ich würde das für mich nicht interpretieren als Angst vor dem Volke, aber als die Einschätzung: Dann ist die Chance, aus diesem mißlungenen Sozialismus die Tendenz zu einem wirklichen zu machen, weg. Das blockierte.

Glotz: Wir haben jetzt den Zusammenbruch der DDR analysiert. Jetzt geht es um die Modernisierung des neuen deutschen Gesamtstaates und um das Zusammenwachsen. Sie haben in Ihren Schriften der letzten Zeit mehrfach davor gewarnt, daß eine nachholende Modernisierung nicht ausreicht, sondern daß man nicht aus der DDR – man könnte genau so sagen aus der Tschechoslowakei, aus Ungarn, aus Polen – einfach Gesellschaften nach dem Bild der Bundesrepublik oder Belgiens oder der Niederlande machen kann, sondern daß man von vornherein eine Art reflexiven Modernisierungsprozeß einführen muß, d. h. also auf neue Weise die ökologische Gefährdung und die neuen globalen Risiken berücksichtigen sollte. Würden Sie diese These im Zusammenhang erläutern?

Klein: Dieser Gedanke hat - denke ich - eine einfache Logik. Die globalen Gefährdungen deuten darauf hin, daß auch die westlichen Zentren des Weltsystems vor notwendigem Wandel zu einer anderen Moderne stehen. Folglich ist es nicht sinnvoll, ihren gegenwärtigen Zustand als das Ziel einer unreflektierten Kopie im Osten anzusehen. Unverzichtbar ist das Nachholen der entwicklungsoffenen Modernequalitäten: des politischen Pluralismus, des Rechtsstaates, der Kombination von Marktmechanismen und Sozialstaatlichkeit, der Individualisierung, Ausdifferenzierung und internationalen Öffnung. Aber unterwegs auf diesem Wege ist zugleich eine Reflexivität notwendig. Der Osten sollte gar nicht erst dort ankommen wollen, wo der Westen heute ist. Dies geht auch aus positionellen Gründen und im Angesicht erheblicher zivilisationsgeschichtlicher Eigenständigkeit großer östlicher Regionen nicht. Nachholen und zugleich eigene Beiträge auf dem Weg in eine andere, reflexive Moderne sind mit dem Begriff der doppelten Modernisierung gemeint. Der Differenz zu den realen Entwicklungen sind wir uns natürlich bewußt. Aber wir fassen diese Position »doppelter Modernisierung« als eine Denkoption auf, als einen möglichen Korridor von wünschenswerten Entwicklungen, als eine Art Korrektiv zu marktliberaler Umgangsweise mit den östlichen Wirtschaften, auch als ein Aufmerksammachen darauf, daß dem Wandel in Ostdeutschland eine komplementäre Veränderung des westlichen Teils zu einem gewandelten Gesamtdeutschland entsprechen sollte.

Glotz: Sagen Sie einmal ein paar praktische Beispiele. Wo kann man, wo darf man Ihrer Meinung nach die alte Bundesrepublik nicht einfach kopieren?

Klein: Nicht in der Relation von Straßen- und Schienenverkehr, nicht in der Monopolisierung der Energieversorgung, nicht bei der Zurückhaltung des Staates in der Strukturpolitik angesichts der spontanen Deindustrialisierungstendenzen in Ostdeutschland, nicht da, wo die Polikliniken die Chance einer Auflockerung des privatkassenärztlichen Systems bieten könnten, nicht in dem Versorgungsniveau mit kostengünstigen Kinderkrippen- und Kindergartenplätzen im Vergleich zur früheren DDR. Und genereller: Hätte die deutsche Vereinigung nicht Anlaß sein können, das Verhältnis der Werte Effizienz und soziale Sicherheit zueinander grundsätzlich zu überdenken? Hätten nicht bestimmte spezifische Qualitäten der in der DDR gewachsenen Kultur eher Anlaß zu einer toleranten Erweiterung des pluralistischen Spektrums im geistigen Leben als zu heftigen Versuchen des Auslöschens von Anderem sein sollen? Allerdings - die Verhältnisse sind nicht so.

Brie: Das Problem ist die Zerstörung der Akteure im Osten. Die völlige Demontage führt dazu, daß es für eine Reihe von notwendigen Entwicklungen keine Gegenkräfte gibt, d. h. daß das bundesdeutsche System des Interessenausgleichs, des Konsens der Verhandlungen hier kaum wirken kann. Es wird in hohem Maße erst einmal ein Kommandosystem eingeführt, weil die Akteure im Osten alle Ratschläge als Kommando erfahren und in einem vorauseilenden Gehorsam reagieren. Sie sind selber nicht in der Lage, genügend eigenständige Interessen und Macht aufzubauen. Das zeigt sich bei der Gestaltung des öffentlichen Verkehrs, das zeigt sich bei der qualvoll langsamen Veränderung der Treuhandpolitik, der Arbeitsmarktpolitik.

Glotz: Was bedeutet das? Was ist Ihr Szenario für die Zukunft?

Brie: Das *World-Watch*-Institut sagt, innerhalb von 20 bis 30 Jahren bedarf es grundlegender Veränderungen. Der neue Bericht des *CLUB OF ROME* (Global Revolution) sagt Ähnliches. Die Frage steht für den Westen, ob er in der Lage ist, Gegenkräfte zu erzeugen, also seine eigene Macht anders aufzuteilen. Wenn das nicht gelingt, wenn einfach versucht wird, aus den gegebenen Machtstrukturen weiterzuarbeiten, dann wird es nicht möglich sein, die ökologischen Fragen oder das Problem der Unterentwicklung in dem notwendigen Zeittempo zu lösen. Ich bin der Meinung, daß in Rußland und den durch Rußland in hohem Maße dominierten eurasischen Raum erst einmal eine Zeit stark chaotischer Entwicklungen stattfinden wird. Zur Zeit vollzieht sich eine völlige Dezentralisierung der Macht. Die Macht wird immer weiter verteilt, und das kann alle Effekte haben: Wirtschafts-Chaos, Bürgerkrieg, Verelendung. Es wird auf jeden Fall eine starke De-Industrialisierung Rußlands geben, denn dies ist eine in hohem Maße durch Rüstungsindustrie bedingte Gesellschaft. Wenn aber die Rüstungsindustrie zerstört wird, wird das Rückgrat der gesamten russischen oder sowjetischen Gesellschaft zerstört. Ein großer Teil des Bruttosozialprodukts wurde für die Rüstung verwandt. Man sagt, daß die Hälfte der Beschäftigten direkt oder indirekt davon abhängig waren.

Wenn das alles zusammenbricht, werden die großen Städte nicht zu halten sein. Die Frage ist, wie man damit umgeht.

Glotz: Das heißt, Sie teilen im Grunde die Prognose des amerikanischen Ökonomen Immanuel Wallerstein, der kürzlich in einem Interview mit Ferenc Miszlivetz gesagt hat, wir seien in der Gefahr, in eine Art Neodarwinismus zu verfallen mit *kleinen* Völkerwanderungen, mit starkem Migrationsdruck von Osten nach Westen?

Klein: Wir wollen auf eine Ironie der Geschichte aufmerksam machen. In der Sowjetunion war Gorbatschow eine charismatische Figur. Aber das Flair einer großen charismatischen Figur reichte nicht aus, um die desaströsen Strukturen des Staatssozialismus produktiv zu überwinden. Im Westen, der über strukturelle Modernisierungspotentiale verfügt, wo Legitimationen von Eliten vorhanden sind und wo ökonomische Handlungsspielräume existieren, gibt es keine charismatischen Figuren oder Gruppen, sondern eher pragmatische Verwaltung von Gegenwart in die Zukunft hinein.

Glotz: Bush, Kohl, Major - die Geschäftsführer des Zeitgeistes!

Brie: Wenn wir in der nächsten Zukunft mit Problemen leben, die wir nicht lösen können, dann müssen wir als erstes fragen, ob von den westlichen Ländern eine Hoffnung ausgeht für die Völker. Das ist ja das Problem der Oktoberrevolution: Sie stellte eine Hoffnung dar - im guten wie dann auch im schlechten Sinn. Wenn man heute diese Entwicklung bedauert, dann muß man auch zusehen, daß offensichtlich von den westlichen Ländern keine ausreichende Hoffnung für viele Völker ausgegangen ist. Sie hatten das vor kurzem mal zitiert: »Ohne Vision werden die Menschen wüst und wild«; das ist eines der Hauptprobleme. Dazu muß vom Westen eine Veränderungsbereitschaft ausgehen. Man kann nicht 20 Jahre über die neue Weltwirtschaftsordnung diskutieren, und am Ende sieht es hoffnungsloser aus als vorher, das darf nicht sein.

Fichter: Aber man kann aus dem Scheitern der Sowjetunion - dieser großen Hoffnung - doch eines lernen, daß Visionen ohne Demokratie auf die Dauer nicht funktionieren.

Brie: Ja, aber die Demokratie darf auch nicht zu einem Durchwursteln innerhalb vorhandener Macht- und Interessenstrukturen verkommen, wo Zukunft und Probleme anderer auf der Strecke bleiben.

Glotz: Darf ich den Vorschlag machen, daß wir von der Analyse der gesamteuropäischen Prozesse auf die deutsche Situation kommen?

Brie: Ich habe nun zur SED gehört und glaube trotzdem, sagen zu können, daß ich möchte, daß die Vereinigung der beiden deutschen Staaten und auch das Ende des Staatssozialismus für die Menschen eine Befreiung und eine Chance darstellt. Das ist aber nicht automatisch gegeben. Das muß man selber machen. Das setzt erstens voraus, die DDR ernstzunehmen. Das ist natürlich ein Prozeß, der im Osten vor allem selber ablaufen muß, der aber auch durch Westdeutsche mit befördert werden muß. Es wäre falsch, Klischees einer primitiven Totalitarismus-Doktrin zu übernehmen. Ich bin bei der berühmten Problematik: Täter - Opfer. Hier gäbe es die, die das System getragen haben, die waren die Schlechten, die Bösen, die Verbrecher, die Unrechtstäter. Man muß meines Erachtens begreifen, daß diese DDR in allen ihren Schichten außerordentlich widersprüchlich gewesen ist. Daß bei denen, die sich für diese Gesellschaft engagiert haben, es aus der Sicht dieser Menschen und aus der damaligen Situation auch gute Gründe gegeben hat, und daß man sie danach beurteilen muß und nicht allein danach, was das Ergebnis war. Und auch diese waren widersprüchlich. Scheitern kann auch der Westen irgendwann einmal, z. B. an der ökologischen Frage. Dann werden wir uns genauso fragen müssen, was haben wir denn dagegen getan? Ich glaube, daß man auch viel mehr Verständnis für das Leben in der DDR haben muß, für Gegentendenzen gegen Unrecht, gegen Unterdrückung, und zwar auf allen Ebenen. Dann, glaube ich, die Tendenz zu sehen, daß große Gebiete bei uns deindustrialisiert und entvölkert werden. Die einfache Einführung der Marktwirtschaft ohne aktive Strukturpolitik ist zu teuer.

Fichter: Ich würde gerne eine persönliche Frage an Sie richten. Sie verstehen sich ja wohl beide als Reformkommunisten. Soweit ich weiß, haben Sie von allen wichtigen Referaten, die Sie im In- und Ausland gehalten haben, routinemäßig eine Kopie an den Staatssicherheitsdienst weitergegeben. Das hat Herr Professor Klein nie gemacht. Warum haben Sie das getan?

Brie: Daß ich meine Überlegungen zu Reformideen auch an die Staatssicherheit gegeben habe, das hat zwei Gründe: Erstens hat das Beispiel von Perestroika gezeigt, daß ohne die Staatssicherheit Reformen von oben nicht möglich sind; Gorbatschow war ein Mann des KGB, das sollte nie vergessen werden. Das Zweite haben wir vorhin schon diskutiert. Eine Reform mußte von den systemtragenden Kräften selber ausgelöst werden, ansonsten hätte es keine DDR gegeben. Die Staatssicherheit ist Teil der DDR-Gesellschaft gewesen. Man kann sie auch nicht raustrennen. Man kann nicht sagen, die Staatssicherheit ist das absolut Böse. Sie war eine, wie Stolpe sagte, Machtsäule neben anderen. Und wer eine Reform der Gesellschaft wollte, konnte an ihr nicht vorbeigehen.

Klein: Sollten wir nicht auch bei unterschiedlichem Verhalten zur Staatssicherheit vor allem fragen, was der Inhalt dieses Verhaltens war? Michael Bries Lebensweg war so, daß konkrete Situationen ihn versuchen ließen, den Mechanismus der Schönfärberei in Partei- und Staatsapparaten zu umgehen, indem er kritische wissenschaftliche Analysen über gesellschaftliche Fehlentwicklungen und Problemlagen, die sich nie auf einzelne Personen bezogen, den Sicherheitsleuten gab, weil er wie andere zunehmend besorgt und schockiert über die Realitätsferne offizieller Darstellungen war. Ich hatte durch Zufall eine andere Rolle. Ich war Prorektor für Gesellschaftswissenschaften der Humboldt-Universität und nutzte diese Funktion u. a., um im regulären Forschungsprozeß möglichst kritische Studien zu ungelösten Problemen in der Gesellschaft auszulösen und sie möglichst direkt auf die Tische der für Entscheidungen Verantwortlichen zu befördern. Ich habe diese Möglichkeit wahrgenommen und denke nicht, daß das ein besonderes Verdienst im Verhältnis zu Michael Brie ist. Beide hatten wir in dieser Hinsicht das gleiche Ziel, das Kritikpotential von Wissenschaftlern doch noch für reformerischen Wandel des Systems auszuschöpfen. Beide haben wir wenig damit bewegt. Ich vermisse schmerzlich die Fähigkeit zu einer differenzierten Analyse dieses früheren Systems. Bei einer Partei mit 2,4 Millionen Mitgliedern war völlig unvemeidlich, daß auf sämtlichen Ebenen außer in der Führung gleichzeitig harte Dogmatiker und solche Leute agierten, die versuchten, aus dem gegebenen System das Bestmögliche im humanistischen Sinne herauszuholen.

Aus: Die Neue Gesellschaft/Frankfurter Hefte, Jg. 39, Heft 4, April 1992, Seite 362 ff.

Peter von Oertzen

Zum Fall Bahro

Die Machthaber jenes staatlichen Gebildes, das sich merkwürdigerweise sowohl deutsch als auch demokratisch nennt und das der erste sozialistische Staat auf deutschem Boden sein will, haben Rudolf Bahro zu acht Jahren Haft verurteilt - wegen »Landesverrats« und »Geheimnisverrats«. Wir brauchen kaum lange zu rätseln, um zu wissen, wen Bahro verraten und wessen Geheimnisse er ausgeplaudert haben soll. Bahro hat getan, was die Pflicht eines kritischen linken Schriftstellers ist: Er hat einer moralisch und politisch korrupten Bürokratenkaste die Loyalität aufgekündigt und den Mechanismus ihrer Herrschaft bloßgelegt. Einfacher: Er hat versucht, die Wahrheit zu sagen und das auch noch - da er es im eigenen Lande nicht durfte - im Land des »Klassenfeindes«. Dafür bekommt man also acht Jahre im Heimatland des »realen Sozialismus«. Rudi Dutschke hatte verdammt recht, als er sagte, dort drüben sei alles real, nur nicht der Sozialismus. (Und besonders real sind natürlich - wie überall - die Geheimpolizei, die Gerichte und die Gefängnisse.)

Aber sind Wut und Verachtung genug? Ist es genug, sich wieder einmal zu bestätigen, daß die DDR ist, wie sie ist? Genügt die moralische Antwort auf jene Verurteilung, und gibt es für uns eine politische? Was hieße Solidarität mit Rudolf Bahro, wenn sie mehr sein wollte als die Bekundung eines Gefühls oder einer Gesinnung? Bahro selbst würde eine politische Antwort wünschen, dessen bin ich sicher. Nach allem, was wir wissen, haben die DDR-Behörden ihm die Freilassung angeboten - wenn er bereit gewesen wäre, auf das Bürgerrecht in seinem Lande zu verzichten und in den Westen zu gehen. Aber genau dies liegt nicht in der Konsequenz der Ideen und des Verhaltens von Rudolf Bahro. Er will in der DDR und als Bürger der DDR für einen demokratischen Sozialismus kämpfen dürfen und nicht die Unzahl westlicher Systemkritiker um eine einzelne Person vermehren.

Die Funktionäre des »realen Sozialismus« kennen ihr Dilemma sehr wohl. Sie könnten Bahro in der Haft physisch oder psychisch zu zerstören versuchen, aber das werden sie nicht wagen. Sie könnten ihn unter Bruch der Verfassung und des Rechts der DDR gegen seinen Willen ausweisen, das hieße die Selbstentlarvung auf die Spitze treiben. Sie können ihn schließlich im Knast lassen, in der Hoffnung, daß Gedankenlosigkeit und Opportunismus diesen Stachel in ihrem dicken Fleisch vergessen lassen. Und das, genau das, können wir verhindern helfen.

Zwei politische Aufgaben stehen dabei vor der demokratischen und sozialistischen Linken in der Bundesrepublik: Der Kampf gegen die stalinistischen Einflüsse in der westdeutschen Linken selbst und der Kampf um eine aktive Unterstützung der demokratischen und sozialistischen Opposition im Ostblock.

1. Die Auseinandersetzung mit denjenigen Tendenzen in der Linken der Bundesrepublik, die den wahren, das heißt den unmenschlichen und korrupten, den antidemokratischen und antisozialistischen Charakter des »realen Sozialismus« leugnen, verschleiern oder entschuldigen, ist bisher nie konsequent und in der Regel mit den falschen Mitteln geführt worden. Blindes Drauflosschlagen bestätigt nur das weitverbreitete Vorurteil, jede Kritik am stalinistischen Charakter der Ostblockstaaten sei »Antikommunismus« oder »Antisozialismus«. Dies ist natürlich Unsinn. Wir kritisieren den »realen Sozialismus« nicht, weil er sozialistisch ist, sondern weil er nicht sozialistisch ist.

In dieser Auseinandersetzung müssen endlich auch innerhalb der Linken Roß und Reiter genannt werden. Einer der Gralshüter von Menschenrechten und Bürgerfreiheiten in der Bundesrepublik, zum Beispiel der »Bund demokratischer Wissenschaftler« (zu dessen führenden Vertretern immerhin Walter Jens gehört) mogelt sich um eine klare Stellungnahme zum Fall Bahro unter anderem mit dem Argument herum, die DDR habe natürlich das Recht, gegen ihre eigenen Bürger »nach ihren eigenen rechtlichen Normen vorzugehen« (Originalton BDWi).

Also, so muß ich aus dieser perversen Logik schließen: Herr Pinochet darf die demokratische und sozialistische Opposition in Chile ausrotten, wenn er dabei nur die »eigenen rechtlichen Normen« seines Militärregimes beachtet. Politisch fragwürdig ist es gleichfalls, wenn alle Welt über die Jungsozialisten herfällt, weil sie die DKP-gesteuerte Kampagne für Frieden, Abrüstung und Entspannung unterstützen wollen, während gleichlautende Beschlüsse gewerkschaftlicher Bundesjugendkonferenzen mit Stillschweigen übergangen werden. Selbstverständlich sollte dabei sein, daß diese Auseinandersetzung nur von jenen glaubwürdig geführt werden kann, die auch in unserem eigenen Lande Rechtsstaat und Bürgerfreiheit kompromißlos verteidigen.

2. Die bisherige politische Unterstützung der demokratischen und sozialistischen Opposition im Ostblock durch die Linke der Bundesrepublik war mehr als dürftig. Nur einige kleine linkssozialistische Gruppen haben sich bisher wirklich engagiert. Die SPD als Ganzes schweigt vornehm, und auch die Jungsozialisten beginnen erst jetzt allmählich aufzuwachen. Erforderlich ist eine fühlbare materielle Unterstützung für regelmäßige Kontakte, eine repräsentative politisch-kulturelle Zeitschrift und größere Kongresse oder Veranstaltungen. (Die konservative Opposition im Ostblock hat - wie wir wissen - Springer und Strauß im Rücken.) Man sage mir nicht, solche Aktivitäten widersprächen der Entspannungspolitik. Das Gegenteil ist richtig. Die andere Seite macht uns vor, wie das geht: Entspannungspolitik auf staatlich-diplomatischer Ebene, aber »Verschärfung des ideologischen Kampfes« auf der politischen Ebene. Das SED-Regime unterhält Legionen von politischen Agenten in unserem Staat und redet fröhlich weiter von Entspannung. Daraus sollten wir lernen. Schließlich ist es ja doch wohl das letzte Ziel sozialdemokratischer Politik, an der Erschütterung und am Sturz der stalinistischen Bürokratien im Osten mitzuarbeiten und nicht an ihrer Stabilisierung für immer und ewig! Oder?

Die Verurteilung Bahros hat wieder einmal die tiefe innere Schwäche des Stalinismus gezeigt. Nutzen wir diese Schwäche! Der demokratische Sozialismus muß nicht nur hier, er muß auch drüben erkämpft werden.

Aus: Frankfurter Rundschau, Nr. 142, 5. Juli 1978

Rudi Dutschke

Wer hat Angst vor der Wiedervereinigung?

Im Februar besuchte ich die DDR. Mein Vater war inzwischen 77 Jahre alt geworden. Er arbeitet noch immer gerne. Die Lückenwalder Post ist schwerlich ohne ihn denkbar. Der Staatslohn liegt niedrig. Neuankömmlinge gehen bald wieder weg. Oder die Krankheitstage häufen sich ungemein . . .

Doch vor einem Besuch liegt die Grenze, Ausdruck der Spaltung *eines* ehemaligen Landes in *zwei* nicht wirklich selbständige Staatsformen. Wie meistens wählte ich den Grenzübergang Friedrichstraße. Schließlich kennen die mich dort seit langem. Es lief ganz der Spaltung gemäß, »normal« im Sinne der deutschen Misere. Bald war ich wieder in dem mir nicht unbekannten Isolationszimmer. Man sagte: »Herr Dr. Dutschke, packen Sie alles aus, wir kommen wieder.« Als Sozialist Artikel und Zeitschriften mit sich herumzuschleppen, ist offensichtlich an der DDR-Grenze der gefährlichste Tatbestand. Die deutschen Währungen, die norwegische, dänische und holländische bei sich zu haben, scheint kein Problem zu sein. Doch gedrucktes Papier ist dort zweifelsohne eine »Gefahrenzone« (Marcuse).

Was hatte ich bei mir? Da waren die Zeitschrift »Links«, Auszüge aus Tageszeitungen und ein der jüngsten »SOPO« Nummer entnommener Beitrag des Wolfgang Lefèvre, eines ehemaligen SDS-Genossen. Alle Moneten durfte ich einstecken, doch nicht jenes eigenartige Informations-Feuer. Im Kopf schrieb ich eine Karte an Wolfgang L.: »Lieber Genosse, nun wollte ich Dich mal wieder etwas theoretisch kennenlernen. Aber diejenigen, denen Du inzwischen nähergerückt bist, sind sich offensichtlich keines Papierdruckes aus dem Westen sicher. Die Links, Dein SOPO-Beitrag u. a. Presseinformationen verblieben in Ost-Berlin.«

Nun, ich gelangte nach Lückenwalde. Kurz vor Mitternacht überschritt ich via Friedrichstraße erneut die Grenze. Die nicht zu übersehende, von heute auf morgen undenkbare Auflösung von identisch-nichtidentischen Produktions- und Herrschaftssystemen der BRD, der DDR und Berlin ist eine in Europa grundlegende Absurdität.

Günter Berkhahn, Mitkämpfer im Spanischen Bürgerkrieg und Mitarbeiter von Münzenberg im Paris der 30er Jahre, schrieb mir, ich solle meine Leichtsinnigkeit aufgeben: »Ein Altkommunist, der 1939 über die Verfolgungen in der SU schrieb, reiste 1940 mit Familie im Sibirischen Expreß, wurde rausgeholt und verschwand mitsamt den Seinen.« Sicher, viele solcher Beispiele sind nicht zu leugnen, die Entführung von Heinz Brandt in den 60er Jahren nicht weniger. Doch diese historischen Erfahrungen kann und will ich nicht verewigen. In den 60er Jahren hatte ich das »Privileg«, die FDJ-Führung in Ost-Berlin zu besuchen in Sachen Vietnam. Damals *vor* dem »Grundvertrag«, durfte ich am Grabe meiner Mutter dabei sein. In den 70er Jahren genieße ich nun das Privileg, zumeist beim Übergang das Isolationszimmer aufsuchen zu müssen. Der Fortschritt ist unübersehbar. Und dennoch ...

Die internationalen und mitteleuropäischen Kräfteverhältnisse von heute scheinen mir schwer vergleichbar zu sein mit denen der 30er und 40er Jahre. Doch wie leicht kann man sich täuschen. Im März 1968 glaubte ich keinem der CSSR-Genossinnen und Genossen, die einen Überfall der rotgetünchten Armee des »Warschauer Paktes« für möglich hielten. Für mich war 1956 der Schlußpunkt. Wie schnell die Belehrung erfolgte! Welche Tendenz haben wir heute wirklich?

Kaum die Grenze erneut hinter mir, hatte ich ein Grundgefühl: vergiß nicht deine sozialistischen Pflichten, deine solidarischen: Du hast in der DDR nicht nur Verwandte, dort sind Havemann, Bahro und viele andere, unbekannte Gleichgesinnte. Wenn ich im DDR-»Forum« zum »Anarchisten« ›erhöht‹ oder ›erniedrigt‹ und in der »Zeitschrift für Philosophie« bekämpft werde, so wird die herrschende Bürokratie wissen, was sie für sich tut, nicht aber die Rückwirkungen durchschauen. Oder arbeiten die und die Herrschenden in der BRD viel genauer, um die Negierenden erst gar nicht zum Zuge kommen zu lassen?

Die absolute Mehrheit der internationalen Völkergemeinschaft hat »den Deutschen« längst das Recht zuerkannt, sich neu zu vereinigen. Die realen Siegermächte des 2. Weltkrieges, von der Monopolbourgeoisie bis zur Monopolbürokratie sind dagegen. Und offensichtlich haben sich die Amerikanisierung und Russifizierung entgegengesetzt ausgewirkt in der nationalen Frage. Über die *kapitalistische Amerikanisierung* ging der zyklische Auflösungsprozeß der geschichtlichen und nationalen Identität bruchlos vor sich. Über die *asiatische Russifizie-*

rung erfolgte dagegen eine subversive und widersprüchliche Festigung derselben - das ist eine These von mir. An NATO und Warschauer Pakt, EWG und RGW sind die Ausgebeuteten und Beleidigten gebunden worden. Wie können wir jemals davon frei werden und auf eigenen Beinen gehen?

In Dänemark den Schmidt-Bericht und die Diskussion zur »Lage der Nation« zu hören, setzte absurde Pikanterien frei. Am 9. März zwischen 10 und 13 Uhr hatte ich Schmidt, Kohl u. a. über den WDR gehört und Aufzeichnungen gemacht, nach der Mittagspause und Einzelberatungen sollte es gegen 15.30 Uhr weitergehen.

Gegen 14 Uhr stellte ich den DDR-Rundfunk ein und geriet direkt in den »Partei- und Staatstrauerakt zu Ehren der in Libyen verunglückten Parteifunktionäre«. Da spekulierte man im Westen über das Ende von Honecker und nun verunglückt sein engster Mitarbeiter. Zufälligkeiten in der Geschichte sind von objektiven und subjektiven Grundelementen nicht zu trennen. Honecker hat mit Sicherheit neue Parteisorgen erhalten.

Mit Beethoven begann der Trauerakt. Albert Norden hielt die Gedenkrede. Jedes unausgelebte Leben ist ein Unglück, aber Lamberz zum Theoretiker und Freund der Schriftsteller hochzustilisieren, ist wohl nur einem Norden möglich. Ganz zum Schluß klang das Lied der Arbeiterklasse auf. Wie obszön, wie vernebelnd. Gerade in diesem Lied der Ausgebeuteten und Beleidigten heißt es doch: »die Internationale erkämpft das *Menschenrecht.«*

Gerade weil die Bourgeoisie mit der bürgerlichen Revolution ihre fortschrittliche Rolle erreicht hat und allein die Arbeiterklasse und ihre Verbündeten die politisch-sozialen Menschenrechte durchsetzen können, ist der Kampf um die Menschenrechte eine grundlegende Forderung. Da lassen die Herren von Moskau bis Ost-Berlin die Vertreter der kapitalistischen Produktionsweise von Menschenrechten reden und sagen von sich in Belgrad: »Kein Wort über Menschenrechte« darf im Schlußdokument stehen.

Was ist diese Lage wirklich? Wohl nur eins steht unzweideutig fest: die Sowjetunion, ohne wirklich funktionierende Sowjets (Räte) und die Comecon-Länder sind noch hinter den bürgerlichen Errungenschaften zurück. Sie haben mit der proletarisch-sozialistischen Weiterentwicklung der Demokratie, mit emanzipativer Sozialisierung nichts zu tun. Oder führt die *politische* Sprengung asiatischer Produktionsverhältnisse ohne elementare Probleme in den Sozialismus? Die »Prawda« half jedenfalls erfolgreich mit, die Forderung nach Menschenrechten vom Tisch zu schieben und dennoch von einer »Materialisierung der Entspannung« zu faseln.

Wie spiegelte sich dieser Problemkomplex im bundesrepublikanischen Parlament wieder, wie wurde das Verhältnis zwischen DDR und BRD gekennzeichnet? Die Ruhe und Gelassenheit des Bundeskanzlers fiel mir zuerst auf. Bei ihm war von einem Leid des »deutschen Volkes« nichts zu spüren. Es stellte sich aber die Frage: Gibt es da überhaupt noch (oder wieder) ein umfassendes, die Grenzen überschreitendes Leid, welches leidenschaftliche Vernunft ermöglicht und erfordert? Die kalkulierte Kanzlerpflicht gab darauf keine Antwort. Noch weniger die Kohlschen, großmäulig vorgetragenen Plattitüden.

Gegen die CSU-Aussage von der »mehr denn je ungelösten« deutschen Frage hielt Schmidt die seit dem Grundvertrag (1972) neu gewachsenen Beziehungen zwischen den beiden deutschen Staaten. Die Entspannung, die neuen Telefonverbindungen, die Erleichterungen im zwischenmenschlichen Verkehr. Die hin und wieder auftauchenden »Störungen« müssen halt in zäher Kleinarbeit beseitigt werden, meinte der Bundeskanzler. Z. B. seien ja viele politische Häftlinge freibekommen worden. Er hätte ruhig sagen können »freigekauft worden«. Daß dabei so manche Häftlinge waren, Sozialisten, Kommunisten und Bürgerinitiativler, die bleiben wollten, allerdings nicht im Gefängnis, schien dem Kanzler nicht erwähnenswert zu sein. Die 1000 pro Jahr, die in die DDR aus überwiegend familiären Gründen gehen, hervorzuheben, ohne die zigtausende zu erwähnen, die die DDR verlassen möchten, kam mir etwas makaber vor. Über die jeweiligen Produktionsverhältnisse zu sprechen, die diese Bedürfnisse hervorrufen bzw. unterdrücken, kam ihm offensichtlich sinnlos vor.

»Die deutsch-deutsche Politik muß den Menschen dienen«. Richtig, Herr Schmidt. Sind aber Sozialisten, Kommunisten demokratischen Typus und Bürgerrechtler keine Menschen, wenn sie in der DDR leben wollen und nach Menschenrecht schreien? Wenn Freunde in die BRD kommen, um nicht Jahre im DDR-Knast verbringen zu müssen, so ist das verständlich, ist der »Aufkauf« der BRD-Regierung zu begrüßen. Die Zwielichtigkeit und Gefährlichkeit dieses Prozesses ist doch aber nicht zu übersehen. Menschenrechte ohne kampfbereite und kampffähig gewordene Bürger werden sich nicht realisieren lassen. Der Frieden an der Grenze wird eher unsicherer.

Sie, Herr Bundeskanzler, zitieren Ihren Kollegen Honecker aus der DDR bezüglich der deutschen Frage: »Da ist nichts mehr offen. Die Geschichte hat ihr letztes Wort gesprochen.« Dem halten Sie entgegen, gerade auf der Grundlage der Verträge könne gesagt werden: »Noch ist die Teilung nicht endgültig.« Die beiden Herren, muß ich sagen, mögen sich doch nicht einbilden, in weltgeschichtlich kurzer Zeit die gemeinsame Lebens- und Kulturgeschichte, Klassenkampferfahrung eines Volkes aus den Angeln zu heben.

Breschnew, das DDR-»Manifest« und die »deutsche Frage«

März 1978: Bundestagsdebatte zur »Lage der Nation«. Die Skurrilität und Obszönität der Debatte erreichte ihren Höhepunkt durch die Rede des Herrn Prof. Abelein. Hätte ich ihn an der Groninger Reichsuniversität prüfen müssen über russische und deutsche Geschichte, er wäre dort so durchgefallen wie ein junges Mitglied der Partei der Moskauer Linien in Holland bei mir vor wenigen Monaten.

In Infamie und Tricks ist Professor Abelein wohlausgebildet. Fast seine ganze Rede bezieht sich auf jenes Dokument, welches der »Spiegel« als »Manifest« der Opposition in der DDR herausbrachte. Da redet er von der »kalten Dusche« für die Bahr etc. und gebraucht das Dokument seinen Interessen gemäß. Er ignoriert die »Einheit der Arbeiterklasse«, das Bündnis von Sozialisten, Sozialdemokraten und Kommunisten, - was im Dokument ein zentraler Punkt ist.

Meine Frage war: Warum kann in einem bundesdeutschen Parlament solch ein Herr so reden? Fand sich kein Sozialdemokrat, um allein schon von der Quelle her, wie unsicher auch immer, dem politischen Betrüger Abelein entgegenzutreten? Ist die Entspannungskonzeption unfähig, sich einer offenen Diskussion zu stellen, sich mit einer Opposition in Osteuropa zurechtzufinden? Oder ist das Herauskaufen zum Prinzip der Entspannung geworden, um die Abkommen und Kompensationsverträge ungestört durchbringen zu können?

Eins war für mich sicher: wenn da Linkssozialisten in der Tradition von Marx und Rosa Luxemburg im Parlament wären, könnten solche Betrügereien und Vernebelungen von Abelein etc. sich nicht abspielen. Aber wann und wie werden Linkssozialisten über die 5-Prozent-Klausel springen? Objektiv ist dies ohne jeden Zweifel möglich, es liegen seit langem diesbezügliche Untersuchungen vor. Doch da sind noch viele andere Schwierigkeiten ...

Was für ein Wirbel vollzog sich da im BRD-Land. Welch eine linke Verwirrung wurde da nicht offenbar? Der Geschichts- und Identitätsverlust von Generationen eines Landes trat hier für einen Augenblick in der vernebelnden Öffentlichkeit des Weststaates in Erscheinung. Vielleicht war ich nicht allein, mich zu schämen, nicht wirklich zu wissen, welche Interessen und Gruppierungen sich da bewegen. Noch viel mehr darüber zu schämen, in einer zentralen Frage, der inzwischen problematischsten, hinter dem »Spiegel« herrennen zu müssen.

Genauer betrachtet muß darauf verwiesen werden, daß wenige Wochen nach dem Bahro-Auszug im »Spiegel« und der vollen Publikation des Buches im gewerkschaftseigenen EVA-Verlag eine Rezension desselben wiederum im »Spiegel« erfolgte (19. 9. 77). Wer diesen Text (Seite 113/114) ernsthaft und detailliert gelesen und studiert hat, für den konnte das »Spiegel«-Dokument jenes »Manifests« keine Überraschung mehr sein. Dort heißt es schon nach Kritik und Würdigung des Werkes von Bahro: »Was aber die nationale Frage betrifft, so vermeidet Bahro jeden Angriff auf die SED-Politik. Das heißt, er schont die Parteibürokratie an ihrer verwundbarsten Stelle.«

All die politisch-ökonomischen Problemstellungen des »Manifests« befinden sich in Kleinform schon darin: »In der kapitalistischen Wirtschaft sorgen die Gesetze der Konkurrenz dafür, daß Versager aus Führungspositionen ausscheiden. In der DDR schmücken sich die Versager mit dem Karl-Marx-Orden. Als Lohn für ihre Mißwirtschaft bekommen sie eine lebenslange Anstellung im Politbüro.« Ganz im Sinne der Veröffentlichungen von Bahro wird dort gesagt: »Die Leistung Bahros wird auch nicht dadurch geschmälert, daß er sein Buch in der BRD veröffentlicht hat. Wenn hier keine Freiheit existiert, Meinung zu artikulieren, da muß man sich dort artikulieren, wo es diese Freiheit gibt.«

Als das »Spiegel«-Manifest wenige Monate danach erschien, begannen »die ganz Klugen« in diesem unserem Lande (um nicht von den ganz »Doofen« zu sprechen) verrückt zu spielen. Den Bundesnachrichtendienst und CIA zum »Weltgeist« zu erheben, wurde neue Mode, wie wenn umgekehrt Stasi und KGB von Strauß und Löwenthal zum »Weltgeist« ernannt werden. Hegel würde sich gegen eine solche vulgäre Umkehrung seiner Kategorie des Weltgeistes verwahren: schließlich spiegelt der Hegelsche Weltgeist die Vernunft der Geschichte wider. Hat man beim BND-CIA, beim Stasi-KGB jemals was anderes zu sehen bekommen als die herrschende Unvernunft und Irrationalität?

Was die in der Redaktion der »Prawda« oder des »Neuen Deutschland« lesen, lesen dürfen, lesen können usw. weiß ich nicht. Ich kann mir nur manches vorstellen. Die antikommunistischen Verbote dort kann ich mir vorstellen. In der »Extradienst«- und »konkret«-Redaktion darf man, wenn ich richtig informiert bin, den »Spiegel« und vieles andere mehr lesen. Hat ein einziger von denen, die da am Anfang des Jahres anfingen wild zu spielen, vor seiner Schreiberei über das Dokument auch nur einen einzigen Blick in die Serie der Gefängnis-»Gespräche« des Jürgen Fuchs mit dem Staatssicherheitsdienst geworfen? Äußerst unwahrscheinlich, sonst wäre sehr leicht ein gewisses Gespür dafür entstanden, *warum* in dem Dokument des BdKD eine rohe Sprache zuhause ist, warum Widersprüche und Unklarheiten unvermeidlich sind. Mit unglaublicher Akribie rekonstruiert Jürgen Fuchs Strukturelemente des gesellschaftlichen Daseins in der DDR, von der Gefängnislage aus gesehen. Die Serie erscheint in Kürze in der rororo-aktuell-Reihe als Buch. Wo wird es durch wen rezensiert werden? Schließt die Entspannung der Kapital-Bewegung und Herrschaftsabsicherung solch ein unerläßliches Nachdenken aus? Doch in der heutigen Krisenperiode mit ihrem Dahinschleichen ist das schwer abzusehen, erst recht schwer abzusichern. Die Klima-Treffen des Augenblicks können einen objektiven Prozeß und objektive Interessenziele nicht verändern.

Der erfahrene SPD-Taktiker Wehner kann in dem »Manifest« allein eine »Provokation« entdecken, von welcher Seite auch immer. Augstein scheint mir da der geschichtlichen Realität, von seinem Klassenstandpunkt aus, näher zu sein: »Der Staatsvorsitzende und Parteichef bleibt für die Bundesrepublik und deren Regierung doch nur dann eine berechenbare Größe, wenn er die Gesellschaft der DDR sicher im Griff hat. Nach allem, was wir mit der DDR im letzten Jahr erlebt haben, müssen hier die größten Zweifel erlaubt sein. Die Verhältnisse als solche sind nicht mehr berechenbar: Wandel durch Annäherung.«

Von einem ganz anderen Interessenstandpunkt werden Stasi-KGB gleicher Meinung sein. Selbst wenn letztere ihre Finger im Spiel hatten bei Dokumentation, so widerspiegelt die Dokumentation doch die reale Wirklichkeit der Tendenzen in der DDR der 70er Jahre. Die Sorgen der Herrschenden sind ohne Zweifel berechtigt. Bloß können sie die Ursachen nicht beseitigen. Denn sie haben nicht eine sozialistische Gesellschaft als Grundlage, sondern eine Staatlichkeit, in der sich die Gesellschaft nicht entwickeln kann.

Wenn die allgemeine Staatssklaverei sich mit dem kapitalistischen Welthandel durch Kooperation vereinigen muß, um nicht immer wieder zu weit zurückzubleiben, dann muß diese Staatlichkeit kapitalistische Elemente aufnehmen. Auch Momente von Gesellschaftlichkeit. In diesem Widerspruch von Staatlichkeit und Tendenzen der Entwicklung gesellschaftlicher Tendenzen wächst notwendigerweise Widerstand.

Welche Formen er annehmen wird, ist nicht sicher. Gerade weil die Sozialisten und Kommunisten europäischen Typus immer wieder die ersten sind, die im Gefängnis der DDR landen, werden auch die sozialistischen Träger einer Opposition beseitigt und in den Westen abgeschoben. Es wird wichtiger denn je, daß die linke Bewegung in der Bundesrepublik, die sich in der Tradition der 60er Jahre sieht, die Beziehungen zu den Freunden, Genossinnen und Genossen in der DDR ausbaut bzw. erst einmal entstehen läßt. Wenn es dazu nicht kommt, die Beziehungen der westeuropäischen Linken zur osteuropäischen Linken auszubauen, Kooperation herzustellen, Solidarität zu festigen, dann werden wir es immer wieder sein, die nach vollendeten Prozessen jammern oder kritisch analysieren können. Aber nicht eingreifen in den Prozeß der Geschichte.

Die DDR und die osteuropäischen Länder und in einem ähnlichen Sinne die Sowjetunion, übernehmen wie gesagt kapitalistische Elemente in die Produktion und Konsumtion. Ohne kapitalistisch zu werden, erst recht, ohne sozialistisch zu werden. Die beiden Systeme bedingen einander mehr denn je. Wenn die Linke das nicht durchschaut, dann wird es auch nicht möglich sein, den Kampf für Menschenrechte, Demokratie und Sozialismus voranzutreiben.

Der Breschnew-Besuch, besonders die Verträge, werden uns noch länger beschäftigen. Wie die Systeme einander bedingen, wird über den Weltmarkt am deutlichsten. Denn es gibt nicht zwei Weltmärkte, einen kapitalistischen und einen sozialistischen, - wie die Moskauer Betrüger behaupten. Es gibt bisher allein einen kapitalistischen Weltmarkt. Von ihm sind die Länder der allgemeinen Staatssklaverei von Moskau bis Peking abhängig und versuchen, ihn zu gebrauchen, um nicht weiter hinter der Entwicklung der Produktivkräfte zurückzubleiben.

Die Deutschen und der Sozialismus

Vor kurzem sprach ich mit einem Hamburger Genossen aus der Generation der Nachkriegszeit-Geborenen. Es ging dabei um die »Konferenz gegen Repression und Unterdrückung«. Als ich ihn fragte, ob es nicht unerläßlich sei, die Auseinandersetzung nicht an der Elbe zu beenden, sondern bis zur Oder fortzuschreiten, sagte er: »Portugal hat mit uns mehr zu tun als die Deutsche Demokratische Republik«.

Ich war betroffen, aber nicht überrascht! Wie gerne hatten er und seine Organisation z. B. Wolf Biermann eingeladen zu Großveranstaltungen und wie wenig scheint er bereit zu sein, die historische und nicht nur geographische *Nähe* der DDR, des anderen Teils eines in zwei Staaten gespaltenen Landes, zu *begreifen* und zu *empfinden*. Die deutsche Misere ist bei einer solchen Denk- und Daseinsweise in eine *linke Misere* umgeschlagen.

Während sich eigentlich der sozialistische Standpunkt methodisch dadurch auszuzeichnen versucht, die gesellschaftlichen und historischen Vernebelungen zu durchschauen und vor ihnen nicht wegzurennen, ist ein Großteil der heutigen Linken in einer zentralen Frage blind geworden. Genauer: blind geblieben.

Da mögen bekannte und unbekannte Menschen die DDR verlassen, ausgebürgert werden, ins Gefängnis geworfen werden usw., die DKP findet dafür ihre reaktionären Rechtfertigungen, die Mehrheit der anderen linken Organisationen und Gruppen geht so schnell wie möglich zur »Tagesordnung« über. Die Hauptfrage der letzteren ist: können wir die eine oder andere Person für unsere eigenen Interessen einspannen? Das ist die sektiererische Grundfrage.

Allerdings muß hinzugefügt werden, die zig-Tausende, die inzwischen zu solchen und ähnlichen Veranstaltungen in den letzten Jahren gekommen sind lassen vermuten, daß die vorhandenen Organisationen nicht im geringsten realer Ausdruck der Wirklichkeit mit ihren Tendenzen sind. Aber das Nachdenken über die Getrenntheit und geschichtlich-reale *Bezogenheit* der Menschen in der BRD und der DDR trägt weiterhin im linken Milieu einen unterentwickelten Charakter.

Als ich wenige Tage vor dem Bau der Mauer die DDR verließ, war mir eins schon klar: Du gehst nicht ins »Exil«, Du gehst in einen anderen Staat, nicht aber in ein anderes Land. Daß mir das später noch deutlicher wurde, ist nicht verwunderlich.

Für einen Sozialisten ist die Frage des Staates unzweideutig: je mehr die Menschenwerdung voranschreitet, die selbstbestimmte Tätigkeit des Menschen in der Gemeinschaft, um so mehr wird der Staat absterben. Je mehr die Menschenwerdung behindert werden kann durch die herrschende Klasse, die herrschenden Produktionsverhältnisse, um so breiter wird das staatliche Ungeheuer, die bürokratische Maschine. Scheinbar Sicherheit für den Menschen in sich tragend, in Wirklichkeit aber muß sie die originäre Sichtweite und Handlungsfähigkeit des Individuums auf den Hund bringen. Denke an das Rentnerdebakel...

In beiden deutschen Staaten weiß die Bevölkerung davon ein Lied zu singen, ohne es aber zu singen. Bisher ist ein beachtlich großer Teil der Bevölkerung eher noch bereit, den Singenden ihren unruhigen Gesang zu verbieten. Daß individueller Terror den Ruf nach dem »starken Staat« fördert, ist geschichtlich bekannt genug. Oder nicht genug? Die in der Wachstumsphase des BRD-Kapitalismus Geborenen haben offensichtlich zu einem Großteil eine völlig neue Etappe erreicht.

Unsere Generation bekam noch das Grauenhafte des Krieges zu spüren, hörte und sah Bomben fallen, Häuser und Menschen verbrennen. Erst recht machten wir noch viel Erfahrung mit Hunger, Leid, mehr mit Tränen als mit Lachen, für Jahre. Schon dadurch waren sich die Menschen in der West-Zone und der Ost-Zone, in der DDR und der BRD gleich. Und bleiben es trotz der wachsenden Differenz in der jeweiligen Daseinslage.

Die jungen Generationen von heute in der BRD waren im Aufschwung zur Welt gekommen, in der Realität und Ideologie des »Wohlstands« aufgewachsen. Aber nun gibt es inzwischen schon Jugendliche, die nach 30 oder 40 vergeblichen Anträgen auf einen Arbeitsplatz Selbstmord begehen. Durch die gesellschaftlichen Verhältnisse hineingeschleudert zu werden in die Arbeitslosigkeit, in die beleidigenden Jugendheime, in das Rauschgift, ins terroristische Desperadotum – darin ist ein befreiender Sinn des Lebens nicht zu finden.

Hinzugefügt muß werden, daß große Teile der jungen Generation wieder anfangen, von Hitler, Autobahn, Ruhe und Ordnung, Arbeitsplatz usw. zu reden. Verinnerlichung und Ent-Politisierung deuten sich an. Die Unfähigkeit der Neuen Linken im Bündnis mit anderen demokratischen Kräften, den richtigen Ansatz von 1967/69 kontinuierlich fortzuführen, spielte dabei eine wichtige Rolle.

Daß die Lage der Jugend in der DDR durchaus nicht so verschieden ist wie uns viele Demagogen hinzustellen versuchen, wird uns schon klar, wenn wir »Die neuen Leiden des jungen W.« von Ulrich Plenzdorf oder »Die wunderbaren Jahre« von dem nun doch aus der DDR getriebenen Kunze lesen. Ob wir das Militarismus-Denken der Jugendlichen in der DDR bei Kunze oder das Ende des jungen W. uns anschauen, in beiden Fällen ist ein befreiender Sinn des Lebens für die Hauptfigur nicht zu entdecken. Thomas Brasch, die jungen Havemänner u. a. hatten anläßlich der Okkupation der CSSR durch die Warschauer Pakt-Staaten einen Versuch unternommen zu lernen, auf eigne Beine zu kommen. Viele landeten im Gefängnis, andere sind »abgehauen«, abgeschoben usw. Das vor kurzem in der BRD-WB, aber nicht in der DDR zu kaufende Buch »Vor den Vätern sterben die Söhne« von Brasch unterscheidet sich meiner Ansicht nach sehr von den Büchern der Kunze und Plenzdorf, ist aber wie diese ein Versuch der literarischen Erfassung von DDR-Wirklichkeit. Da wird nicht mit sozialistischen Floskeln die Wirklichkeit vernebelt. Ich habe so manche Linke gehört, die sich darüber mokierten, daß das Braschbuch im Rotbuch-Verlag erschienen sei, es sei doch nicht »sozialistisch«. Man braucht dem nichts hinzuzufügen. Die deutsche Misere ist eine linke Misere.

Es ist für mich ohne Zweifel: in der DDR ist alles real, bloß nicht der Sozialismus; in der BRD ist alles real, bloß nicht »Freiheit, Gleichheit, Brüderlichkeit«, bloß keine reale Demokratie.

Der politische Kampf in verschiedener Form muß erlernt werden. In Polen gibt es eine ungebrochene Kontinuität der Kämpfe, welche Niederlagen auch erlitten wurden. In der DDR in keiner Art und

Weise. Nach dem 17. Juni herrscht dort Ruhe. Die kleine Unruhe von 68 und die etwas breitere literarische anläßlich der Ausbürgerung von Wolf Biermann ist mit den polnischen nicht zu vergleichen. Die Schutz-Komitees für Arbeiter u.a.m. in Warschau, die Chartisten von Prag usw. sind in der DDR bisher nicht gewachsen. Bzw. wenn sie im Werden waren, so schnell wie möglich »abgeschoben« oder zerschlagen. Das West-Berliner Komitee ist zweifellos wichtig, ein Ersatz kann und will es nicht sein.

Wie sieht es aus mit der BRD? Die in den 60iger Jahren begonnenen Kämpfe haben eine widersprüchliche Kontinuität bis in die Gegenwart. Karl Heinz Roth verweist uns nicht umsonst aus dem Gefängnis darauf, daß die Gefangenen in der DDR am Ende der Freistunde ihr »Männchen« machen müssen, was in der BRD seit den 60iger Jahren nicht üblich ist. Einer der Beamten sagte zu ihm: »Ja, da ist kein Schliff mehr drin, seit 1967 läuft das nicht mehr, das wart Ihr, die APO . . .«

Solch ein Problem hat die DDR bisher noch nicht. Die despotische Behandlung des politischen Gefangenen verweist auf reaktionäre Tradition. Da sind preußische Relikte und moskowitische Herrschaftsmuster des asiatischen Despotismus mit aufgetünchten roten Farben. Jeder potentielle Prager Frühling wird schon als realer verstanden und dementsprechend mit allen Mitteln und verschiedensten Methoden bekämpft. In diesem Sinne ist der Fall Biermann ein Lehrstück. Ein *politisch stagnierendes System*, welches die Meinungsfreiheit so bekämpft wie das Streikrecht der Arbeiter, ist permanent in der Krise. Und muß dementsprechend alles tun zu verhindern, Dynamik, Dynamit für diese Gesellschaft hochkommen zu lassen.

In der BRD ist der Kapitalismus in einer schweren Krise, diese Krise ist eine dem System gleichermaßen immanente. Mit einem Unterschied: die Krise in der BRD ist, solange die Menschen dem System kein Ende bereiten, ein Kettenglied in der Dialektik von *Dynamik und Stagnation*, Aufschwung und Niedergang, der Zyklus der kapitalistischen Produktionsweise.

Die Bezogenheit, die Abhängigkeit der DDR von der BRD kann jeder sehen im Palast der Republik in Ost-Berlin, ist an dem Stoff der gebrauchten Waren genau nachvollziehbar. So wie die UdSSR abhängig ist von dem hochkapitalistischen Weltmarkt, von dem know-how der USA, der BRD usw.

Warum ist die Linke in der BRD so blind in bezug auf diese Realität?

Anfang der 60er Jahre gab es noch den einen oder anderen, der damit drohte (ohne es real zu tun), in die DDR zu gehen, um dem Adenauergestank aus dem Wege zu gehen.

Aber die mehr als drei Millionen, die die DDR verließen, hatten beileibe nicht primär westliche Propaganda in ihren Köpfen, sondern vielmehr real erlebte Daseinsgeschichte, Lebens- und Leidenserfahrungen. Da kamen in der DDR gezeugte Anti-Kommunisten, die einst die ersten Kommunisten und sozialistischen Ansätze erlebt hatten.

Der US-Imperialismus wünschte so wenig eine deutsche Wiedervereinigung wie die SU. Wünschen es die Deutschen überhaupt noch? Das ist beileibe nicht sicher. Adenauer und die CDU/CSU trieben jahrzehntelang Separatismus, Ulbricht und die SED hatten natürlich für lange Zeit ein reales Interesse daran, schon um aus der Abhängigkeit von der SU herauskommen zu können.

Wie gesagt, Amerikanisierung und Russifizierung sind vorangeschritten, aber nicht die Wiedergewinnung eines realen Geschichtsbewußtseins der Deutschen. Ganz zu schweigen von einem nationalen Klassenbewußtsein der deutschen Arbeiterklasse.

An die Ursachen eines solchen einzigartigen Phänomens kam Bommi Baumann in seiner einfachen Sprache heran: »Gerade die deutsche Arbeiterklasse ist nun von allen immer wieder verschaukelt worden, sei es nun von den Sozis oder von Mad-Hitler. Jeder ist gekommen und hat sie nun angeschissen, die Reihen durch, von rot bis schwarz, von links nach rechts, das ist in keinem Land so gelaufen wie in Deutschland und da ist es klar, daß sie auf nichts mehr einsteigen«. Das ist natürlich richtiger als der übliche DKP-Vorwurf, die Protestbewegung der 60iger Jahre war »arbeiterfeindlich« usw.

Wenn ich diesen Satz von Baumann weiterdenke, kommt natürlich die Spaltung eines Landes, unseres Landes hinzu. *Diese* Spaltung, gerade weil die Linke keine geschichtliche Kontinuität in dieser Frage aufrechterhalten hat, führt notwendigerweise in die Zerstörung der dialektischen Spannung von sozialer und nationaler Frage. Nicht nur objektiv, sondern auch subjektiv.

Unter solchen Bedingungen fängt der linke Deutsche an, sich mit allem möglichen zu identifizieren, aber einen Grundzug des Kommunistischen Manifestes zu ignorieren: der Klassenkampf ist international, in seiner Form aber national.

Die Bourgeoisie im Westen und die Monopolbürokratie im Osten versuchen, den Arbeitern, Werktätigen, Studenten usw. immer wieder einzureden wo »Sozialismus« und wo »Freiheit« ist. Diese Vernebelungen zu durchbrechen, ist die erste Voraussetzung der Zurückgewinnung der Identität und Geschichte.

Ohne weitere, viel weitere Annäherung der beiden deutschen Staaten, ohne reale Annäherung der Menschen wird die Zurückgewinnung der Identität und Geschichte unmöglich werden. Ganz zu schweigen von der Kooperation der sozialistischen und demokratischen Opposition in beiden deutschen Staaten.

Die Lage ist extrem schwierig. Stoltenberg und Kohl können ohne Schwierigkeiten in der DDR herumreisen, die Linken aus der BRD, mit Ausnahme der DKP, werden behindert, kontrolliert in extremer Art und Weise, teilweise nicht einmal hereingelassen.

Die Entspannungspolitik der 60er Jahre war ein Schritt vorwärts, aber gleichermaßen einer zurück. Das geht bis in die Presse. Kunze verweist nicht umsonst auf das Verhalten der westlichen Presse auf der Leipziger Messe. Der zwischen Halb-Wahrheit und Lüge lebende Kultur-Papst Hermann Kant wurde nicht einmal danach befragt, wie es J. Fuchs u. a. Künstlern im Gefängnis geht, oder ob das mit demokratischen Grundsätzen vereinbar sei, auf offener Straße ohne weiteres verhaftet zu werden.

Hat die westliche Presse jetzt nur noch Regierungs- und Kapitalaufgaben zu erfüllen? Sind Helsinki und Belgrad so zu verstehen? Wohin geht der Weg? Nicht ganz durchschaubar.

Eins ist klar, formal wird entspannt, real wird Kapital bewegt und weiter aufgerüstet. Der Osten rüstet, der Westen rüstet, das ist der Grundtenor des Staatskapitalismus. Carter fordert nun auf der NATO-Tagung eine »konventionelle Aufrüstung«, den Warschauer Pakt »einzuholen«. Die FAZ spricht inzwischen von »offensiver Verteidigung«. In der DDR ließ General Hoffmann vor nicht allzulanger Zeit hören, ein dritter Weltkrieg werde den Sieg des »Sozialismus« vervollständigen. Eine beunruhigende Realität. Kein Sozialismus, keine Demokratie.

Beide Systeme stecken in der Krise. Zeigen die Linken einen Ausweg?

Aus: das da, Nr. 4 (Apr. 1978), Nr. 6 (Jun. 1987), Nr. 7 (Jul. 1977)

Zur nationalen Frage

Es ging um das Verhältnis von Menschenrechten und Abhör-»Pflichten« einer herrschenden Klasse. Doch auf dem Europäischen Gerichtshof in Straßburg stand nicht die Telefonkontrolle in der DDR zur Debatte. Kein Rechtsanwalt erhebt von dort aus eine Anklageschrift. Schließlich lebt er in einem System, das ihn dafür postwendend auf die Anklagebank schickte.

Zur Debatte stand in Straßburg vielmehr jenes bundesrepublikanische Abhörgesetz von 1968 (!), das 1970 von Karlsruhe abgesegnet wurde, ohne jegliche Problematisierung aufgrund der Erfahrungen der 60er Jahre. Damals wurde noch das letzte SDS-Telefon abgehört. Man läßt doch den Staatsfeind Nummer 1 nicht frei herumlaufen. Jetzt wollten sechs BRD-Anwälte vom Europäischen Gerichtshof wissen, ob dieses Gesetz nicht die Menschenrechte verletze.

Die Antwort aus Straßburg mußte zwiespältig ausfallen. Einerseits wird dem Staat das Recht zur Telefonkontrolle zugestanden, mit der Präzisierung: *Wenn der Staat bedroht ist.* Andererseits wird prinzipiell entgegengehalten: Wenn eine solche Bedrohung nicht vorliege, aber dennoch abgehört würde, habe man es mit einem Polizeistaat zu tun. Das exemplarische Beispiel Traube heranzuziehen, traute sich Straßburg nicht. Die Grundfrage schien dort nicht lösbar. D. h. die Bestimmung der Kriterien für ein »angemessenes Garantiesystem der Berechtigung bzw. Unberechtigung von Abhörmaßnahmen. Ein gesellschaftlich unkontrollierter Geheimdienst fremder Mächte wie die CIA in der BRD (analog zum KGB in der DDR) machen es unmöglich, diesen neuen Staat im Staat zu durchschauen. Das fundamentale Menschenrecht, frei zu sein, wird systematisch der Sicherheit der Staatsmaschine untergeordnet. Kann unter solchen Bedingungen die Demokratie, Erbschaft der bürgerlichen Revolution, auch nur im geringsten verwirklicht werden?

Ich habe niemals an den »Selbstmord« meines Attentäters Bachmann geglaubt, wie auch der Mordversuch an mir nicht aus heiterem Himmel kam. Heinrich Albertz hat einmal gefragt: »Der amerikanische Justizminister behauptete noch bevor irgendein Anhaltspunkt vorlag, von dem Mörder Martin Luther Kings das gleiche. Der Attentäter Bachmann soll auch ein Einzelgänger sein. Das mag eine kriminalpolizeilich richtige Aussage sein - in allen Fällen. Aber ist es eine politische Wahrheit?«

Eins ist sicher: Die kleinste soziale Bewegung aus irgendeinem Bereich der Gesellschaft ist tausendmal mehr wert, als die größte Show des individuellen Terrors. Dregger, Filbinger und viele andere, bis hin zu Herold wünschen sich ihre Legitimationsszenen. Und die herrschenden Verhältnisse schaffen ihnen auch immer wieder die Menschen, die ins Messer laufen und den sozialen Bewegungen grundlegend entgegenwirken. Diese Falle zu erkennen ist deshalb so schwer, weil seit dem 2. Juni 1967 die herrschenden Klassen und Parteien den jungen Generationen einigen Ekel beigebracht haben und eine verinnerlichte Ohnmacht gegenüber den bestehenden Verhältnissen. Die Terrorszene ist für große Teile der Herrschenden zu einer Lebensnotwendigkeit geworden - heute, da eine neue soziale Bewegung begonnen hat. Die Helikopter-Show war so »heiß«, daß man ihr 11 Minuten der Tagesschau widmen konnte. Welch ein Informationsniveau. Die Aufklärung über die Lage der Menschen in bundesdeutschen Gefängnissen dagegen ist seit langem gleich null, die inneren Widerstandsformen dort werden inzwischen totgeschwiegen. Jürgen Fuchs hat in seiner Rekonstruktion der monatelangen Stasiverhöre die Methode beschrieben, den Gegner innerlich zu zerbrechen versuchen oder ihn zur Ausbürgerung zu zwingen, um damit an Devisen zu kommen. Über den jahrelangen Knastweg von P. P. Zahl in der BRD zu sprechen, heißt über reale BRD-Geschichte nachzudenken. Besonders über die allgemeine deutsche Misere, die »Nationale Frage«.

Zahl schrieb mir kürzlich nach seinem Hungerstreik gegen die BKA-Kontrollen, Zeitungsbeschränkungen usw.: »Komme ich aber je lebendig hier raus (woran wir alle, das solltest Du ernst nehmen, Rudi, nach gewissen ›Vorkommnissen‹ unsere berechtigten Zweifel haben), werde ich stracks - und sei es nur zeitweise - ins Ausland gehen. Die andere Sprache allein ist ein ›V-Effekt‹ (Brecht), gibt Schutz, gibt Distanz zurück, ein maltesinischer oder jamaikanischer Bulle, der mir auf den Schädel schlagen würde, wäre kein deutscher Bulle . . .«

Hat Brecht in seinen Gesprächen mit Benjamin nicht darauf verwiesen, »daß alles, was gut bei ihm ist, nicht deutsch ist?«

Schiller: »Es ist ein armseliges, kleinliches Ideal, für eine Nation zu schreiben; einem philosophischen Geist ist diese Grenze durchaus unerträglich. Dieser kann bei einer so wandelbaren, zufälligen und willkürlichen Form der Menschheit, bei einem Fragment (und was ist die wichtigste Nation anders?) nicht stillstehen.«

Dann der unmittelbar auf unsere Gegenwart verweisende Satz: »Er (der denkende Mensch, R. D.) kann sich nicht weiter dafür erwärmen als soweit ihm diese Nation oder Nationalbegebenheit als Bedingung für den Fortschritt der Gattung wichtig ist«. Und da sind wir schon am Kern der »Nationalen Frage«, der fragwürdigen, absurden Diskussionen darüber - die dennoch unerläßlich sind.

Meine These lautet: Die beiden deutschen Fragmente, um mit Schiller zu sprechen, sind die Grundlage der Festigung des Status Quo der politisch-ökonomischen Machtzonen des kapitalistischen Imperialismus made in USA und des Imperialismus der allgemeinen Staatssklaverei Rußland. Bedeutet dieser Status Quo-Zustand Frieden? »Freiheit« und »Frieden« sind für die Herrschenden, soweit ihnen diese Fundamentalkategorien überhaupt bekannt sind, identisch mit der Sicherheit der Staatsmaschine, besonders bei den Supermächten. Die beiden deutschen Fragment-Staaten sind gerade dabei (oder sie sind es schon), Bedingung für den Rückschritt der Gattung zu sein. »Wandel durch Annäherung« erfolgt tatsächlich. Doch nähern sich auch die Menschen an? Oder nähern sich nur die Herrschaftsstrukturen des allgemeinen Staatskapitalismus mit seiner Lohnsklaverei jener Länder an, in denen alles real ist, nur nicht der Sozialismus? Die Niederhaltung emanzipatorischer Fragestellungen und politisch-organisatorischer Ausdrucksformen ist auf *beiden* Seiten nicht zu übersehen. Allerdings ist eine soziale Bewegung, wie sie in den frühen 70er Jahren in der BRD herrschte, noch nicht von heute auf morgen zerschlagbar.

Von der Sowjetunion bis in die DDR wäre allein das Aufkommen einer sozialen Bewegung bereits der Anfang vom Ende der allgemeinen Staatssklaverei. Vergessen wir nie das exemplarische Beispiel CSSR! Die Veröffentlichung eines wirklich eurokommunistischen Buches reichte in der DDR aus, um Bahro ins Gefängnis zu werfen. Frau Herzog vom Vorstand der DKP gab den Agenten-Schwachsinn ihrer »Bruderpartei« wieder - ein Leben mit der Lüge und dem russischen »Weltgeist des Fortschritts« im Rücken ist der Weg, nein, die Weglosigkeit der DKP. Die Entspanner im Westen (Peter von Oertzen allein ist sich des Problems in der SPD bewußt) haben absolut nichts gegen »Ausbürgerung«. Sie zahlen gerne. Es geht ja um

»Stabilisierung«. Die SPD-Oberen wissen insgeheim ebenso wie Strauß, Dregger, Kohl, wie wichtig die Ruhe »drüben« ist, damit nicht in einer internationalen Krisenwelle auch eine Internationalisierung des politischen Klassenkampfes erfolgt. Die beiden deutschen Systeme waren nie Alternative füreinander. Sie bedingten und bedingen einander in den verschiedensten Formen, um die Beleidigten, Unterdrückten und Ausgebeuteten nicht zu ihrem Recht kommen zu lassen. Diesen Zusammenhang zu durchschauen und daraus politische Konsequenzen zu ziehen, ist für die nächsten Jahre von größter Bedeutung. Jahre, in denen die Legitimations- und Real-Krise beider Systeme sich noch verschärfen wird.

Das Dokument, das vom »Spiegel« flink zum »Manifest der ersten organisierten Opposition der DDR« ernannt wurde, klammert diese Dimensionen aus. Die einzelnen gesellschaftlichen Fakten, die darin auftauchen (über das »pausenlose Schichtensystem« u. ä.), sind durchaus mager und zumeist überlagert von persönlichen Rankünen oder Würdigungen. Die Fragen und Forderungen des »Manifest« haben durchaus einen Sinn. Doch Sinn kann in Unsinn umschlagen, wenn nicht versucht wird, wenigstens ansatzweise, die realen Vermittlungsmöglichkeiten, die objektiven Möglichkeiten aufzuzeigen oder nur zu beachten. Als ob jemals eine herrschende Klasse ihre Macht aufgäbe, weil eine Zeitung in einem anderen Land sie in Frage stellt!

Es gibt für mich keinen Zweifel, daß die Staats-Arbeiter, Staats-Bauern, Staats-Studenten, d. h. die allgemeinen Staatssklaven natürlich nicht über die Fabriken, Banken, Bodenschätze usw. verfügen. Aber im »Manifest« wird über die Abmachungen von Teheran und Jalta ebenso geschwiegen wie über die Verträge der 60er Jahre, über die realen Klassenkampfmöglichkeiten bei uns und die besonderen Schranken in Osteuropa gleichermaßen. Das Aufzeigen der Widerstandsformen in den 70er Jahren, im besonderen Zusammenhang mit dem Doppelcharakter von Helsinki, davon fehlt jegliche politisch-analytische Spur. Die Schreiber des Dokuments, woher sie immer kommen mögen, haben von ihrem Stand in bestimmten Produktionsverhältnissen die Rolle und Funktion eines solchen »Manifests« nicht genügend reflektiert und kalkuliert.

Was soll zum Beispiel der Satz: »Wir ersuchen unsere Genossen in Westeuropa, sich das alles sehr genau anzusehen, damit sie wissen, was sie von einem Parteien-Pluralismus, Ausgabe DDR, zu halten haben.«

Man redet von Westeuropa, meint aber Westdeutschland, denunziert also bewußt oder unbewußt jene Eurosozialisten und Eurokommunisten, denen man seit langem nicht mehr zu sagen braucht, wie die politische Rechtlosigkeit in der DDR und die Entdemokratisierung in der BRD aussehen. Dies aber mehrfach gegenüberzustellen, heißt weit hinter Bahro zurückzufallen und Pseudoalternativen Tür und Tor zu öffnen: »Wir fragen: wozu braucht die DDR, gemessen an der BRD, einen achtfach höher besetzten Polizei- und Sicherheitsapparat, wo doch jeder täglich im ND lesen kann, wie sehr das Volk die Obermotze liebt.«

Erstens benötigt eine rückschrittliche Produktionsweise der allgemeinen Staatssklaverei unvermeidlich auch eine andere Herrschaftsstruktur, hängt also vom Stand der Entwicklung der Produktivkräfte und den Klassenkampfzusammenhängen ab. Zweitens übersieht die »Manifest«-Formulierung »Polizei« völlig den Bundesgrenzschutz und viele andere Herrschaftseinheiten in der BRD.

Wehner warnt »vor gefährlichen Illusionen«, sie wären eine »Rückentwicklung in die 50er Jahre«. Er ist sich jedoch nicht im geringsten darüber bewußt, daß der »Wandel durch Annäherung« etwas erzeugt hat, was beide Seiten überhaupt nicht wollten. Wie Rudolf Augstein sagt: »Die Verhältnisse als solche sind nicht mehr berechenbar.«

Die Systeme in der BRD und in der DDR stecken beide in einer schweren Legitimations- und sozial-ökonomischen Krise. In beiden Staaten bricht der innere ideologische Halt allmählich zusammen. Das gemeinsame Ziel beider Seiten läuft darauf hinaus, die innere Opposition mit den verschiedensten Mitteln zu brechen. Wie stark mag der Widerstand in den Ostblockländern sein? Der sozialistisch-kommunistische Widerstand ist seit Stalins Zeiten weitgehend zerstört.

Die große Schwäche der radikalen Opposition in der Mitte Europas scheint mir darin zu liegen, daß es weder theoretisch noch politisch-organisatorisch gelungen ist (teilweise nicht einmal versucht wurde), eine neue Kooperation und Kommunikation zwischen West- und Osteuropa herzustellen. Daß es nicht gelang, zwischen den beiden deutschen Fragment-Staaten ein oppositionelles Netz aufzubauen. Da plante der persische Despot eine Reise nach Ost-Berlin und der innere Widerstand war zu 90 % außer Landes oder im Knast.

Welche Schande für die DDR, den Schah einzuladen, welche Schande für die deutschen Sozialisten, Kommunisten, Demokraten und Christen, soetwas hinzunehmen. Wir haben den 2. Juni 67 nicht vergessen. Wir müssen verhindern, daß die Krise der Herrschenden auch zur totalen Krise der radikalen Opposition wird.

Aus: Avanti, 10. Oktober 1978

Aus den Resolutionen des »Studentenkongresses gegen Atomrüstung«

Arbeitsgemeinschaft I (Atomrüstung und Demokratie)

1. Der Studentenkongreß als Konferenz der Studentenausschüsse gegen Atomrüstung beschließt die Bildung eines Dokumentationszentrums, in dem sämtliche wissenschaftlichen Veröffentlichungen zur Frage der Atomrüstung, gleich welcher Problematik, gesammelt werden sollen. Alle Studentenausschüsse sollen die Möglichkeit erhalten, sich über ein solches Dokumentationszentrum über den neuesten Stand der Problematik zu unterrichten. Fünf Vertreter örtlicher Ausschüsse versuchen, die Aufbauarbeit zu koordinieren, Berlin oder Köln sind als voraussichtliche Orte für den Sitz des Zentrums vorgesehen.

(Mit großer Mehrheit angenommen)

2. Die Studentenausschüsse richten in Bonn ein ständiges Studentenlobby (Vorschlag Dr. Robert Jungk) ein, das die Aufgabe hat, mit den Abgeordneten des Bundestages gleich welcher Richtung ständig Fühlung zu halten in den die atomare Rüstung betreffenden Fragen. Die Aufgabe müßte aus technischen Gründen von den Ausschüssen in Bonn, Köln, Münster wahrgenommen werden.

(Mit Mehrheit angenommen)

Empfehlung der Arbeitsgemeinschaft II (Atomrüstung und Wiedervereinigung)

Die Mehrheit der hier versammelten Teilnehmer ist der Meinung: Die weltpolitische Lage wird in Kürze die beiden Teile Deutschlands zwingen, miteinander zu verhandeln. Damit solche Verhandlungen möglich werden, ist es nötig, daß Formeln wie »Mit Pankow wird nicht verhandelt« aus der politischen Argumentation verschwinden.

Das Ziel notwendiger Verhandlungen, die bisher stets von der Bundesregierung ungeprüft zurückgewiesen wurden, muß sein:

1. Die Umrisse eines Friedensvertrages zu entwickeln,
2. die möglichen Formen einer interimistischen Konföderation zu prüfen.

(Mit etwa Zweidrittelmehrheit angenommen)

Arbeitsgemeinschaft V (Atomrüstung und christliche Verantwortung)

Das Plenum billigte eine Verlautbarung der Arbeitsgruppe V. Sie hatte zum Inhalt einen erneuten Appell an das Gewissen der Verantwortlichen, ein Bekenntnis zum Nein zur Atomrüstung, und zeichnete sich vor allem dadurch aus, daß hier erstmals Katholiken, evangelische Christen, Quäker u. a. Gruppierungen ein gemeinsames Bekenntnis ihrer Ablehnung der atomaren Waffen in Einmütigkeit formulieren.

Auszug aus der Hauptresolution des Schlußplenums:

Wir sind in Berlin zum Studentenkongreß gegen Atomrüstung zu einem Zeitpunkt zusammengekommen, wo diese Stadt zum Mittelpunkt des weltpolitischen Interesses geworden ist ... Die Berlin-Krise scheint nicht zuletzt als Folge der atomaren Ausrüstung der Bundeswehr entstanden zu sein. Eine isolierte Lösung der Berlin-Frage gibt es nicht ...

Die atomare Aufrüstung der Bundeswehr ist ein entscheidendes Hindernis für eine Entspannung in Mitteleuropa. Atomwaffen im zweigeteilten Deutschland sind ein gefährliches Experiment für den Weltfrieden. Ein Junktim zwischen dem bisher geforderten Weg zur Wiedervereinigung und der Abrüstung blockiert nicht nur die erste, sondern darüber hinaus internationale Verhandlungen, die zum Erfolg führen könnten.

Dem polnischen Außenminister Rapacki sind wir dankbar, daß er den nach ihm benannten Plan für eine Zone begrenzter Rüstung modifiziert und damit die Chance zur Verwirklichung dieses Planes erhöht hat. Hier kann ein Modell für internationale Rüstungskontrolle erprobt werden. Eine kernwaffenfreie Zone in Europa wäre darüber hinaus ein denkbarer erster Schritt zur kontrollierten Abrüstung. Seine Verwirklichung schafft bessere Bedingungen zur Lösung der deutschen Frage ... Als erstes kleines Land, das beschließt, atomar aufzurüsten, gibt die Bundesrepublik ein unheilvolles Beispiel. Je mehr Atommächte, desto höher die Atomkriegsgefahr. Je mehr Länder der generellen Abrüstung zustimmen müssen, desto unwahrscheinlicher wird ein Erfolg der Abrüstung ...

Demokratie beruht auf der Möglichkeit des Nebeneinanderbestehens politischer Gegensätze. Der mit der Atomrüstung zusammenhängende Fanatismus und die Konzentration der Verfügungsgewalt über die Atomwaffen in den Händen weniger unterhöhlen aber dieses Prinzip. So ist die Bewegung gegen die Atomrüstung eine Bewegung für die Demokratie, wie sie der Westen proklamiert und nach deren Regeln auch dieser Kongreß über Spielraum für seine Arbeit verfügt.

Wir fühlen uns verpflichtet zu einem unvoreingenommenen und durch keinerlei äußere Rücksichten eingeschränkten Studium des Wesens und des Ausmaßes der atomaren Gefahr. Wir sind verpflichtet, alle gewonnenen Erkenntnisse bekanntzumachen, auf ihre Berücksichtigung zu dringen, die Verschleierung und Verharmlosung zu bekämpfen. Wir sind nicht berechtigt, die Entscheidung über das Verhältnis wissenschaftlicher Einsichten zu politischen Notwendigkeiten allein den Politikern zu überlassen. Wir dürfen nicht zulassen, daß Wissenschaft und Forschung in eine nur instrumentale Rolle gedrängt werden.

(Fast einstimmig angenommen)

Aus: Colloquium, 13. Jahrg. 1959, Heft 2, S. 7

Deutschlandplan der SPD

Das deutsche Volk steht vor einer furchtbaren Gefahr. Wenn sich die vier Großmächte nicht über Berlin verständigen, droht Krieg. Wenn sie sich nur über Berlin verständigen, droht die Teilung Deutschlands endgültig zu werden.

Der sowjetische Vorstoß in der Berlin-Frage und der durch jahrelange Versäumnisse und Fehlspekulationen ermöglichte Friedensvertragsentwurf der Sowjetunion zwingen jetzt jeden zu der Erkenntnis, daß die Teilung Deutschlands den Weltfrieden bedroht.

Die Zeit drängt. Der weitere Verzicht auf das entschlossene Bemühen, die deutsche Frage und das mit ihr untrennbar verbundene Sicherheitsproblem in Europa friedlich zu lösen, wäre gleichbedeutend mit dem Verzicht auf die Anwendung der Vernunft.

Die Sozialdemokratische Partei Deutschlands legt aus diesem Grunde der Weltöffentlichkeit ihren Plan vor, dessen Ziel es ist, den Weg endlich für eine Politik des Friedens, der Freiheit, der Sicherheit und der sozialen Gerechtigkeit in Europa frei zu machen.

Dieser Plan ist mit auf jenen Vorschlägen aufgebaut, die von der deutschen Sozialdemokratie bereits vor der Berliner Konferenz der Großmächte im Jahre 1954, der Genfer Gipfelkonferenz im Sommer 1955 und der Außenministerkonferenz im Herbst des gleichen Jahres veröffentlicht worden sind.

Damals blieben diese Vorschläge leider unbeachtet. Heute stehen sie unbestreitbar im Mittelpunkt weltweiter Diskussionen.

Die jetzt vorgelegten Vorschläge der Sozialdemokratischen Partei Deutschlands berücksichtigen auch wesentliche Bestandteile der Vorstellungen zur Entspannung in Europa, wie sie u. a. auch vom Abrüstungsunterausschuß des amerikanischen Senats, von dem amerikanischen Diplomaten Kennan, dem britischen Oppositionsführer Gaitskell, dem früheren belgischen Ministerpräsidenten van Zeeland und dem polnischen Außenminister Rapacki entwickelt worden sind.

Alle diese Vorschläge und Pläne haben eines gemeinsam: Sie streben in Erkenntnis der die Weltpolitik bestimmenden Realitäten zunächst eine militärische Entspannung in Europa an, um auch die politischen und wirtschaftlichen Probleme Europas lösen zu können.

Militärische Entspannung und Sicherheit in Europa

Die Sozialdemokratische Partei Deutschlands fordert die sofortige Einberufung einer Konferenz der vier Großmächte, die nach grundsätzlicher Einigung einer ständigen Kommission unter beratender Teilnahme der Bundesrepublik und der DDR den Auftrag erteilt, Vorschläge für ein europäisches Sicherheitssystem und den Entwurf eines Friedensvertrages mit Gesamtdeutschland auszuarbeiten.

Die zugespitzte West-Ost-Situation läßt die Entspannung in Europa nur noch zu, wenn man sich zu einer schritt- und stufenweisen Regelung der militärischen und politischen Fragen entschließt.

Die SPD hält Vereinbarungen über regionale und kontrollierte Rüstungsbeschränkungen in Mitteleuropa für dringend erforderlich, weil ohne diese die politischen Probleme dieses Raumes nicht zu lösen sind.

Die SPD schlägt vor:

1. Festlegung einer Entspannungszone, die vorerst beide Teile Deutschlands, Polen, die Tschechoslowakei und Ungarn umfaßt.
2. Innerhalb dieser Entspannungszone und ihrer möglichen Erweiterungen treten Vereinbarungen über die Rüstungsbeschränkungen der nationalen Truppen und über den gleichwertigen Abzug der Fremdtruppen der NATO und des Warschauer Paktes in Kraft.

   Die nationalen Streitkräfte besitzen keine Atom- und Wasserstoffwaffen. Solche Waffen der im Zonenbereich noch stationierten Fremdtruppen werden »eingefroren«, d. h. weder vermehrt noch verstärkt.

   Nach Abschluß der in räumlichen und zeitlichen Phasen genau festzulegenden »militärischen Verdünnung« ist die Entspannungszone frei von Fremdtruppen und von Atom- und Wasserstoffwaffen.
3. Alle Vereinbarungen über die Rüstungsbeschränkungen und über das gleichwertige Auseinanderrücken der in Mitteleuropa einander gegenüberstehenden Streitkräfte der NATO und des Warschauer Paktes sind vom ersten Schritt an durch eine ungehinderte Boden- und Luftkontrolle zu sichern.

4. Die Unverletzbarkeit der Teilnehmerstaaten in der Entspannungszone ist durch ein kollektives Sicherheitsabkommen aller interessierten Staaten, einschließlich der USA und der UdSSR, zu garantieren.
5. Mit dem Wirksamwerden des europäischen Sicherheitssystems scheiden die in der Entspannungszone gelegenen Staaten aus der NATO und aus dem Warschauer Pakt aus.

   Die Staaten in der Entspannungszone werden dann im Rahmen dieses europäischen Sicherheitssystems zur eigenen und europäischen Sicherheit mit angemessenen Leistungen beitragen.
6. Beibehaltung des gegenwärtigen Rechtsstatus und der militärischen Sicherung Berlins bis zur Regelung der deutschen Frage. Verpflichtung der vier Mächte auf die Respektierung der West-Berlin betreffenden Bestimmungen, die nach Aufhebung der Blockade 1949 als gültig erklärt und auch zur Zeit des Abkommens vom 20. September 1955 zwischen der UdSSR und der DDR als gültig anerkannt worden sind.

Die politische und wirtschaftliche Zusammenführung Deutschlands

Jeder Schritt, der zu einem gleichwertigen Auseinanderrücken der in Mitteldeutschland einander gegenüberstehenden Streitkräfte führt, schafft auch eine günstigere Voraussetzung für die Lösung der polnischen Probleme.

Die langjährige Teilung Deutschlands hat zu einer strukturell grundverschiedenen politischen und wirtschaftlichen Entwicklung in beiden Teilen Deutschlands geführt. Hieraus ergibt sich zwangsläufig, daß die Wiederherstellung der staatlichen Einheit Deutschlands durch eine frei gewählte Nationalversammlung eine allmähliche Annäherung in Stufen voraussetzt. Es sind gemeinsame Organe zur schrittweisen Zusammenführung zu bilden, ohne daß in der Übergangszeit die derzeitigen Zuständigkeiten in den beiden Teilen Deutschlands berührt werden.

Die notwendigen Vereinbarungen hierüber können zwischen den vier Großmächten, oder den vier Großmächten gemeinsam mit den beiden Teilen Deutschlands bei Ausarbeitung eines Friedensvertrages, oder direkt zwischen den beiden deutschen Regierungen im Rahmen einer von den Großmächten festgelegten Regelung der europäischen Sicherheit und der deutschen Frage getroffen werden. Unerläßlich ist jedoch, daß diese Vereinbarungen für den Zeitraum bis zum Inkrafttreten einer gesamtdeutschen Verfassung die Menschenrechte und Grundfreiheiten in beiden Teilen Deutschlands sichern.

Die bestehenden Wirtschaftsverfassungen, Außenhandelsbeziehungen und langfristigen Verträge bleiben zunächst unberührt, soweit nicht ausdrücklich nachstehend Änderungen vorgesehen werden. Beide Regierungen verpflichten sich zur Politik der Vollbeschäftigung und zur Garantie des sozialen Besitzstandes.

Die erste Stufe

Die *politische Zusammenführung* beginnt in der ersten Stufe mit der Bildung einer gesamtdeutschen Konferenz. Beide deutschen Regierungen entsenden Beauftragte auf der Grundlage der Parität.

Die Gesamtdeutsche Konferenz hat die Aufgabe, Regelungen über innerdeutsche Angelegenheiten zu vereinbaren. Soweit diese Regelungen der Zustimmung verfassungsmäßiger Organe der Teile Deutschlands bedürfen, bleiben deren Zuständigkeiten unberührt.

Die Gesamtdeutsche Konferenz ist von allen Gesetzesvorlagen des Bundestages und der Volkskammer zu unterrichten und muß sich hierzu äußern. Die Gesamtdeutsche Konferenz setzt zur Wahrung der Einheitlichkeit in der Auslegung der Menschenrechte und Grundfreiheiten ein gesamtdeutsches Gericht ein, das in letzter Instanz entscheidet. Seine Mitglieder werden auf die Charta der Menschenrechte der Vereinten Nationen vereidigt.

Die *wirtschaftliche Zusammenführung* beginnt ebenfalls mit der Bildung paritätisch besetzter Institutionen.

Die Embargobestimmungen gegenüber der DDR und die güterwirtschaftlichen Kontingentierungen durch die Bundesrepublik müssen fortfallen. Der Interzonenhandel muß ausgeweitet werden, weitere Zonengrenzübergänge sind zu öffnen.

Ein Gesamtdeutscher Investitionsfonds und eine Bank für innerdeutschen Zahlungsausgleich werden gebildet. Der Fonds hat Investitionen in das Verkehrs- und Energieversorgungsnetz sowie zur Anpassung der beiden Volkswirtschaften zu planen und zu finanzieren. Die

Bank wickelt die Zahlungen im Rahmen des innerdeutschen Handels und des Investitionsfonds ab. Über sie werden auch die auf rechtlichen Verpflichtungen beruhenden Renten-, Pensions- und sonstigen Unterhaltszahlungen geleistet.

Die zweite Stufe

In der zweiten Phase der *politischen Zusammenführung* wird ein Gesamtdeutscher Parlamentarischer Rat errichtet. Seine Mitglieder, die in ganz Deutschland Immunität genießen, werden je zur Hälfte in beiden Teilen Deutschlands gewählt. Die Gesamtdeutsche Konferenz schreibt diese Wahl aus.

Dem Gesamtdeutschen Parlamentarischen Rat wird die gesetzgeberische Zuständigkeit insbesondere für Eisenbahn, Straßenverkehr, Binnenschiffahrt, Post und Fernmeldewesen und zur Förderung der volkswirtschaftlichen Erzeugung übertragen. Er hat ferner die Befugnis, den Mißbrauch wirtschaftlicher Macht zu verhindern und den gewerblichen Rechtsschutz zu regeln. Gegen die von ihm erlassenen Gesetze kann jede der beiden Regierungen in einer bestimmten Frist Einspruch erheben. Der Gesamtdeutsche Parlamentarische Rat kann diesen Einspruch mit Zweidrittelmehrheit zurückweisen.

Die *wirtschaftliche Zusammenführung* wird durch die Entwicklung des Gesamtdeutschen Marktes beschleunigt. Es werden offizielle Verrechnungs- und Wechselkurse zwischen beiden Währungen eingeführt, die güterwirtschaftliche Kontingentierung des innerdeutschen Handels fällt nunmehr auch von seiten der DDR fort.

Die dritte Stufe

In der dritten Stufe der Zusammenführung befaßt sich der Gesamtdeutsche Parlamentarische Rat mit der Vorbereitung von gesamtdeutschen Gesetzen zum Steuersystem, Finanzausgleich, zur Zollunion, zur Währungsunion und zur sozialpolitischen Anpassung.

Eine gesamtdeutsche Willensbildung kann auch durch Volksabstimmungen herbeigeführt werden. Auf Antrag von einer Million Wahlberechtigter wird ein Gesetzentwurf einheitlich in beiden Teilen

Deutschlands zur Volksabstimmung gestellt. Widerspricht eine der beiden Regierungen, so kann die Volksabstimmung nach einem Jahr wiederholt werden und wird dann verbindlich.

Volksabstimmungen sind ausgeschlossen, wenn sie eine Einschränkung der Menschenrechte und Grundfreiheiten, eine Änderung der Eigentumsverhältnisse, oder die Beseitigung der Legislativ- und Exekutivorgane in beiden Teilen Deutschlands zum Ziel haben.

Der Gesamtdeutsche Parlamentarische Rat ist befugt, jederzeit mit Zweidrittelmehrheit ein Gesetz für die Wahl einer Verfassunggebenden Nationalversammlung zu erlassen. Ist er hierzu nicht in der Lage, so erhält für diesen Fall eine Volksabstimmung uneingeschränkte Gesetzeskraft, wenn zwei Drittel aller abgegebenen Stimmen sich für die Wahl einer Verfassunggebenden Nationalversammlung aussprechen.

Die Nationalversammlung löst den Gesamtdeutschen Parlamentarischen Rat ab und beschließt die gesamtdeutsche Verfassung.

Während der stufenweisen Zusammenführung Deutschlands ist Berlin Sitz aller gesamtdeutschen Institutionen.

Die Wiedervereinigung

Nach dem Inkrafttreten der gesamtdeutschen Verfassung werden allgemeine, freie und geheime Wahlen zum Gesamtdeutschen Parlament abgehalten. Aus ihm geht die Gesamtdeutsche Regierung hervor.

Die Sozialdemokratische Partei Deutschlands appelliert an alle beteiligten Regierungen und an die Weltöffentlichkeit, es im mitteleuropäischen Abschnitt des West-Ost-Konfliktes nicht zum Äußersten kommen zu lassen.

Die ungelöste deutsche Frage darf nicht zu einem Brandherd werden, auch nicht aus Prestigegründen oder um vermeintlicher militärischer Vorteile willen. Das gilt auch für das Berlin-Problem, das nur mit friedlichen Mitteln und im Rahmen der Wiedervereinigung Deutschlands gelöst werden kann.

Zur Einleitung dieses Planes fordert die Sozialdemokratische Partei Deutschlands

1. Verhandlungen der vier für die deutsche Frage unmittelbar verantwortlichen Staaten zur Vorbereitung eines Friedensvertrages für Gesamtdeutschland.
2. Verhandlungen zur Vorbereitung eines Europäischen Sicherheitssystems.
3. Ernennung von Beauftragten der Bundesrepublik Deutschland und der DDR als beratende Teilnehmer der Konferenzen über den Friedensvertrag und über das Sicherheitssystem.
4. Zustimmung der Bundesregierung zur Bildung von Organen aus Beauftragten der Regierungen der Bundesrepublik und der DDR, die im Rahmen der von den Großmächten vereinbarten Regelungen den Auftrag erhalten, Maßnahmen für die schrittweise Zusammenführung der beiden Teile Deutschlands vorzuschlagen.
5. Beibehaltung des gegenwärtigen Rechtsstatus und der militärischen Sicherung Berlins bis zur Regelung der deutschen Frage.

Ziel aller von der Sozialdemokratischen Partei Deutschlands geforderten Verhandlungen ist der Abschluß von Vereinbarungen, die der stufenweise und zeitlich festgelegten Verwirklichung der europäischen Sicherheit, sowie der politischen und wirtschaftlichen Zusammenführung Deutschlands bis zu seiner endgültigen Wiedervereinigung in gesicherter Freiheit und zur Aufnahme in die Vereinten Nationen dienen.

Der Parteivorstand der SPD verabschiedete am 18. März 1959, nach gemeinsamer Beredung mit dem Vorstand der SPD-Bundestagsfraktion, einstimmig den »Deutschlandplan der SPD«.

Personenregister

Das Register enthält die Namen aller Personen, die im Haupttext und in den Dokumenten erwähnt werden. Aus den Anmerkungen werden nur Namen aufgeführt, die über eine bloße Autorennennung hinausgehen.